唐 韵 著 李保明 配图

秘境青海

东经 89° 35′ ~103° 04′

北纬 31° 39′ ~39° 19′

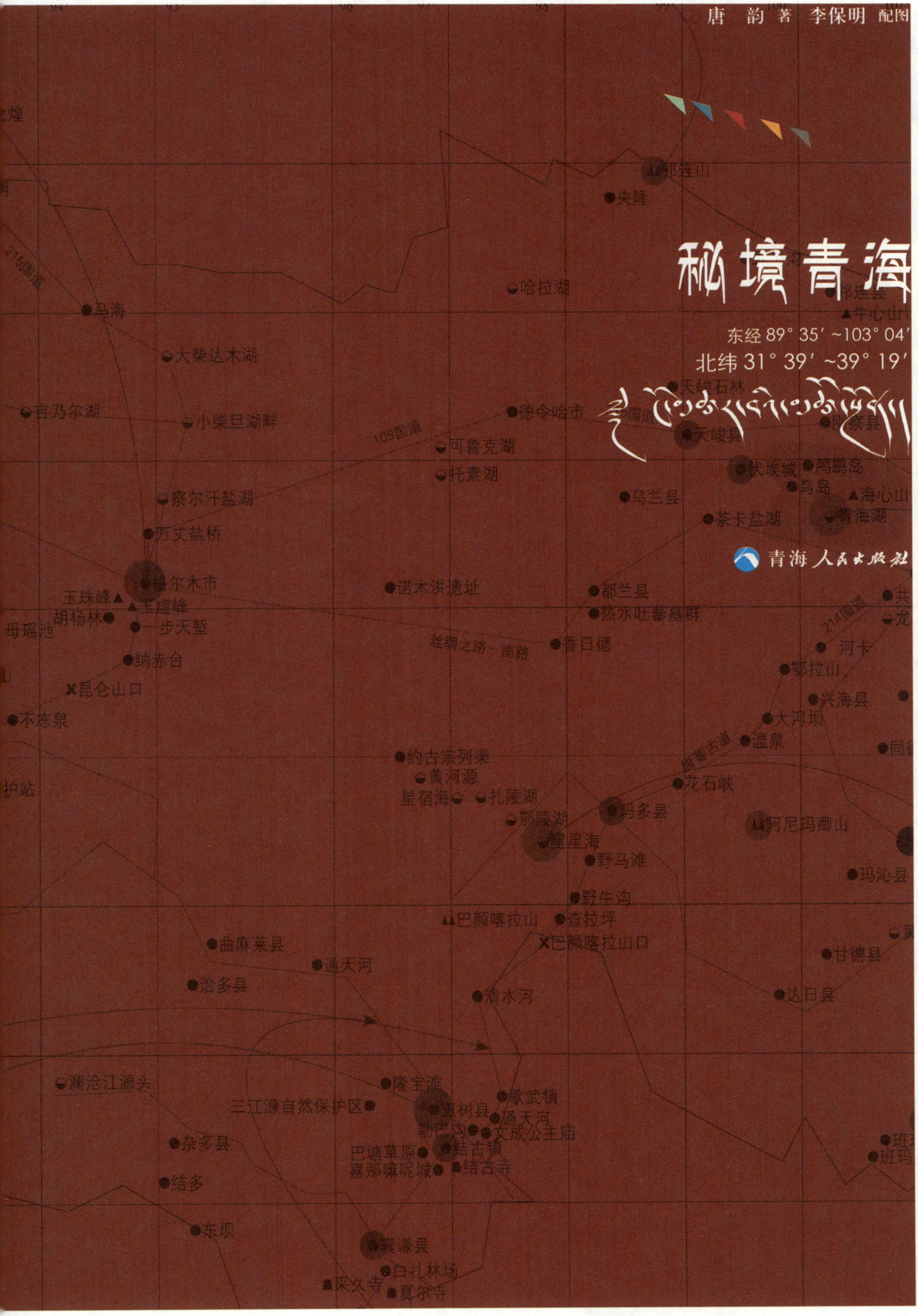

青海人民出版社

图书在版编目（CIP）数据

秘境青海 / 唐韵著 .—西宁：青海人民出版社，
2013.7（2024. 2 重印）
ISBN 978-7-225-04580-1

Ⅰ. ①秘… Ⅱ. ①唐… Ⅲ. ①旅游指南 – 青海省
Ⅳ. ① K928.944

中国版本图书馆 CIP 数据核字（2013）第 158485 号

秘境青海

唐　韵 著　李保明 配图

出 版 人　樊原成
出版发行　青海人民出版社有限责任公司
　　　　　西宁市五四西路 71 号　邮政编码：810023　电话：（0971）6143426（总编室）
发行热线　（0971）6143516/6137730
网　　址　http://www.qhrmcbs.com
印　　刷　青海新宏铭印业有限公司
经　　销　新华书店
开　　本　787mm × 1092mm　1/16
印　　张　17
字　　数　430 千
版　　次　2014 年 1 月第 1 版　2024 年 2 月第 7 次印刷
书　　号　ISBN 978-7-225-04580-1
定　　价　48.00 元

目录

དཀར་ཆག

全景青海：如五色经幡飘扬

河湟谷地：海藏咽喉 民俗风情

青海湖区：碧波荡漾　草原茫茫

唐蕃古道：迎佛之路　梦回唐朝

黄河流域：
农牧风情　高原文化

青藏一线：生命感悟 极地体验

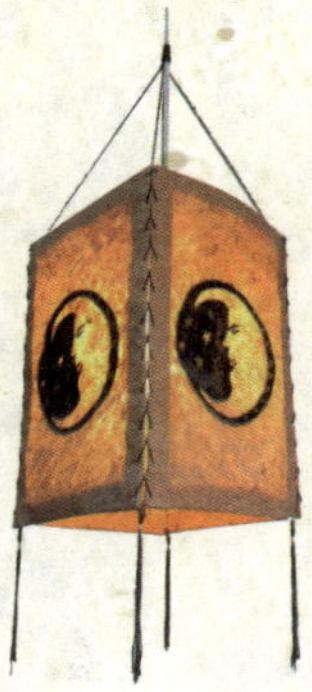

མཚོ་སྔོན་ལྗོངས་ཡོངས།
དར་ཚོན་སྣ་ལྔ་
ལྷབ་ལྷུབ་གཡོ།

全景青海：如五色经幡飘扬

མཚོ་སྔོན་ལྗོངས་ཡོངས།
དར་ཚོན་སྣ་ལྔ་
ལྷབ་ལྷུབ་གཡོ།

མཚོ་སྔོན་སྔོངས་ཡོངས།
དར་ཚོན་སྣ་ལྔ་
ལྷབ་ལྷུབ་གཡོ།

在那遥远的地方
有位好姑娘
人们走过她的帐房
都要回头留恋地张望
她那粉红的小脸好像红太阳
她那活泼动人的眼睛
好像晚上明媚的月亮
我愿流浪在草原给她去放羊
每天看着那粉红的小脸
和那美丽金边的衣裳
我愿做一只小羊跟在她身旁
我愿每天她拿着皮鞭
不断轻轻打在我身上

——王洛宾·1943年

这首脍炙人口的歌曲，曾以中国民歌的代表形象蜚声海内外。人们都知道，它的创作者王洛宾是有着坎坷经历、传奇人生的『西部歌王』；但不是所有的人都知道，获得艺术灵感，触动王洛宾完成这首歌的地方，正是青海。

昆仑山口，海拔 4 767 米，距格尔木西南 160 公里，是青藏公路穿越昆仑山的最高点。登临山口，极目远望，东西昆仑尽收眼底，昆仑山主脉一道道山岭起伏蜿蜒、气势峥嵘，似万千玉龙横卧，形成一个壮观美丽的琉璃世界。

“格尔木”为蒙古语，意思是“河流密集之地”。半个世纪以前，这里是一片杂草丛生、野兽出没、荒无人烟的地方。1957 年，随着青藏公路的建成和柴达木盆地的大规模开发，全国各地数以万计的建设者来到这里。地图上，“格尔木”作为一个城市的名字出现了。

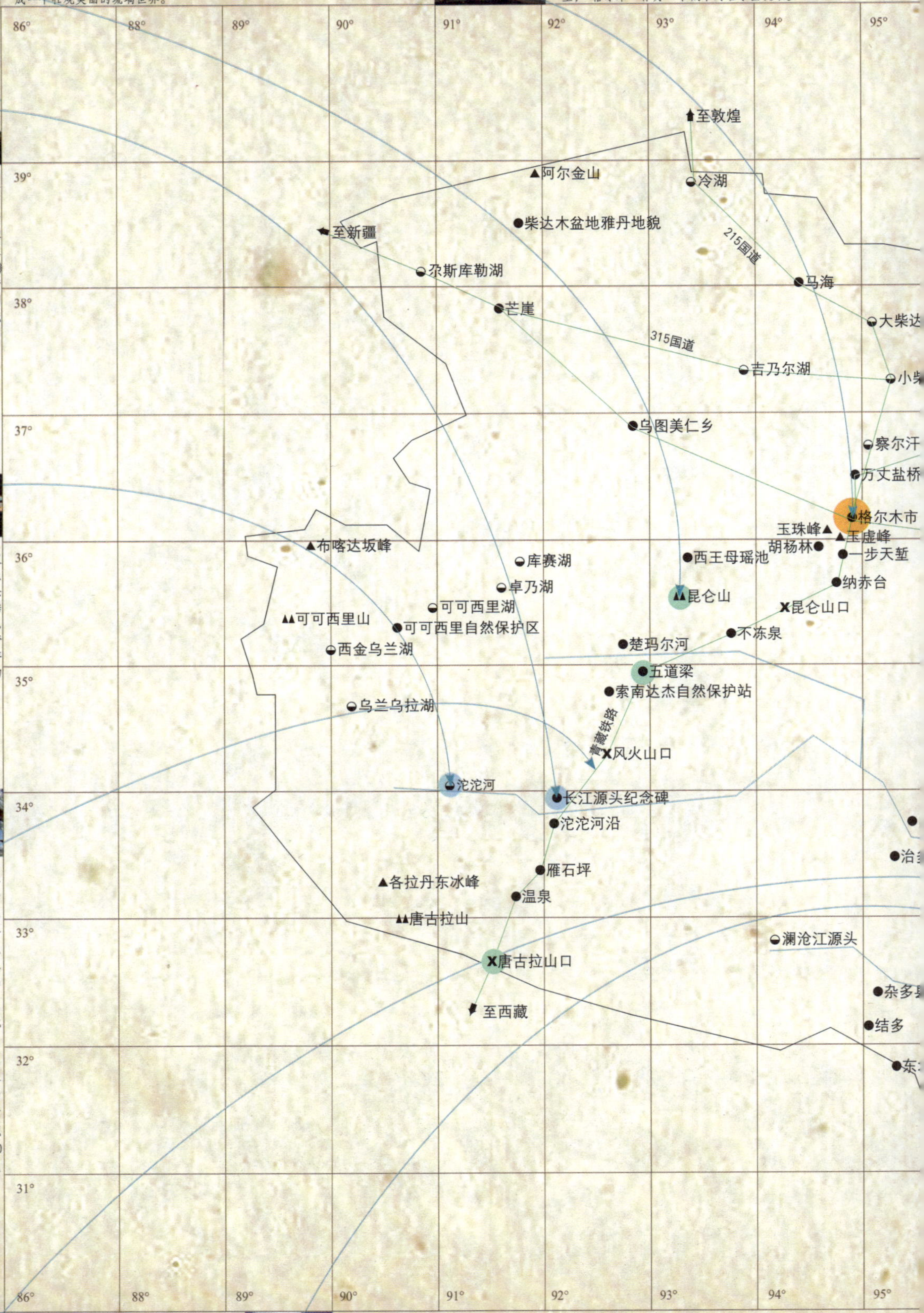

关于长江源头，早在《尚书》中人们就在讨论。明朝的著名旅行家徐霞客认为金沙江是长江之源，并著《江源考》一书论述。到了清朝，人们已认识到通天河，但依然无法确定长江正源。

路过沱沱河，建议在这里过一夜，虽然你可能会因为头疼而睡不着觉。睡不着就睡不着吧，你恰可以用这半梦半醒的一夜，储存生命中回味绵长的难得体验。

“青藏一线”指的是从西宁经格尔木去往西藏拉萨的线路。行走青藏线，有公路和铁路两种方式。青藏铁路和青藏公路（109 国道）从西宁出发后不久就分开，分别沿柴达木盆地南北两侧环绕而行，到格尔木又再汇合，然后一路向南，攀上巍峨高耸的昆仑山和雪冠绵延的唐古拉山，一直抵达西藏拉萨，全长约 2 000 公里，途经最高点海拔 5 231 米。

唐蕃古道被藏族同胞尊敬地称为“迎佛路”，已有 1 300 多年历史。千年之间，唐蕃古道上留下了众多传说和遗迹，历久弥珍。

翻过巴颜喀拉山进入玉树，眼前豁然一亮。大片牧场绿茵如织、农田阡陌错落，林木茂盛、鲜花遍野，仿佛到了内地的江南，但四周又有雪山环绕、蓝天托衬，景色胜出百倍。

祁连山脉位于中国青海省东北部与甘肃省西部边境，由多条西北至东南走向的平行山脉和宽谷组成，因位于河西走廊南侧，又名南山。

西宁位于青海省东部、湟水谷地，海拔 2 275 米。西宁古称“湟中”，秦汉以前这里曾是“羌戎之地”。

塔尔寺是为纪念宗教改革家、格鲁派创始人宗喀巴大师而建，始建于公元1379年，位于西宁市西南25公里湟中县鲁沙尔镇的莲花山下，距今已有600多年的历史。塔尔寺占地面积600余亩，为格鲁派六大寺院之一，甘青安多藏区佛教中心，首批全国重点文物保护单位，在藏传佛教历史上享有重要地位。

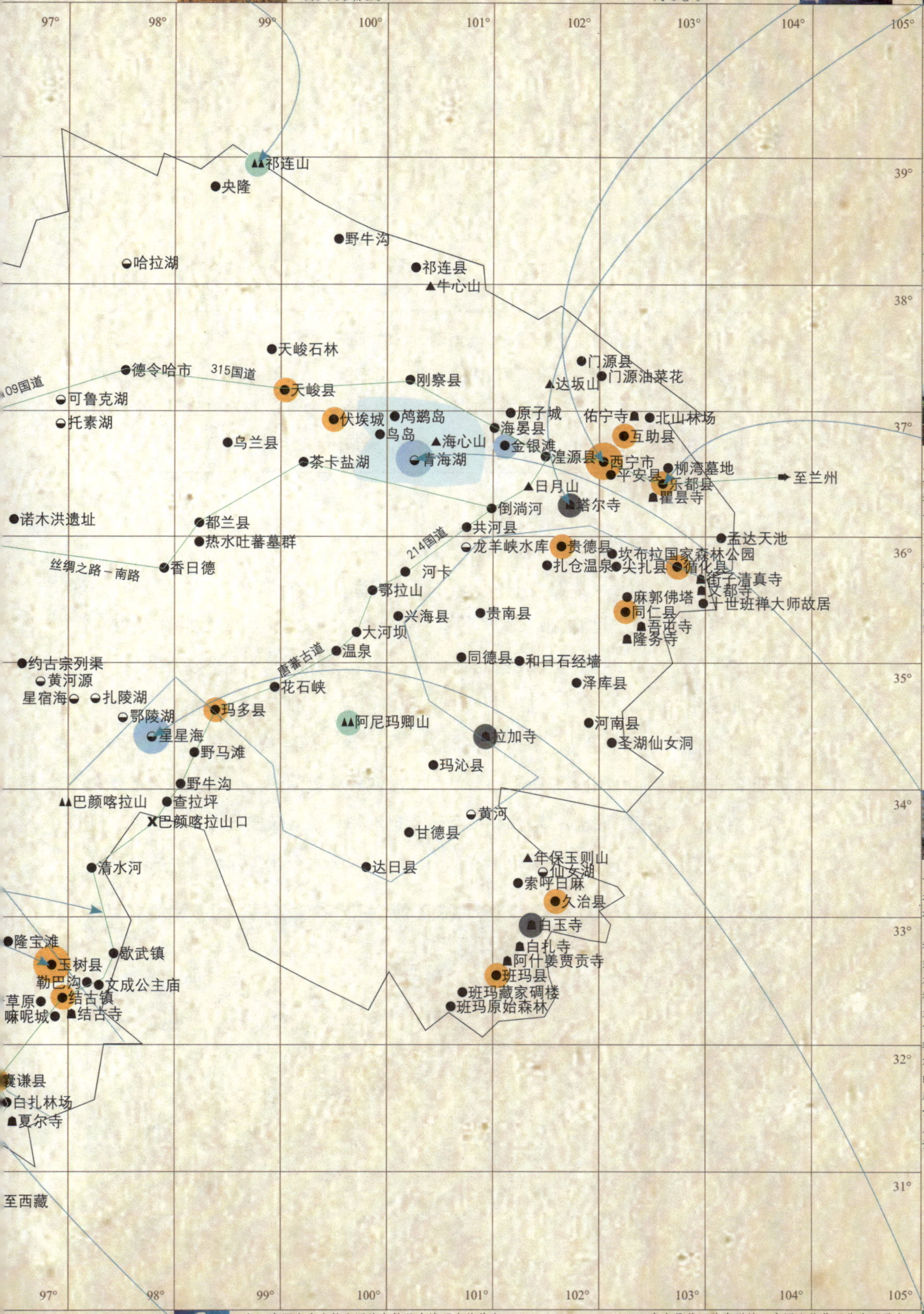

乐都县位于青海省东部湟水河中下游，县城距西宁77公里。全县海拔1 850～4 480米，属半高原大陆性气候，是一个汉族、藏族、蒙古族、回族、土族等多民族聚居地区，是青海东地区的一个文化传统深厚的地方。

青海湖区是青海东北部的一块内陆盆地，四周为大通山、日月山、青海南山和橡皮山所环绕。盆地内地形平坦，水源充足，气候温和，是水草丰美的天然牧场。夏秋季节的大草原绿茵如毯，金黄色的油菜花迎风飘香，牧民的帐篷星罗棋布，成群的牛羊飘动如云，日出日落的迷人景色，更充满了诗情画意。

长江发源自唐古拉山深处各拉丹东峰西南的姜古迪如冰川。之后，汇聚成沱沱河一路向东，在玉树曲麻莱境内接纳楚玛尔河，形成通天河。通天河是玉树的“母亲河”。

青海是黄河的发祥地。中国人将黄河称为“母亲河”，华夏文明是以黄河文明为核心发展的。李白有诗“黄河之水天上来”的名句，确切地说应该是“黄河之水青海来”。

地理

青海像一只兔子

地图上，青海像一只蜷身腾跃的兔子，青海湖是它的眼睛。青海省 73.7% 以上的地区海拔在 3 000 米以上，和西藏共同形成了被称为“世界第三极”的青藏高原的主体。中国最著名的两条河流长江和黄河，分别发源于青海唐古拉山深处各拉丹东冰峰和巴颜喀拉山各姿各雅山下。中国最大的国际河澜沧江也发源于青海，青海因此被称为“三江源”。

行政

▶▶ 地图上，青海像一只蜷身腾跃的兔子，青海湖是它的眼睛。

青海省位于中国西北部，地理坐标东经 89° 35′ ~ 103° 04′，北纬 31° 39′ ~ 39° 19′，东西长 1 200 多公里，南北宽 800 多公里，总面积 72 万平方公里，占全国总面积的 7.5%，仅次于新疆、西藏、内蒙古，居于第四位。

青海省划分 8 个行政区。以青海湖为坐标，周围环绕着西宁市和海东地区、海西蒙古族藏族自治州、海南藏族自治州和海北藏族自治州。海南藏族自治州东面和南边，又有黄南藏族自治州和果洛藏族自治州。果洛藏族自治州的西南，是玉树藏族自治州。这些行政单位，统称为“一市一区六个州”。除了西宁市以外，

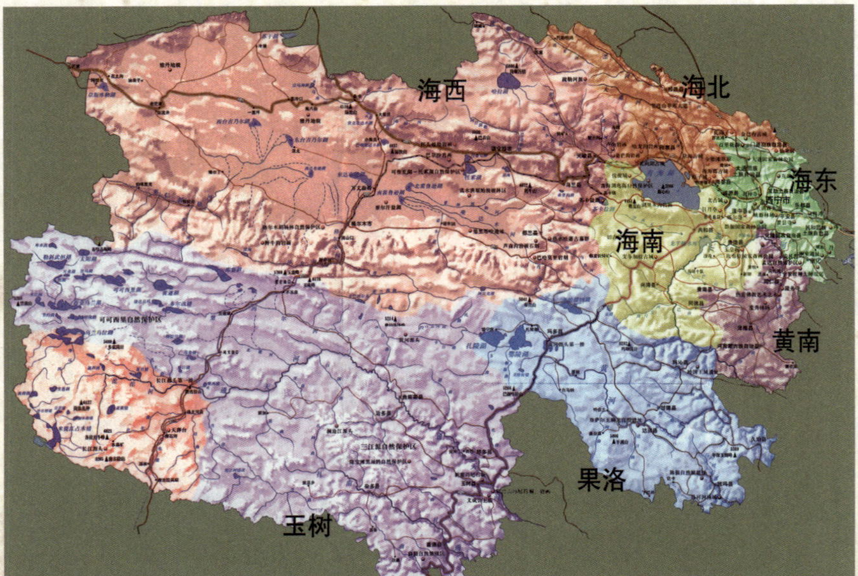

地图上，青海像一只蜷身腾跃的兔子，青海湖是它的眼睛。

有人简称其他地区为“东、西、南、北、黄、果、树”。

对于不熟悉青海的人，这个说法倒也好记。

高原、雪山、经幡。

地貌

▶▶ 青海省为盆地、高山、河谷相间分布的高原地形，最高点在昆仑山主峰布喀达坂峰，海拔 6 860 米；最低点在民和下川口河谷，海拔 1 650 米。青海整体呈西高东低南高北低的地理趋势，73.7%以上的地区海拔在 3 000 米以上，和西藏共同形成了被称为“世界第三极”的青藏高原的主体。

同时，青海的东北部又是中国“三台阶”地理结构中，“第一台阶”青藏高原向“第二台阶”黄土高原过渡的区域。青海西北部又是高海拔草原地区与戈壁沙漠地区的交汇带。因而，在中国地理上，青海是地质结构最复杂、多样的省份之一。

古代著名的“丝绸之路—南路”、“唐蕃古道”，都曾穿行于青海广袤辽阔的土地上，承载着人类文明的创造与交流。

山川

▶▶ 青海境内地势高拔、山川连绵。从北向南，阿尔金山—祁连山脉绵延横亘，成为青海与新疆、甘肃两省的天然界山。有“万山之祖”、“亚洲脊柱”之称的昆仑山脉，从帕米尔高原横空出世，巍巍莽莽 2 500 公里，自西向东横贯青海全省，可可西里山、巴颜喀拉山、阿尼玛卿山等众多山脉都是其衍生支系，遍布青海。唐古拉山位于青海省最南部，是青海与西藏的天然分界线，宽 150 ～ 200 公里，省内长 700 多公里。这些山脉平均海拔在 5 000 米以上，大都呈东西走向，万山错落，遥相呼应，构成了青海高原地貌的基本骨架，也参与形成了青海的历史文化景观。

河湖

▶▶ 青海地处极地高原，境内雪峰林立、冰川广布，孕育了众多江河湖泊。中国最著名的两条河流长江和黄河，就分别发源于青海唐古拉山深处各拉丹东冰峰和巴颜喀拉山各姿各雅山下。中国最大的国际河澜沧江也发源于青海，青海因此被称为“三江源”或“江河之源”。千万年来，潺潺融冰、淙淙泉水汇集成的巨大江河，汹涌奔腾，一路向东，浇灌了千里沃野，哺育了万代黎民，创造了灿烂辉煌的华夏文明，青海堪称中华文化的发源地之一。

青海拥有仅次于西藏位居全国第二的湖泊湿地系统。著名的青海湖是中国最大的内陆咸水湖，青海省也因此得名。三江源地区是中国最大的湿地系统，形成了黄河总水量的 49%，长江总水量的 25%，澜沧江总水量的 15%，被誉为“中华水塔”，其对中国内地及更广泛地区的气候、生态、环境，都起着不可替代的重要作用。

中国最著名的两条河流长江和黄河都发源于青海。

资源

►► 青海拥有丰富的矿藏、水能、草原、野生动物和淡水资源。青海柴达木盆地遍布着众多盐湖，氯化钠储量占全国总储量的一半以上，其他如钾、镁、锂、溴、硼、碘、天然碱等，储量也均居全国前列。青海东北部是青藏高原向黄土高原的过渡地带，大幅度海拔落差造就了一系列高山峡谷，形成了巨大的水能储备，尤以黄河流域最为突出，人均可开发水电资源为全国平均数的 10 倍。

青海高原少受人类干预，保存有丰富多样的高原野生动植物资源。全省有鸟类 294 种，兽类 110 种，超过全国种类总数的 1/4。分布于青海境内的国家一级保护动物，如黑颈鹤、野牦牛、白唇鹿、藏羚羊等有 20 余种，二级保护动物近 40 种。有经济价值的野生植物资源 600 多种，冬虫夏草、大黄、贝母、雪莲等药用植物 300 多种，另有珍贵野生食用类、油料类植物，如蕨麻、发菜、野蘑菇等，种类繁多，品质上乘。

交通

►► 青海是中国西部的地理中心区。青海西北部同新疆接壤，北部、东部与甘肃为邻，东南部与四川毗连，南部、西南部与西藏相交。自古以来，青海即是新疆、西藏连接内地的重要通衢，古代著名的“丝绸之路—南路”、“唐蕃古道”都曾穿行于青海广袤辽阔的土地上，承载着人类文明的交流与创造。建国后，人民政府修筑的青藏公路，是西藏交通运输的“大动脉”，曾担负了内地支援西藏的 80% 生活物资，以及全部的建设、战略物资的运输。新世纪，新开通的青藏铁路更是一条举世瞩目、跨越地球之巅的“天路”。

历史
往昔一如从前

考古学家将青海境内的人类活动溯源到3万年以前的旧石器时代，这仿佛告诉人们，在远古时代，这些地方并不是今天我们想象的“生命禁区”，它可能气候湿润，水草丰美，鸟兽成群，生机盎然。

考古学

▸▸ 考古学家将青海境内的人类活动溯源到3万年以前的旧石器时代。

人们在长江源头的沱沱河沿岸、可可西里地区、格尔木附近的东昆仑山和柴达木盆地的小柴旦湖畔，分别发现了打制石器、石制雕刻器、刮削器、砍砸器，以及人工磨制的贝壳装饰品和骨制饰品。

令人惊异的是，这些发掘点大多在海拔4 000米以上的地方。这仿佛告诉人们，在远古时代，这些地方并不是今天我们想象的“生命禁区”，它可能气候湿润，水草丰美，鸟兽成群，生机盎然。

青海新石器时代以后的遗址主要分布在海东地区和海南藏族自治州及黄南藏族自治州，有新石器时代的马家窑文化、铜石并存时代的齐家文化、青铜时代的辛店文化，以及诺木洪、卡约土著文化等。

青海地区考古发掘的文物。

静谧的高原。

大事记

▶▶ 西汉时期，汉武帝派骠骑将军霍去病进兵青海河湟，筑西平亭。

西汉末年，王莽政权在今青海海晏县三角城设西海郡，置太守。

公元 205 年，东汉在今西宁设西平郡。

两晋时期，青海先后出现乙弗勿敌国、秃发氏南凉国等割据政权。

公元 329 年，吐谷浑国建立，统治青海 350 多年。

公元 609 年，隋炀帝发兵征讨吐谷浑，设西海郡和河源郡。

公元 663 年，吐蕃灭吐谷浑国，纳青海为属地。

北宋初期，吐蕃王室后裔唃厮啰在青海河湟地区建立政权，建都青唐城（今西宁）。

公元 1104 年，宋灭唃厮啰政权，在河湟地区设西宁州，青海东部地区重新纳入中原王朝版图。

元代，河湟地区属宣政院。

明时，属西蕃地。

雍正初年，清政府在青海设“钦差办理青海蒙古番子事务大臣”。

1929 年 1 月，青海建省，省会西宁。

1950 年 1 月 1 日，中华人民共和国青海省人民政府成立。

文化
心灵生长的土壤

青海地域辽阔，多民族聚居，并存着农耕文明和草原文明等多种文化。中国最早的文化体系之一，“昆仑神话”即发源于青海的昆仑山脉。在青海，藏传佛教寺院遍布全省。宗教十分深刻地影响了雪域高原世世代代人们的性格、文化、生命观和道德观，塑造了他们的生活。

昆仑神话

▸▸ 青海地域辽阔，多民族聚居，并存着农耕文明和草原文明等多种文化。中国最早的文化体系之一，“昆仑神话”即发源于青海的昆仑山脉。在上古文献中，昆仑山被描绘成“天中柱，气上通天”，是接连上天凡间的一个神圣地方，上面居住着西王母娘娘。《山海经》中记载，王母娘娘“其状如人，豹尾虎齿而善啸，蓬发戴胜”，看上去似人非兽，是执掌司法与刑罚大权的女神。王母娘娘的神话形象，生动地折射出原始母系社会的历史背景，其产生年代应在距今万年上下的新石器时期。

昆仑山脉被称为“亚洲脊柱”，昆仑神话是中国最早的文化体系之一。

藏传佛教在青藏高原特殊的人文地理、历史环境中形成，具有浓厚藏族文化特色的佛教教派，在藏地有着千年的积淀。

宗教文化

▸▸ 在青海，藏传佛教寺院遍布全省。

“藏传佛教” 也称藏语系佛教，是以藏语为主要施教、学修工具，以藏民族为主体信教民族，或通过藏民族传入其他民族的一种宗教，为佛教三大支系之一。

藏传佛教的形成和发展，大致可分为“前弘期”和“后弘期”两个阶段。“前弘期”起始于公元7世纪中叶，以松赞干布迎娶尼泊尔尺尊公主和汉唐文成公主，将佛像及佛教引入藏地为标志。公元8世纪，吐蕃赞普赤松德赞弘扬佛法，在藏地建立起第一座寺院桑耶寺，剃度藏族僧侣出家，标志着佛教在藏地正式植根。公元9世纪中叶，吐蕃最后一代赞普朗·达玛实行灭佛，结束了藏地佛教的“前弘期”，也使吐蕃王朝分崩离析。

公元10世纪中叶，佛法分别从青海河湟地区和西藏阿里地区回传，使西藏中断了近一个世纪的佛教得以复兴。由此，佛教在藏地开始了它辉煌的“后弘期”时代。公元11世纪以后，藏族人在各自判教的基础上形成了不同的佛教派别，使佛教完成了在藏地的“本土化”过程，标志着藏传佛教的真正形成。

藏传佛教是在青藏高原特殊的人文地理、历史环境中形成的，具有浓厚藏族文化特色的佛教教派，在藏地有着千年的积淀。藏族是一个全民信教、极为笃诚的民族，宗教深刻地影响了雪域高原世代人们的性格、文化、生命观和道德观，塑造了他们的生活。可以说，有藏族人居住的地方，每一寸土地都打着佛教的深深烙印。

艺术

岁月结晶　灿烂瑰宝

青海各民族在长期的历史进程中，以他们执着丰沛的生活热情，创造了丰富多彩的文化艺术。它们是世代人民智慧的结晶，也是这块土地奉献给人类文明的灿烂瑰宝。

▶▶ 在不同的环境中，人们对艺术有着不同的定义和审美。青海地处青藏高原，自然环境严苛、物质不丰富，基本生活方式以草原游牧为主，这些客观条件对艺术创作构成了限制，所以在这里欣赏艺术，要比在内地或其他地方珍贵许多。

在青海省博物馆，面对橱窗里陈列的远古时代简单打制的削刮石器，你会觉得那就是高原先民创造的最珍贵的艺术品。人猿相揖别过，也就是这几块石头，人类的智慧和意志力藉此刻下深深的凿痕，万代流传。

青海各民族在长期的历史进程中，以他们执着丰沛的生活热情，创造了丰富多彩的文化艺术。它们是世

青海省博物馆。每座城市的博物馆都值得一去。和这片土地上最浓缩的历史做“最亲密的接触”，那种感觉是很奇妙的。

青海湖区岩画。它们是远古先民留给后人的生活符码。

藏地寺院集中体现了藏民族全部的艺术才能和创作精华。

代人民智慧的结晶，也是这块土地奉献给人类文明的灿烂瑰宝。

岩画·远古先民的符码

▶▶ 在青海湖西北部近二三百平方公里的土地上，分布着哈龙、舍布其、卢山、鲁茫沟等多处岩画点。这些岩画多以动物、狩猎、战争、生殖等为内容，表明它们与当时人类生活的关系最为密切。

青海湖岩画粗犷、质朴，是古代青海湖区游牧民族生产和生活的写真，不仅具有很高的艺术价值，也有着重要的学术意义。它们弥补了青海高原游牧民族居无定所造成的文物、文献的不足，为研究古代青海湖区民族变迁提供了重要史料，并具有很高的旅游开发价值。

寺院·藏族艺术之大成

▶▶ 藏族是青海分布最广、人口最多的世居民族，历史悠久、传承深远、文化积淀丰厚。藏族又是一个充满诗意和向往神性的民族，这使他们的心灵中时时有美好的艺术创造力涓涓涌出。因为对宗教的虔诚和膜拜，遍布藏地的寺院成为藏族艺术最集中和最巅峰的大成者。

相对于传统藏族简单的生活，藏地寺院真是流光溢彩、金碧辉煌的所在，一切的建筑、雕塑、绘画等等，无不凝聚了藏族人非凡的智慧和艺术才华。面对这些艺术品，我们除了惊叹那繁复的造型、精湛的做工、昂贵的装饰外，倒是更应该欣赏其中蕴含的深刻哲理与奥妙精髓。

民间

生活的智慧与乐趣

青海是歌舞的故乡、歌舞的海洋。民间传说、文学、谚语、歌舞、戏剧等，它们是历史的缩影、生活的写照、智慧的结晶。

青海有着丰富多样的民间艺术。

▶▶ 青海是青藏高原与黄土高原的交汇区，多民族长期聚居，草原文明与农耕文明并存。这些地理和人文因素，使青海这片土地上催生出了丰富多样的民间艺术。

青海是歌舞的故乡、歌舞的海洋。河湟民歌“花儿”，土族“轮子秋”“安昭舞”，特别是玉树藏族歌舞，均体现了青海人民热情向上的生活追求和欢乐生动的创造力。

千百年来，青海各民族创造了反映本民族发展历史和日常生活的民间传说、文学、谚语、歌舞、戏剧等，它们是历史的缩影、生活的写照、智慧的结晶。

青海是歌舞的故乡、歌舞的海洋。

风情

丰富多彩的生活

青海古代为西戎属地，汉属羌地，历史上这里曾经有羌、吐谷浑等民族居住，后发展成一个多民族聚居的地区。藏族、回族、土族、撒拉族和蒙古族等在长期的历史进程中形成了各具特色的民俗风情，共同构成了青海迷人的人文景观。

▶▶ 有人的地方便会有风情。青海古代为西戎属地，汉属羌地，历史上这里曾经有羌、吐谷浑等民族居住，后发展成一个多民族聚居的地区。青海现共有 44 个居住民族，其中，世居少数民族有：藏族、回族、土族、撒拉族和蒙古族。他们在长期的历史进程中形成了各具特色的民俗风情，共同构成了青海迷人的人文景观。

藏族是青藏高原最早的世居民族之一，在青海少数民族中人口最多、分布最广。过去，藏族多生活在高海拔的高原草原地区，以游牧为生，这造就了他们勇敢豪爽、热情开朗的性格。在高原旅行，路边草地上常常可以遇到围坐着喝酥油茶、晒太阳、唱歌跳舞的藏族同胞。你若是想加入进去，他们是十分欢迎的。藏族

藏族。

是一个能歌善舞的民族，一年中的不同时间，各地区都有不同名目的赛马会、歌舞会。同时，藏族又是一个信教的民族，宗教在他们生活中占据十分重要的位置，甚至成为他们生活的主要形式之一。各藏区每年都有许多法会，庄严神秘、场面宏大，吸引着远方的人们，来亲身感受这种气氛。

回族。

回族是青海少数民族中人口较多、分布较广的一个民族。回族使用汉语文，口语里保留有一些阿拉伯语和波斯语成分，信仰伊斯兰教。伊斯兰教对教徒的生活有着严格的约束，教徒也十分虔诚、自律。伊斯兰教有一些特别的节日，如开斋节、古尔邦节和圣纪等，届时在清真寺内外聚满了信徒，场面十分壮观。

土族。

土族是青海最古老的民族之一，主要聚居在互助县、民和县、大通县、乐都县、同仁县等地区，被称为“彩虹”的民族，信仰藏传佛教。互助县居住的土族有着独特的生活习俗，节日里，他们别有情趣的轮子秋、活泼热烈的安昭舞，以及充满浓郁生活气息的民族婚礼，成为远近人们争相参与的活动。“纳顿节”是民和地区土族的狂欢节，从每年农历七月二十九日至九月十五日，时间长达两个月。“年都乎节”是青海同仁县年都乎村土族的一个节日，颇有神秘色彩。

撒拉族。

撒拉族是青海独有的少数民族，主要居住在循化县和化隆县甘都等地。撒拉族，自称“撒拉尔”，信奉伊斯兰教。撒拉族民居富有特色，他们的园艺种植也远近闻名。撒拉族女性擅长刺绣，撒拉族刺绣集传统文化、风俗、地域特征于一身，所绣花卉、动物形象栩栩如生，其工艺之精湛能与苏绣、湘绣相媲美。

蒙古族。

蒙古族主要居住在青海北部、东部和黄河北部地区，主要从事畜牧业。蒙古族有自己本民族的语言和文字，信仰藏传佛教。蒙古族的服饰别具一格。由于气候寒冷，蒙古族男女绝大多数都习惯于冬天穿藏式的大皮袄，夏季则穿布制长短袍，脚穿牛皮长筒马靴、藏靴。蒙古族妇女特别讲究头饰，颈上喜欢戴大串珊瑚和珠宝，头发多用黑布缝成漂亮的辫套绑扎，辫套用五彩丝线及金银装饰，十分好看。每年七八月间，蒙古族都要在草原上举行盛大的“那达慕”大会。届时，整个草原都变成了欢乐的海洋。

气候

竟可以成为此行的理由

来到青海，你第一个遇到的不是别的，而是缺氧。“缺氧”可以说是青藏高原的一个别称，一个代名词。但你不必因此就停止了前往青藏高原的脚步；相反，它竟可以成为你此行的理由。

暮色苍茫中，几位骑单车的旅行者。

▶▶ 来到青海，你第一个遇到的不是别的，而是缺氧。

“缺氧”可以说是青藏高原的一个别称，一个代名词。青藏高原海拔高、气压低，空气含氧量平均为内地的 60% ~ 80%，在最初的时间，或者在相当长的时间里，你会有胸闷、气短、行动艰难的感觉，严重的还会出现头疼、呕吐症状，那就是传说中的“高原反应”了。

但你不必因此就停止了前往青藏高原的脚步；相反，它竟可以成为你此行的理由。为适应高原环境，可以在动身来青海之前做一些准备工作，比如体育锻炼以增强肺活量。再有，提前一段时间服用维生素类和红景天类的药物。为防万一，可将便携式氧气袋、氧气瓶备上，以便沿途补充氧气较为方便。

高原因海拔高和空气稀薄，太阳紫外线辐射强。预防紫外线伤害的办法很简单，穿长袖外衣，戴遮阳帽和太阳镜，脸部、脖颈、手等必须裸露的地方，涂抹高效度的防晒霜。总结起来，青海的气候有以下几个特点：

1. 气温普遍较低，垂直变化明显，地区分布差异大；
2. 冬长夏短，春秋基本相连，昼夜温差大，年温差小；
3. 降水偏少，地区差异大，季节集中；
4. 日照时间长，太阳辐射强；
5. 高原缺氧，气压低。

旅行

做一个高尚的旅行者

青海是一个适合旅行的地方，它拥有着多风格、多方位、多层次的旅游资源，可以满足不同人的不同需求。

▶▶ 青海是一个适合旅行的地方，它拥有着多风格、多方位、多层次的旅游资源，可以满足不同人的不同需求。

对于以前没有来过青藏高原，对高原还心存疑虑的人，西宁附近是一个不错的“缓冲带”。这里海拔不高，一般人身体完全可以承受，同时已具有浓郁的藏地风情。

如果你想感受更多的藏地文化，可以向海南藏族自治州、黄南藏族自治州、果洛藏族自治州等地区深入。如果你对藏传佛教的历史有兴趣，可以沿唐蕃古道去玉树，一直回到盛唐时期的吐蕃时代。

如果你对自己的身体有信心，渴望挑战极限，你可以去朝拜雪山。

如果你想体验高原诗意的孤独与寂寞，你可以去走青藏线，最后，一直到西藏。

到青海旅行，交通食宿方面基本不成问题，要注意的是应尊重当地各少数民族的民俗民情、礼仪禁忌，不要伤害其感情。

到藏地旅行，要尊重当地人的情感和习俗。

景致
如五色经幡飘扬

西宁是青海的人文地理中心，从那里向四周延伸出了五条文化带，它们是河湟谷地、青海湖区、唐蕃古道、黄河流域、青藏一线。

▶▶ 纵观青海的人文地理景观，好比一个巨大的经幡群：西宁是青海的人文地理中心，从那里向四周延伸出了五条文化带，它们是河湟谷地、青海湖区、唐蕃古道、黄河流域、青藏一线。它们像五条色彩斑斓、凌空飞舞的经幡各具风采，每一处景致就是飘扬其上的彩色风马。本书将以这五条文化带为经，以往事、人文、景点、民间四个板块为纬，描绘出青海大地的大美山川、人文风情。

青海的人文地理景观，好比一个巨大的经幡群。

河湟谷地·海藏咽喉 民俗风情

►► 河湟谷地是青海最早发展农业文明的地方，多民族聚居，历史悠久。

西宁被誉为中国的“夏都”。夏季，当内地大多数地区笼罩在炎炎烈日下时，青海则迎来了它一年中最美丽的季节。西宁及附近集中着塔尔寺、北禅寺、东关清真大寺等多种宗教的多个圣地，是民族和谐、文化包容的最好体现。省博物馆、马步芳公馆、西路军纪念馆、南山凤凰台等众多景点，向人们展现了青海的历史和现代。

河湟谷地是青海最早发展农业文明的地方。

从西宁向东，平安县境内有一座建在岩崖半腰的小寺院——白马寺（玛藏寺）。这座寺院是藏传佛教“后弘期”发轫之地，在藏传佛教史上有着极为重要的地位。海东地区是著名的历史文化之乡，乐都县有我国最大的原始社会墓地群，那里出土的彩陶器皿，其数量和艺术水准都堪称国内之最。此外，海东地区还有“小故宫”之称的藏传佛教寺院——瞿昙寺等著名寺院。

西宁东南方向的循化县，是撒拉族集中居住的地方。这里有撒拉族奉为神圣的白驼泉、著名的街子清真寺，还有十世班禅大师故居、文都寺等藏传佛教圣地，以及国家自然保护区孟达天池等自然风景名胜。

西宁北面的互助土族自治县，聚居着青海特有的少数民族——土族。在这里，你可以感受到土族民众热情欢快的生活。

丰富多彩的民族风俗，是河湟谷地最大的特点。

青海湖区·碧波荡漾 草原茫茫

►► 青海湖区是祁连山地中的一块内陆盆地，四周为大通山、日月山、青海南山和阿木尼克山（橡皮山）所环绕。盆地内地形平坦，水源充足，气候温和，是水草丰美的天然牧场。夏秋季的大草原绿茵如毯，金黄色的油菜花迎风飘香，牧民的帐篷星罗棋布，成群的牛羊飘动如云，日出日落的迷人景色，更充满了诗情画意。

青海湖是中国最大的内陆湖和最大的咸水湖，藏区“四大圣湖”之一。环绕着青海湖，有吐谷浑遗址伏俟城、现代高科技基地原子城等景点，还有因歌曲“在那遥远的地方”而闻名的金银滩大草原。草原上散居着藏族、蒙古族牧民，他们热情、好客，质朴、纯真。达坂山下，有方圆百里的门源油菜花海，它们在远处的祁连雪山和更高远的蓝天映衬下，异常美丽、壮观。

青海湖区自古就是水草丰美的天然牧场。

唐蕃古道被藏族同胞尊敬地称为“迎佛路”。

青海湖区包括西宁市湟源县，海南藏族自治州共和县，海北藏族自治州刚察县、海晏县，以及海西蒙古族藏族自治州的天峻县。

唐蕃古道·迎佛之路 梦回唐朝

►► 唐蕃古道被藏族同胞尊敬地称为“迎佛路”，已有1300多年的历史。千年之间，唐蕃古道上留下众多传说和遗迹，历久弥珍。

最集中体现唐蕃古道风情的是玉树藏族自治州。玉树位于青南高原腹地，是整个青藏高原的地理中心。历史上，玉树曾是内地和蒙古及西域出入西藏的交通要道。藏语里，玉树州首府结古镇即为“族众兴旺”和“物资集散地”的意思。

因为历史和地理的原因，玉树又是整个藏区藏传佛教最具传统的地区之一，甚至比西藏的很多地方都保留有更纯正、完整的藏传佛教体系。青海现有藏传佛教寺院670余座，仅玉树一个州就占了三分之一。宁玛派在青海的大多数寺院都集中在玉树和毗邻的果洛境内，且都建在山林深处交通不容易到达的地方。噶举派在青海共有寺院105座，其中103座在玉树。萨迦派在青海现共有28座寺院，全部都在玉树地区。

玉树的人文景观像一部浓缩的藏传佛教史。沿唐蕃古道去玉树，便是重溯了古老吐蕃和藏传佛教的历史，仿佛时光倒流、轮回从前。

黄河流域·农牧风情 高原文化

►► 青海是黄河的发源地。黄河从巴颜喀拉山脉生成，一路曲折迂回、劈山裂谷、跌宕起伏，在青海果洛藏族自治州、黄南藏族自治州、海南藏族自治州地区冲击出一大片肥沃土地，滋养了富有高原特色的农牧风情。

果洛藏族自治州是黄河的源流地区。境内的阿尼玛卿山和年保玉则山是藏地著名的神山，关于它们，当地流传有许多传说，使其具有了神圣、神秘、神奇的非凡气质。果洛地区还是藏族古代英雄史诗《格萨

黄河流域的山脉与谷地。

辽远苍茫、雪冠群山的高原世界。

尔王》故事的发生地。

黄南藏族自治州是青海境内一个草原和农耕风情浓郁的地区，其辖下同仁县是国家级的历史文化名城。同仁藏语称“热贡”，意为“梦想成真的地方”。热贡附近多出艺术人才，他们的唐卡、堆绣、雕塑、酥油花、木刻等佛教艺术品在青海非常有名，同仁地区因而被称为“热贡艺术之乡”。

黄河在完成从青藏高原向黄土高原的过渡中，在海南藏族自治州一带形成一系列大峡谷，山高水深、壁立千仞，自然景观蔚为大观。贵德坐落在黄河上游龙羊峡和松巴峡之间的川谷中，史有“天下黄河贵德清”的美誉，被称为“高原小江南”。

青藏一线·生命感悟 极地体验

▶▶“青藏一线”指的是从西宁经格尔木去往西藏拉萨的线路。行走青藏线，有公路和铁路两种方式。青藏铁路和青藏公路（109国道）从西宁出发后不久即相互分开，分别沿柴达木盆地南北两侧环绕而行，到格尔木又再汇合，然后一路向南，攀上巍峨高耸的昆仑山和雪冠绵延的唐古拉山，一直抵达西藏拉萨，全长约2 000公里，途经最高点海拔5 231米。

“青藏一线”与青海其他人文风光线路都有不同。柴达木壮观的戈壁景象、诺木洪考古遗址、吐蕃墓葬群、雅丹地貌魔鬼城、晶莹的察尔汗盐湖、光亮的万丈盐桥……在这里，你将更多感受到自然地理呈现出的“大地哲学”，体验到那种浑雄、辽远的大气磅礴。

格尔木是世界上辖区最大的城市，称为“天下第一城”。从格尔木上青藏线，便是走上了一条寂寞而充满生命感悟的道路。这里海拔上升很快，气候恶劣，有着最严酷的生存环境，却也到处是旷世美景。一步天堑昆仑桥、昆仑神泉、玉虚峰、玉珠峰、西王母瑶池等等，是中国昆仑神话的源泉所在。

翻过昆仑山再上唐古拉山，沿途经过沱沱河可达长江源头区域。这里冰峰林立、寒光凛冽，一派亦幻亦真的晶莹世界。亲身走过这些地方，能令人生得到洗礼、获得重生。

原则
也是最重要的

什么都不要留下，除了脚印；
什么都不要带走，除了记忆。

►► 青藏高原是世界上最后一块净土，是人类最后的精神家园。青藏高原的自然条件非常恶劣，再生能力差，一块被汽车轮胎掀起的草皮，可能几十年也长不出新草来。所以，到这里旅行，行囊里的“必备品”中，第一记得带上的是“环保意识”。请朴素地、虔诚地、入乡随俗地到这里来，爱护这里的一切。记得：

什么都不要留下，
除了脚印；
什么都不要带走，
除了记忆。

ཙོང་ཁའི་
ཡུལ་ལྗོངས།
མཚོ་བོད་གནད་
འགག

河湟谷地：海藏咽喉 民俗风情

སྐུ་འབུམ་བྱམས་པ་གླིང་།
ཁྲི་ཚང་།
ཞུན་དཔལ།
རེ་སྐོང་།

河湟谷地是青海最早的农耕区，历史悠久。

羌人[D]

羌人是青海最早的世居民族。羌人最先把野羊驯养成藏系羊，把野马驯服为藏系马，把凶猛的狻猊驯服成忠实的藏獒，把桀骜不驯的野牦牛驯养成性情温顺的“高原之舟”家牦牛。除了畜牧，羌人还擅长农业开发，最先培育出麦类作物青稞，使之成为青藏高原的主要食粮。在历史的长河中，古老的羌人以他们的聪慧和勤劳，对人类文明做出了重大的贡献。今天，在一些表演性质的仪式中，还能看到古代羌人的痕迹。

▶▶ 最早记录于史籍的青海人叫无弋爰剑，关于他的故事就流传在河湟谷地。

《后汉书·西羌传》记载，秦厉公（前 476 ～前 443 年）在位时，无弋爰剑被抓去做了秦国的奴隶。在秦国，无弋爰剑学到了当时先进的农耕技术和畜牧经验。后来，无弋爰剑伺机逃脱，为防秦兵追赶躲藏进山洞，“秦人焚之，有景象如虎，为其蔽之，得以不死。”秦兵见此情景，认为是天神幻化为虎保佑无弋爰剑，因此害怕，仓皇逃遁。

无弋爰剑出洞后西行，遇见一个受刑被割掉鼻子的女子，二人结为夫妻，一路来到青海湟水流域。土著部落听说无弋爰剑焚而不死的传说，十分敬畏，纷纷前来投靠，拥戴他为首领。无弋爰剑的妻子羞于鼻子被割，披发覆面，当地妇女以为时尚，纷纷效仿。逐渐地，头发遮面成为羌人[D]妇女的习俗。

此时的河湟地区，“少五谷，多禽兽”，人们多“以射猎为事”。无弋爰剑把中原先进的生产技术传授给羌人，使当地生活条件得到改善。因为有着神奇经历和非凡的才能，无弋爰剑倍受羌人敬重，其子孙“世世为豪”。

在无弋爰剑的后代羌人中，一部分沿黄河上游迁徙到青藏高原腹地，和当地土著人融合，成为藏族的先民之一。其余大部分一直在青海河湟地区及黄河流域从事游牧耕作，后来发展成大小不等的 150 余个部落，直至南北朝时期，逐渐融合到吐谷浑、吐蕃、鲜卑、汉等民族之中。

西宁

西海锁钥 西陲安宁

历史上，西宁曾是丝绸之路青海道的通衢、唐蕃古道必经之地、汉唐西部疆域的边界，素有“西海锁钥”、“玉塞咽喉”之称。今天的西宁是沟通中原与西部的重要枢纽，内地进入青藏高原腹地的交通要冲，青藏公路、青新公路、青康公路、青藏铁路、兰青铁路都从这里启程或穿过。

▶▶ 西宁，东经 101° 49′ 17″、北纬 36° 34′ 3″，海拔 2 275 米，位于青海省东部湟水谷地。

西宁是青海省省会，青藏高原及河湟地区的中心城市，沟通中原与西部的重要枢纽，内地进入青藏高原腹地的交通要冲，青藏公路、青新公路、青康公路、青藏铁路、兰青铁路都从这里启程或穿过。

历史上，西宁曾是丝绸之路青海道的通衢、唐蕃古道必经之地、汉唐西部疆域的边界，素有“西海锁钥”“玉塞咽喉”之称。今天的西宁是中国著名的夏都，享誉海内外的旅游胜地。

西宁夜景。

往事·西宁的来历

▸▸ 西宁有着悠久的历史，是我国黄河流域文化的组成部分。考古发现，早在四五千年以前就有人类在这块土地上生产、生活，繁衍生息。西宁古称“湟中”，秦汉以前，这里曾是“羌戎之地”。公元前 121 年，西汉武帝元狩二年在今西宁城北设西平亭，标志着西宁正式被纳入了西汉的版图。东汉建安十九年（214 年）设西海郡。两汉以来，地处湟水谷地的西宁等地生产得到了发展，人口也不断增加，西宁及其周边地区在政治、经济、交通和军事上的地位越来越重要。公元 220 年东汉灭亡，魏、蜀、吴三国鼎立，今西宁属曹魏的统治范围。222 年，魏在今西宁市修筑了西平郡城。公元 265 年，西晋在今湟水流域仍置西平郡，辖西都（今西宁市）等地。

十六国时期，鲜卑族秃发部据今甘肃西部、青海东部地区建立地方割据政权南凉，曾一度在今西宁市建都西平。公元 445 年，北魏灭鄯国，改西平郡为鄯善镇。公元 526 年（北魏孝昌二年），又改鄯善镇为鄯州，辖西平（今西宁市）等地。公元 607 年（隋炀帝大业三年）又改鄯州为西平郡，辖湟水、化隆二县，今西宁为西平郡湟水县的辖地。公元 618 年唐朝建立后，在青海东部设鄯、廓二州。鄯州辖龙支、湟水二县，今西宁为湟水县辖地。公元 1104 年北宋改鄯州为西宁州，治所西宁，取“西陲安宁”之意。自此，“西宁”一词始见于青海史籍，至今，已有 900 多年历史。

人文·现代时尚风情

▸▸ 西宁有中国“夏都”之称。夏天是青海最好的季节，气候宜人、风景壮美。近些年，青海努力打造时代风尚，创造开发了不少体现青海特色的文化品牌，产生了越来越大的社会影响。

环青海湖国际公路自行车赛。

5月·西宁郁金香节

►► 青海在1992年引种郁金香成功，1996年西宁人民公园举办首届郁金香展，正式向公众展示、开放。2002年，青海扩大郁金香节的展出规模，发展到新宁广场、中心广场等更多公共场地，至今已有50多个品种400多万株。

郁金香属长日照花卉，性喜凉爽、湿润、阳光充足的环境，抗寒性强，能耐零下的低温，青海的气候极为适宜郁金香生长。因此，青海郁金香虽然种植时间不是很长，但栽植出的郁金香品质优良，成为青海一个鲜艳夺目的形象品牌。

雪中盛开的郁金香，成为高原一景。

7月·环青海湖国际公路自行车赛

►► 2002年7月，首届“环青海湖国际公路自行车赛”落地青海。如今，环青海湖国际公路自行车赛已成为亚洲最高级别和世界海拔最高的公路自行车赛，每年比赛有来自世界五大洲的20多支运动队100多名运动员参加。

环青海湖国际公路自行车赛以其高海拔、高落差、高级别，而有别于世界其他公路自行车赛，为世人瞩目。环湖赛每年7月在青海省举行，比赛总距离1 000多公里，平均海拔3 000多米，赛程7～10天。比赛线路设计以碧波浩瀚、鸟翼如云的青海湖为中心，向贵德、民和、门源等周边地区延伸，沿途自然风光雄奇壮美，旖旎迷人。

赛手之间的友谊。

关于这间议事厅，著名记者范长江在他1935年发表于《大公报》上的长篇文章《中国的西北角》中有过精彩描述。

9月·中国青海·高原世界杯攀岩赛

►► 攀岩运动是从登山运动中派生出来的现代体育项目，集技巧性、惊险性、观摩性于一体，有“峭壁艺术体操”“力度芭蕾”的美誉。2005年，青海举行了第一届“高原全国攀岩精英赛”获得成功。2006年，经国际攀岩联合会（ICC）和国家体育总局登山运动管理中心批准，此赛事升格为国际比赛，更名为“中国青海·高原世界杯攀岩赛”。

“中国青海·高原世界杯攀岩赛”是青海举办的最高级别的世界体育赛事，有着其他地方不可比拟的优势。青藏高原被称为“世界第三极”，地球上“最后一块净土”。青海又是“万山之宗”“三江之源”，境内众多冰峰雪山是登山爱好者们向往的地方，饮誉海内外。在青海的高原厚土之上、蓝天白云之下，以攀岩的方式挑战自我、冲击生命极限，是青藏高原上又一道绚丽的风景。

中国青海·高原世界杯攀岩赛。

近年，攀岩赛事的举办地也由西宁向青海其他地区辐射。

景点·西北高原风貌

东关清真大寺·陇上清真寺之冠

►► 东关清真大寺位于西宁市回族聚居的东关地区，同西安的化觉寺、兰州的桥门寺、喀什的艾提尕清真寺并列为西北“四大清真寺”。因其在甘青地区清真寺中的规模和影响最大，故有“陇上清真寺之冠”的声誉。

东关清真大寺始建于明朝洪武年间，后几经毁建，迄今已有600多年的历史。寺院占地面积1.2万平方米，殿内和整个大寺处处都显得古朴雅致、庄严肃穆，富有浓郁的伊斯兰特色。清真大寺建筑气势雄伟、金碧辉煌，集中体现了回族建筑艺术风格。正中的礼拜大殿是全寺最大的建筑物，外形呈凤凰单展翅状，为砖木结构。大殿本体占地面积1 100平方米，其建筑具有独特的风格和气魄，可谓雕梁彩檐、金碧辉煌。大殿内宽敞高大、清净素雅，可以同时容纳3 000人做礼拜。

每当伊斯兰教重大节日时，数以万计的穆斯林聚集在这里，举行隆重肃穆的宗教活动，场景蔚为大观。

东关清真大寺。每当伊斯兰教重大节日时，数以万计的穆斯林聚集这里，举行隆重肃穆的宗教活动，场景蔚为大观。

马步芳公馆蛰在西宁市城东区一条叫作“为民巷”的巷子里。

马步芳宅邸·那些陈年往事

▶▶ 马步芳公馆蛰在西宁市城东区一条叫作“为民巷”的巷子里，乍一看并不起眼。公馆的外结构是汉式的，大门立柱和装饰则带有明显的伊斯兰风格，门楣上用汉白玉嵌刻着“馨庐”两个字，落款是时任国民党副主席的林森。

“馨庐”分三进院落，第一进北房为少数民族宾客接待室，左右分别接待蒙藏人士和伊斯兰来客，内部陈设也按照民族风格装饰，但在特别的地方融入了西洋风格，例如玉石砌的壁炉，给整个房间点染出活跃的气息。

马步芳宅邸内的玉石壁炉。

中院为议事厅暨会客室，由白色羊脑石镶建，是“馨庐”的核心建筑，也是马步芳统治时期西北最有名的房子，又称“玉石厅”。关于这间议事厅，著名记者范长江在他1935年发表于《大公报》上的长篇文章《中国的西北角》中有过精彩描述，称里面“仅布置简单的沙发及新式小桌，没有沿用西北官场中习用之虎皮交椅或豹皮交椅，特别是没有西北家家必有的土炕”。

据说，马步芳逃离青海前，部下提请炸毁“馨庐”，被马步芳制止。马步芳说自己不得已而落败，如今远走他乡，当永无回头之日，就还是给乡亲们留点儿东西吧。

——此许是传言。

“馨庐”的后院为马步芳及家眷的住处。解放前夕，马步芳携家眷离开大陆，先到香港停留，期间拒绝了蒋介石要其到台湾的“命令”和“邀请”，转去麦加朝觐，后举家定居埃及。

北山北禅寺和闪佛。

北禅寺·古老“悬空寺”

►► 北禅寺位于西宁市北湟水之滨的北山上，俗称北山寺、永兴寺。北山因山崖层叠，远眺似土台楼阁高高矗立，又名土楼山，故北禅寺又称“土楼观”。该寺始建于汉魏时代，现系道教寺观，距今已有 2 000 多年的历史。寺中建筑有山门、山腰牌坊、奎星阁、吕祖殿、斗母殿、三教堂、无量殿、福宁楼、三宝殿、灵宫殿等。殿宇楼阁依山势而建，显得格外壮观。

土楼山为特殊的丹霞地貌地质结构，以赤壁、洞穴、险峰为主要特征，形成大小不等的洞穴，当地人称“九窟十八洞”。洞内塑有玉皇、观世音、文殊、普贤、关云长等神佛像。洞壁上所绘的神像图案、花卉山水，具有汉藏佛教绘画艺术风格，曾有“西平莫高窟”的美称。北禅寺上载危岩，下临深谷，楼阁悬空，结构奇巧。有的殿堂建在犹如屋檐般翘起的岩石之上，殿宇高悬，栈道回廊将殿宇楼阁与洞穴群相连，使殿中有洞，洞内套洞，洞中藏佛，神秘莫测。栈道回廊紧靠悬崖，甚至悬空架设，可称得上一座名副其实的“悬空寺”。

北禅寺东侧有一座高达 30 米，名为“露天金刚”的巨大佛像。佛像恰似从崖壁中闪出一般，当地人称其“闪佛”。闪佛远远可清晰看出它的头、身躯、下肢和面部五官，显得雄浑粗犷，具有唐代艺术风格，这是广大信徒在原造型地貌基础上雕凿而成的，使自然景观与人文景观达到完美结合。

凤凰台·绿色风景 山巅风帆

▸▸ 西宁南山是一个可以俯瞰城市全景的地方。

南山是西宁一处难得的林木茂盛、清凉宁静之地。夏天，这里开着一处处茶园。西宁人携家带口、呼朋唤友，到这里喝茶聚会、避暑消夏，常常一坐就是一天，十分惬意。

南山山顶修有凤凰台，为西宁的友好城市上海赠建。凤凰台下部为圆形建筑，上部为船帆样式，颇似澳大利亚的悉尼歌剧院，里面是博物馆。站在凤凰台上遥望北山，可见两山之间的川道里，西宁沿川而建，一派繁荣。

凤凰台下不远处，是一座伊斯兰的拱北（墓地）。建筑青砖拱顶，古朴庄严、含蓄沉静，与现代风格的凤凰台相映成趣。

南山凤凰台。

民间·美味小吃

▸▸ 在西宁，最使人陶醉的是这里数不胜数的特色小吃。尤其入夜，城市各处开起小吃街摊，一家挨着一家，一路吃过去，十分过瘾。

酸奶：西宁街头随处可见。地道的西宁酸奶是牦牛奶做的，用小瓷碗装着，表皮金黄柔韧，覆了一层厚厚的乳脂，内里柔滑鲜嫩、洁白如玉，看上去很是喜人。——有时，也会在酸奶里见到一两根牦牛毛，不过这并无大碍，至少说明碗里是“真的”酸奶。

酿皮：西宁的酿皮久负盛名、享誉西北。街摊上，卖主按吃客的要求，将一张酿皮摔在案板上，手起刀落，啪啪啪十几下，瞬间将酿皮切成宽窄均匀的细条，抓起放入碗中，用调羹兑入油盐酱醋辣椒酱，再来回搅拌几个回合，一份香辣可口的酿皮就可以享用了。

西宁街头的酸奶。

西宁的酿皮久负盛名。

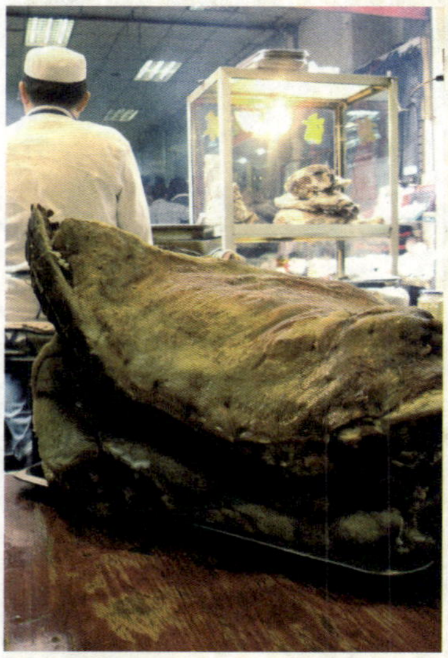

在西宁，最使人陶醉的是这里数不胜数的特色小吃。

夜晚的烤羊肉串摊子。

手抓：是“手抓羊肉”的简称。在西宁，你不必把这个名字说全了。手抓有白条、爆炒等做法。白条手抓选取的是羊肋巴，将肉用淡水煮熟，蘸上特制的椒盐，原汁原味、松软鲜美。西宁传统吃法，喜欢就着大蒜，俗话说“吃肉不吃蒜，营养减一半”。

杂碎：是西宁秋冬季节早餐桌上的上佳食品。做法是先将羊头、羊肚、羊肝、羊肺、羊肠等洗干净后放进大锅里煮，并加佐料，待煮熟、煮软后捞出，同时也烧制出了一锅浓香的杂碎汤。第二天早上，将煮熟的羊头肉切成小块，和同样切成细丝的羊肚、肝、肺、肠等杂碎适量放入碗中，用汤反复浇烫至热，最后兑上热汤装碗，同时配上面饼。吃时先就饼喝汤，最后吃肉。杂碎讲究“蹄筋的柔、口条的嫩、头肉的烂、肚子的脆、肠子的细软”，数九寒天，清晨起来吃一碗杂碎汤，全身暖暖和和的，一天精神都会好。

拉条：是西北特有的面食。做法是将面和水搅拌，有的还打上鸡蛋，反复揉压摔打，最后拉成细长的面条，下锅沸水煮了盛到盘中。根据佐料的不同，拉条分为牛肉面、干拌、烩面、卤面等多个品种，细软筋道，回味无穷。同时一边吃拉面，一边欣赏面匠师傅变魔术似的拉拉面，实为一种享受。

尕面片：“尕”是青海附近地区特有的一个词，即“小”的意思。青海地广人稀，人们常常在野外就餐，旷野上没有做饭的条件，捡三块石头就垒起一个灶来，把面和了揪成片儿下锅，配上随身带着的羊肉煮了，也是一顿美食，有“三石一只锅，羊肉尕面片”的说法。后来这道饭食进入城市，面片讲究小而薄，称为“指甲面片儿”，再小的叫“雀儿舌”。当地能做这样面片的女人，是邻里亲戚眼里的好媳妇，被赞为“茶饭好”。

烤肉串：青海的烤羊肉串和新疆的烤法不尽相同。羊肉要新鲜，切成拇指大小的块，穿在铁扦子上，烤烧时刷上酱油，撒上精盐、胡椒、孜然等佐料，不断翻动，一直烤到肉质熟透，肥肉滴油、精肉飘香，外焦里嫩时趁热吃了，真是口颊生津、满口留香。每当夜幕降临，一个个烤羊肉的摊子在路边支起，食客相中一家，要上一把羊肉串，坐在旁边小桌前，就着熬茶或冰爽的啤酒，快慰无比。

西宁的风味小吃还有甜醅、馓饭、烤洋芋等等。近年来，西宁饮食业又引进了内地其他特色小吃，加以改良和本土化，既融合了多民族饮食文化的传统，又体现了独特的地方民族特色。

塔尔寺

格鲁派第一寺

大师的母亲思念儿子，托人捎去自己的一缕白发，意思是母亲已是白发苍苍的老人了，希望儿子回来见上一面。宗喀巴大师为了佛教事业决意不返，他用自己的鼻血绘了一幅自画像和一幅狮子吼佛像给母亲，并在信中写道："若能在我出生地点用10万狮子吼佛像和菩提树为胎藏，修建一座佛塔，就如同与我见面一样。"

▸▸ 塔尔寺是为纪念宗教改革家、格鲁派创始人宗喀巴大师而建，始建于公元1379年，位于西宁市西南27公里湟中县鲁沙尔镇的莲花山下，距今已有600多年的历史。塔尔寺占地面积600余亩，为格鲁派六大寺院之一，甘青安多藏区佛教中心，首批全国重点文物保护单位，在藏传佛教历史上享有重要地位。

塔尔寺全景俯瞰。

往事·宗教大师 世间“第二佛陀”

塔尔寺里供奉的宗喀巴大师像。宗喀巴大师因其对藏传佛教的巨大贡献，被后人奉为“至尊文殊菩萨”化身和世间“第二佛陀”。

►► 宗喀巴大师（1357 ~ 1419 年），原名罗桑扎巴。宗喀巴大师出生的地方在吐蕃时期被称为“宗喀”，宗喀巴大师成名后，人们为表达对他的崇敬，遂用地名予以称呼。

宗喀巴大师 3 岁入佛门，17 岁赴西藏深造。46 岁那年，宗喀巴大师完成了《菩提道次第广论》。第二年，宗喀巴大师又完成了《密宗道次第广论》。这两部著作是宗喀巴大师一生中最重要的著作，也是格鲁派最坚实的基石教法。

宗喀巴大师立教开宗的当时，藏地的佛教已经现出普遍的腐败和堕落，不少僧侣阶层成为与官吏、地方领主一样的剥削阶级。藏地一些上层僧人不仅直接参与政治、经济权力的角逐，而且生活糜烂、奢侈腐化，借宗教之名欺骗信众，在社会上逐渐失去民心。面对当时戒律涣散的状况，宗喀巴大师极力主张僧侣应该遵从严格的戒律，把回归释迦牟尼当时所推行的教团戒规作为理想目标。

公元 1409 年藏历正月，宗喀巴大师在拉萨大昭寺创设举行了著名的“祈愿大法会”，标志着宗喀巴大师创立的格鲁派的正式形成。由于宗喀巴大师及其追随者戴黄色僧帽，故格鲁派又称“黄教”。

宗喀巴大师因其对藏传佛教的巨大贡献，被后人奉为“至尊文殊菩萨”化身和世间“第二佛陀”。

当年，宗喀巴大师离家赴西藏学法。6 年过去了，大师的母亲思念儿子，托人捎去自己的一缕白发，意思是母亲已是白发苍苍的老人了，希望儿子回来见上一面。宗喀巴大师为了佛教事业决意不返，他用自己的鼻血绘了一幅自画像和一幅狮子吼佛像给母亲，并在信中写道：“若能在我出生地点用 10 万狮子吼佛像和菩提树为胎藏，修建一座佛塔，就如同与我见面一样。”公元 1379 年，宗喀巴大师的母亲与众信徒按他的意愿，用石片砌成一座聚莲塔，这便是塔尔寺最早的建筑物。后来，众信徒又在塔的周围修建了佛殿，逐渐扩展成为寺院。

塔尔寺是先有塔后有寺，故而得名。

人文·宗教文化符号

▶▶ 拜谒塔尔寺和青海其他地区的藏传佛教寺院，一定会经常看到一些特殊的同时又非常程式化的造像及绘画等。懂得它们的基本含义，对了解藏传佛教和藏文化大有帮助。

六道轮回图所揭示的道义，是藏文化对现实生活的伦理信念。

如来八塔·释迦八大功德

▶▶ 如来八塔是藏传佛教的标志性景致，也是塔尔寺的一个代表性建筑。佛经记载，释迦牟尼得道成佛后，四处传教。一个名叫须达的居士十分敬信释迦牟尼，拜见时说："您经常到各国巡游，我不能常见到您，请您送我一点纪念之物吧！"释迦牟尼便把自己的指甲和头发送给了他。须达于是建塔以供养，这便是佛教史上的第一座佛塔。

释迦牟尼圆寂后，遗体被火化，弟子将其骨灰分成八份，分别封入八座佛塔中，以纪念释迦牟尼一生的八大功德。这八座宝塔有固定的名称与意义，它们分别是：

"聚莲塔"，纪念释迦牟尼降生时行走七步，步步莲花。

"菩提塔"，纪念释迦牟尼修成正觉。

"法轮塔"，纪念释迦牟尼初转法轮，讲授"四谛"佛法。

"神变塔"，纪念释迦牟尼运用法力降伏外道魔怪时显示的种种奇迹。

"天降塔"，纪念释迦牟尼从天堂重返人间。

"息诤塔"，纪念释迦牟尼劝息诸比丘的争端。

"祝寿塔"，纪念释迦牟尼健康长寿，佛法永驻。

"涅槃塔"，纪念释迦牟尼证入涅槃，不生不灭。

塔尔寺里的如来八塔。

寺院里每天要用掉无数只灯盏。

六道轮回图·业报轮回说

▶▶ 在藏地，藏传佛教寺院门口的右侧墙壁上，通常都绘有一幅"六道轮回图"。图画的主体是一个内外四层的圆圈。从里向外，第一层圆圈中绘有鸽、蛇、

藏地寺院中都绘有的六道轮回图，它集中体现了藏传佛教的逻辑义理与终极理想。

猪三只动物，它们首尾相衔构成一个圆环，分别表示贪、嗔、痴“三毒”。佛教认为，“三毒”是产生轮回痛苦的根源。

第二层是阴阳对半的一个圆圈，阳面表示善趣，阴面表示恶趣。善趣包括天界、阿修罗界和人间；恶趣包括畜生道、饿鬼道和地狱。

第三层圆圈分为上下六段，上三段表示三善趣，下三段表示三恶趣，形象地描绘了善恶两趣六道中的情形。

上三善趣中，天界最好，幸福美满、寿数绵长。阿修罗界也还不错，但已经开始有了烦恼：阿修罗界有一些高品味的果树，根须长在此，果子却结于天界，被天界享用，众阿修罗就不服气，一直用斧头砍果树，欲与天界争高低。人界中即为我们常人，有形体、有智慧，但一生处于生老病死的种种苦痛之中。

下三段里，投生于畜生道者，智力低下、生命短暂，互相残杀、受人奴役，如此一生，实为恶趣。饿鬼道中画了很多鬼，它们肚大颈细、口中喷火，能咽下的食物远远不解肚中之饥。最惨的是地狱道，地狱里所受的罪真是罄竹难书，如上刀山、下火海、割舌、挖眼之类的酷刑，没有一样是能够承受的。

佛教认为，宇宙中的有情生命处于一个生生死死、流转不息的生命轮回之中。如同一个上下转动的水车，六道中的生命像水车的斗子，忽上忽下变换位置。这变化流转的动力，佛教称之为“业力”。前世积德，则今世生在善趣；今生作恶，则来世堕入恶趣。这便是佛教的“业报轮回说”。

不过，无论善业、恶业，所得的业报都是在六道中轮回。即便是最高的天界，也不过是暂时的避难所。因为造成这一切痛苦的渊源，即佛教认为的无明、行、识、名色、六入、触、受、爱、取、有、生、老死“十二因缘”没有消除。在六道轮回图中，“十二因缘”分别以盲人、瓦匠、猴子、船、空宅、接吻、眼中箭、饮酒、采果、孕妇、临产、老人和死尸表示，画在转轮的最外层。

这样一个轮回图已经很可怕了，更触目惊心的是它还被阎罗王掌握着。阎罗王用尖牙利爪紧紧俘住转轮，怒目圆睁，看起来很不友善。这个画面传递出的信息告诉人们：所有的生命都被死亡所笼罩，都逃不出阎罗王的手掌心，从此生到来世、从无始到无终。

六道轮回图所揭示的道义，是藏族文化对现实生活的伦理信念。它也是藏族人如此虔诚拜佛修行积累功德的推动力。在六道轮回图上，阎罗王怀抱的转轮外侧上方，分别画着日月、佛陀和精舍，表示轮回以外的美妙世界。它们合起来喻示佛教指给有情众生的两条道路：

一条是生生死死，永远沉沦在轮回之中；另一条是皈依佛法，最终脱度生死。

吉祥八宝·庄严与欢乐的象征

▶▶“吉祥八宝”藏语称“扎西达杰”，包括金轮、白海螺、宝伞、胜利幢、莲花、宝瓶、金鱼、吉祥结。它们既有宗教的神圣寓意，又有世俗的温暖与生趣。

金轮：来自古代印度，轮子原是一种武器，很有威力，后为佛教借用，寓意大法圆转、万事不息。

白海螺：佛经载，释迦牟尼说法时声音洪亮，如海螺之音回荡不息。藏传佛教法会仪式上常吹鸣海螺，寓意佛的声音远扬三千世界。

宝伞：古印度时的一种仪仗器具。佛教以伞象征遮蔽魔障、守护佛法，也寓意佛陀教诲的权威至高无上。

胜利幢：在古印度是一种军旗，藏传佛教用它比喻十一种烦恼的对治力，寓意佛教乃解脱烦恼孽根，觉悟修成正果之法。

莲花：莲花出淤泥而不染，至清至纯。藏传佛教认为莲花象征着修行的最终目标，出自浊世、清净无染。

宝瓶：藏传佛教寺院经台上置宝瓶，内装甘露水和宝石，插孔雀翎或如意树，寓意吉祥清净、福智圆满、见空无漏、永生不死。

金鱼：常为雌雄一对金鱼。比喻坚强活泼、自由豁达而得解脱的修行者，如鱼行水中畅通无碍，寓意复苏、永生、再生。

吉祥结：最初象征是爱情和献身，后也比喻只要跟随佛陀，就有能力获得智慧和觉悟，寓意回环贯彻、一切通明。

金轮

白海螺

宝伞

胜利幢

莲花

宝瓶

金鱼

吉祥结

景点·金碧辉煌的庄严

▶▶塔尔寺建筑分布于莲花山的一沟两面坡上，殿宇高低错落、交相辉映、气势壮观。位于寺院中心的大金瓦殿，绿墙金瓦、灿烂辉煌，是该寺的主建筑，它与小金瓦殿、大经堂、弥勒殿、释迦殿、依怙殿、文殊菩萨殿、大拉让宫、四大经院（显宗经院、密宗经院、医明经院、时轮经院）和酥油花院、跳神舞院、活佛府邸、如来八塔、菩提塔、过门塔、时轮塔、僧舍等建筑形成了错落有致、布局严谨、风格独特，集汉藏建筑风格

大金瓦殿前，每天都有许多磕长头的信徒。

于一体的宏伟建筑群。塔尔寺各殿堂内的造像生动优美、庄严神圣。栩栩如生的酥油花、绚丽多彩的壁画和色彩绚烂的堆绣被誉为“塔尔寺艺术三绝”，闻名世界。寺院内还珍藏了许多佛教典籍和历史、文学、哲学、医药、立法等方面的学术专著。每年举行的佛事活动“四大法会”，更是热闹非凡，游人如潮。

大金瓦殿·神圣的塔与殿

▸▸ 大金瓦殿是塔尔寺的核心建筑，也是最早的一处殿堂。相传，宗喀巴大师就降生在大金瓦殿的地方。当时，宗喀巴大师的母亲剪断脐带的滴血处，后来长出一棵白色的旃檀树（菩提树）。旃檀树枝繁叶茂，生出十万片叶子，每一片叶子上都显示出一尊狮子吼佛像（释迦牟尼身像的一种）。

后来，这株旃檀树被宗喀巴大师的母亲封入聚莲塔中，并修建起大金瓦殿。大金瓦殿是塔尔寺最神圣的地方，每天都有许多信众在这里磕长头敬拜。

神奇的是，在聚莲塔所在的大金瓦殿外面，之后又长出一棵旃檀树。相传，这是从大殿里聚莲塔内的那棵旃檀树的根茎蔓延长出的。在有阳光的时候，有佛缘的人会在旃檀树的叶片上看到狮子吼佛像。

“艺术三绝”·壁画 酥油花 堆绣

▸▸ **壁画**：藏族是一个聪慧的民族，他们很早就发现图形和色彩是人类感知体系中最有效的两个符号系统。过去对于大多数没有阅读能力的藏族人来讲，直观的图画比什么都更能在他们的脑海中留下深刻烙印，宗教绘画因此成为藏传佛教文化中十分重要的组成部分。

寺院里的大型壁画采用类似九宫格的方式，先将草稿线条勾勒到墙壁上，然后再确定图案和填画色彩。藏地传统壁画的颜料都是天然矿物质，他们发明了用翡翠做蓝色、用珍珠做白色、用珊瑚做红色、用松石做绿色、用赤金做黄色的“五原色”，分别象征蓝天、白云、火焰、河流和土地。这五种物质是藏族人生活中最重要的存在，也是他们敬祭天地神灵的风马旗的颜色。这些由矿物质制成的颜料，据说可千年不毁。

藏传佛教绘画有很严格的规定和程式，自由发挥和创作的余地不大。尽管如此，画师作画时还是倾注了无限的虔诚和心力，以此作为对佛祖最大的膜拜与敬重。

酥油花：用食用酥油捏制而成，十分精巧美妙。关于酥油花的来历，相传宗喀巴大师曾做过一梦，梦见在一片吉祥之地，芳草野花都变成了一盏盏的酥油灯。在无边的灯光中幻化出了仙楼玉阁，周围祥云缭绕，珍禽异兽随乐起舞。醒来后，宗喀巴大师认为这是菩萨珍贵的显现，便组织僧侣用酥油塑成花卉树木和各种野兽，供奉在佛前，其习俗延续至今。

被仔细保护的寺院壁画。宗教绘画是藏传佛教文化中十分重要的组成。

酥油花的造型大至一两米，小到几毫米，色泽艳丽、形态逼真、活灵活现、美轮美奂。塔尔寺有两个专门制作酥油花的地方，分别称为“上花院”和“下花院”。每年藏历十月，两院就开始筹划制作酥油花作品。为了防止酥油遇热融化，制作酥油花的地方必须保持寒冷，完全不能生火。不仅如此，艺僧们还需要不时地将手放进雪水中降温，非常辛苦。

酥油花以佛教故事、历史故事和民间传说为主要题材，《佛本生故事》《释迦牟尼十二行传》《莲花生本生传》《文成公主进藏故事》等是最常见的内容。

1990年起，塔尔寺建立了酥油花陈列馆，将珍品加以保存展览，供更多人观赏。

堆绣：顾名思义，是用绣品堆出来的。制作时，艺人们先画好底本，将不同颜色的绸缎按人物、花鸟、山川水流的不同尺寸裁剪开，在底部添上薄厚不等的羊毛，然后用彩色丝线刺绣在上部，再将各种图案拼合成为一幅整体的画。作品中，人物和物体的造型千姿百态、色彩鲜艳、层次清晰，富有浮雕般的立体感。

精美华丽的酥油花作品。图为吐蕃赞普松赞干布的形象。

民众在观赏堆绣作品。

法会开始前僧侣们庄严地迎请大佛。

塔尔寺有四幅巨型堆绣佛像，每一幅长约 30 米，宽 20 米，分别是释迦牟尼佛、狮子吼佛、弥勒佛和宗喀巴大师。平时它们被小心卷起收藏在寺院里，只在塔尔寺每年的四月法会和六月法会上展出。届时，寺院僧侣将佛像抬出，到对面山顶从上徐徐展开，直至山脚，吸引无数信众游人前来观看，场面极为壮观。

这样的作品，往往需要数代艺人们花费多年的时间才能完成，堪称绝佳艺术珍品。

四大法会·庄严的仪式

▶▶ 塔尔寺一年中有四次法会，它们是当地既庄严又热闹的节日。

第一次法会叫“正月祈愿大法会”，在农历正月初八到十五日举行，据说是三世达赖喇嘛索南嘉措创立的，有跳法舞、浴佛、晒佛、酥油花展等活动。

第二次法会叫“四月法会”，在农历四月初八到十五日举行，为的是纪念释迦牟尼的诞生、出家、涅槃，有晒佛、跳金刚护法舞等活动。

第三次法会叫“六月法会”，在农历六月初三到初八举行，是纪念释迦牟尼“三转法轮”的大法会，有晒佛及跳马头明王护法舞等活动。

第四次法会叫“九月法会”，在农历九月二十至二十三日举行，为的是纪念释迦牟尼的降凡，届时有跳神、拜佛等活动。

民间·活佛 僧伽 信众

▶▶ 藏传佛教之所以千余年来兴盛不衰，有如此广泛的影响，与藏地特殊的地理、人文环境有关，也与藏传佛教特有的宗教义理、形式仪轨密切相连。这其中，活佛崇拜、僧伽制度和信众群体，构成了藏传佛教最为引人瞩目的结构特点。

第八天，噶玛拔希回到自己在西藏山南楚布寺的寓所，准备用夺舍秘法复生时，却发现自己的遗体已经被弟子们火化，整个楚布河谷里充满了悲痛的哭声。

活佛·是怎样转世的

▶▶“活佛转世”是藏传佛教独有的宗教传承体系，是对世界宗教文化的“创造性”贡献。活佛转世的“技术基础”是一种叫“夺舍秘法”的修行密法，它由藏传佛教噶举派创始人玛尔巴大师到印度学法并传到藏地。

“夺舍秘法”藏语称“破瓦仲居”，即将一种身体的心识迁移到另一个身体上，或者从一个地方转移到另一个地方，所以又称“转识法”。最早使用“夺舍秘法”实现人身转世的是噶玛噶举派黑帽系第二代传人噶玛拔希。

据传说，噶玛拔希预感到自己将要圆寂，他要周围的人在他死后将他的尸体停放七天，预言自己不久还会回来。涅槃的瞬间，噶玛拔希变化为彩虹前往了天界。

第八天，噶玛拔希回到自己在西藏山南楚布寺的寓所，准备用夺舍秘法复生时，却发现自己的遗体已经被弟子们火化，整个楚布河谷里充满了悲痛的哭声。看到如此情形，噶玛拔希伤心得昏迷了过去。过了好久，

法会上，壮观的晒大佛场景。

活佛体系与藏地历史上由来已久的“政教合一”的社会制度有关，也是这块土地上特有的生存境遇催生出的特殊现象。

噶玛拔希苏醒过来，他随后去寻找别的尸体以转生。噶玛拔希先在堆龙帕仓找到一具完整无损的刚满3岁的男孩尸体，他用夺舍秘法将自己的灵识迁移到尸体里，死去小孩的眼珠就忽然转动了起来。男孩的母亲十分害怕，以为是凶恶的征兆，急忙从炉灶中抓了一把灰烬撒在儿子的眼睛上，又用银针把它刺破挑了出来，再安放到脸上。

没有了眼睛，噶玛拔希只得把自己的灵识从男孩的尸体中迁出来。这时，噶玛拔希受到二十五空行母的指引，要他去到后藏的贡塘，将灵识迁移到攘迥多吉母亲的胎中。

公元1284年，藏历阳木猴年一月八日，藏地第一位活佛转世者诞生了。

攘迥多吉出生后显示了诸多神迹，他可以说出许多噶玛拔希在世时的情形，3岁时被认定为噶玛拔希的转世。成为教主后，攘迥多吉曾派人到堆龙找到那对当初失去了3岁儿子的夫妇。攘迥多吉把他们请来楚布寺，笑着对男孩的母亲说：

“你把我的眼睛怎么安放的？它们没有被放到眼眶里，而是掉在了地上。”

尽管如此，攘迥多吉仍觉得和这对夫妇很有缘分，赐给了他们一头母犏牛。

公元1339年，攘迥多吉在元朝都城圆寂。在此之前，攘迥多吉留下遗言，说明他转世的名字、出生地和父母的名字。这个人就是后来出生在西藏昌都、被藏族人称为“游戏金刚”的乳必多吉。

自此，噶玛噶举派黑帽系开始在教派内实行活佛转世制度。后来，这种传统被其他教派效仿，活佛转世体系遂在藏地流行开来。

僧侣·袈裟下的生活

▸▸ 在藏地，和雪山一样多的是寺院。

寺院在藏族人的生活中占有极其重要的位置。历史上相当长的时间里，藏族地区实行“政教合一”的社会制度，寺院不仅是一个宗教场所，而且是当地政治、经济、文化的枢纽。藏族旧有统治规定，凡生有两个以上男丁的家庭都必须送一个到寺庙出家。一般的家庭也十分愿意将孩子送到寺庙，在信奉佛教的藏族人看来，家里若有一个喇嘛服务于宗教，那么他的家庭成员不但受人尊敬，而且也能够得到菩萨更多的祝福。此外，生活的窘迫和贫困也使藏族将寺院作为一个寻找衣食的处所。从这个意义上讲，宗教永远是精神的，同时又是物质的；既虚无缥缈，又切实可靠。

修炼成为大德的高僧，需要经历一个漫长的过程。被送入寺院的孩子多在 6 ~ 8 岁，他们要先在寺院里度过一段长短不等的时间。在这段时间里，他们初步学习经书、参加法事，但此时的他们还不能算做真正的僧侣。五六年后，在寺院中“见习”的孩子们有了自己独立的思考能力和判断力，这时他们才被正式要求做出选择：是继续留在寺院，还是回到俗世生活中去。

一般情况下，在宗教环境里耳濡目染了几年的孩子们都愿意将此生献给佛祖。这样，他们会得到剃度与受戒，成为一名真正的僧侣。

喇嘛的日常生活比较单调。诵经是他们的主要工作，他们一生的大部分时间将用来研读、修习那些浩如烟海的经书、佛卷，并从中悟道。在完成了基础课程的学习以后，喇嘛会根据个人意愿和师父的安排进入专业科目的学习。藏传佛教理论分为显宗、密宗、闻思、藏医、时轮等几大部分，喇嘛可择其一为自己的终生奋斗方向。但是，大多数小寺院没有这么细致的专业划分，喇嘛不过从事一些日常的佛教事务。

除了诵经，辩经也是藏传佛教中非常有特色的一项宗教活动，目的是为了检验喇嘛们的修习效果，交换彼此的心得，去除杂芜，明确教义。平时，寺院的喇嘛非常注重长幼秩序，但在辩经的时候可以完全不顾这些，任何一个人都可以对其他人的论点产生怀疑，并站出来与对方辩论。

辩经最起劲儿的是那些 20 岁左右的年轻喇嘛，恰是承上启下的年龄，既对佛经开始有了自己的体会，又还不至于被教条束缚了头脑。一般来说，提出辩论时要有一个形体上的动作，即将两手上下相击并前后迅速错开，这样做既提示对方、以示礼貌，同时也是给自己的一个鼓动。那些聪颖机智、博闻强记的喇嘛往往借此脱颖而出，成为众人瞩目的焦点，这对他们今后的发展无疑会起到重要的作用。

寺院里的喇嘛分为许多等级，活佛是最高级的喇嘛，活佛本身仍然有不同的级别。活佛是靠转世制度维系传承的，而“格西”则是喇嘛中的“技术职称”。格西藏语意为“善知识”，相当于内地的博士学位。寺院每隔一段时间会举行一次考试，喇嘛可以通过考试获得更高一级的学位。

一般来说，一位普通的喇嘛要修到格西学位，至少需要 15 ~ 20 年的苦读。

诵经是喇嘛每日的必修课。

对辩经最起劲儿的，是那些20岁左右的年轻喇嘛。

信徒·就那样五体投地

▶▶ 在藏地，你看到的最有视觉冲击力的画面，可能就是那些磕长头的信徒了。

在塔尔寺大金瓦殿外面，整天有着磕长头的信徒，他们像潮水一样此起彼伏。在藏传佛教中，信徒每向佛祖许一个愿，要在愿望实现时向佛祖叩十万个头。十万个，那是怎样一个概念呢？一般身强力壮的人，除去每日必要的吃饭和休息，不停地叩头，要花三四个月的时间；年老体弱者，则需要半年以上。

在藏地普通的生活中，你更多可见的是随时随地手摇经筒转经或捻动佛珠的信徒们。转经筒和佛珠是藏地最常见的法器，虔诚的信徒几乎不离左右。小的转经筒是信徒常在手中转动的手摇转经筒，大的一般建在寺院里，有廊经道上的转经筒，或专门立在转经房里、需要用木轴或绳子几个人合力推动或拉动的巨大转经筒。藏族人相信，转动一圈转经筒或捻动一圈佛珠，等于将所有经文全部诵念一遍，具有很大的功德，所以他们习惯了日复一日、年复一年地摇动转经筒、捻动佛珠、念诵六字真言的生活。

藏族人的苦修，使得他们在勇敢突破肉体苦难的极限之后，收获了常人难以体验的幸福与满足，体验到灵魂飞舞的轻盈与璀璨。

乐都
远古文化的渊源

遥想远古先人，他们在食不果腹、衣不遮体，生命随时又被野兽、灾害威胁的情况下，仍然萌生了强烈的美感欣赏和表达冲动，那会是怎样热烈而执着的内心啊。那一件件默然无语的陶器，像一粒粒千年不朽的琥珀，以动人的光彩和完美的形式，将那时的岁月凝固，一力穿越时光之河，逆流而来呈现于你我的面前。

▸▸ 乐都县位于青海省东部湟水河中下游，县城距西宁 65 公里。全县海拔 1 850 ～ 4 480 米，属半高原大陆性气候，是一个汉族、藏族、蒙古族、回族、土族等多民族聚居地区，是青海海东地区的一个文化传统深厚的地方。

往事·悠然天子行 千年古都貌

▸▸ 乐都历史悠久，文化渊源深厚，一向有“古都”之称。根据新石器时代的文化遗存证明，距今 4 000 多年以前，先民们就在这块沃土上繁衍生息。传说，公元前 989 年，周穆王西游时来到过乐都，在这里留下了足迹。

秦汉以前，乐都属羌戎地，汉武帝元鼎六年（前 111 年），汉军进入湟水流域，乐都地区归入汉朝版图。汉宣帝神爵二年（前 60 年）设破羌县，属金城郡。公元 399 年，鲜卑秃发乌孤迁都乐都，至公元 414 年被

海东地区。

乐都地区乡间景色

柳湾彩陶博物馆里陈列的出土彩陶制品。

考古发掘的柳湾墓葬。

西秦所灭，乐都基本上是南凉国的都城。北魏孝昌二年（526 年），改乐都郡为鄯州，移西都县于乐都。隋文帝开皇十八年（598 年），改西都县为湟水县，隶属鄯州（沿今乐都）。唐高宗仪凤二年（677 年），置鄯州都督府，督领鄯、河、兰、廓四州军政事务。开元二年（714 年），唐置陇右节度使于鄯州，辖治陇右 12 州，使乐都成为西北地区的政治、经济中心。宋时，乐都称邈川、湟州、乐州。元时，乐都属西宁州。明代先后设碾北卫、西宁卫碾伯右千户所，清雍正三年（1725 年）改为碾伯县。

民国十八年（1929 年）青海建省，改碾伯县为乐都县，沿用至今。

人文·时光的泥琥珀

▶▶ 乐都县高庙镇柳湾村，是湟水北岸台地上的一个小村庄，地势平坦开阔，环境古朴宁静。要不是 20 世纪 70 年代中期，解放军某医疗队在这里的一次驻村医疗活动，一位军医偶然发现了散落于村民家中的被用于放置杂物的古代彩陶器皿，并及时向有关部门作了汇报，柳湾这地方的人们可能还过着数千年来一直过着的宁静生活。

考古学上，人们将使用磨制石器和制作陶器作为“新石器时代”的标志。在青海，新石器时代遗址主要分布在海东地区、海南藏族自治州及黄南藏族自治州。其中，最有名的是海东乐都柳湾墓地群发掘出的彩陶器。

时光像一条河，缓缓流淌，波澜不惊。柳湾是原始社会晚期一处公共墓地，距今 4 000 多年。在 1974 至 1980 年间，考古工作者在柳湾先

柳湾出土的彩陶制品。

后发掘出 1 730 余座墓葬，总面积 11.25 万平方米，清理出 3.7 万余件文物。其中，最多和最醒目的彩陶制品达 1.5 万件，包括马家窑文化的半山、马厂类型和齐家文化、辛店文化、卡约文化等多种文化遗存。柳湾是目前我国考古发掘的最大一处原始社会公共墓地群，令国内外震惊，被称为“彩陶之都”，远近闻名。

柳湾彩陶博物馆集中收藏了一大批当地挖掘出土的彩陶制品，以及从青海大通、民和、循化、同德等古文化遗址出土的数百件不同文化类型的彩陶制品。在当时的生产力水平下，这些彩陶的造型、纹饰、构图呈现出的艺术创造力和高超的工艺，令人叹为观止。

遥想远古先人，他们在食不果腹、衣不遮体，生命随时又被野兽、灾害威胁的情况下，仍然萌生了强烈的美感欣赏和表达冲动，那会是怎样热烈而执着的内心啊。那一件件默然无语的陶器，像一粒粒千年不朽的琥珀，以动人的光彩和完美的形式，将那时的岁月凝固，一力穿越时光之河，逆流而来呈现于你我的面前。

柳湾彩陶中，比较多见的装饰图案是水波纹、蛙形纹、星云纹等，可以看出远古创作者对周遭生活中自然物和自然现象的用心观察与模仿，这是人类智慧的开始。1974 年柳湾出土的一件陶罐，外表塑造了一个裸体人像，大口硕耳，突出了性器官部位，既有男性特点，又有女性特点，被称为“阴阳合体壶”。它生动反映了人类文明史上，由原初的女性崇拜向后来的男性崇拜过渡的重要阶段。

在柳湾所处的原始社会后期，彩陶不仅是实用器具，而且是财富和地位的代表物，不同的墓葬中有着数量悬殊的彩陶殉葬品。墓坑之下，可见蜷曲一团的尸骨和堆积在旁边的一件件陶罐。人类的私欲，在这深厚的土壤下，已经清晰可见了。

然而，生命不能永恒，尸骨也会化灰化土，什么是可以真正拥有和永远流传的呢！

景点·秘密与流传

白马寺·佛法“后弘”发祥地

►► 从西宁去往海东行署所在地平安镇，途中要经过一座很小的藏传佛教寺院白马寺，藏语称为“玛藏贡巴”，它不一定会出现在通常的旅游手册上，却是我特别想要指给你的。

建在丹霞崖壁上的白马寺。

白马寺建在互助土族自治县境内红崖子沟口的一片丹霞崖壁上，离西宁 30 公里。它犹如一座悬空寺，攀上去需要沿紧附在崖壁上的栈道走很曲折的一段路。白马寺是我在藏地见过的规模最小的藏传佛教寺院，其实只可称为“半间寺院”。因为寺院依崖而建，后半面就是山体石壁，前后进深最宽的地方不过 10 米。

白马寺门前的大手佛，为一整块花岗岩雕成，据说系唐代作品，风格独特。向外推开的右手，喻义阻挡、排除人间一切烦恼与灾难。

但就是这样一间危险而窄小的寺院，却是一个令人肃然起敬的佛教圣地。

公元 843 年，吐蕃最后一代赞普朗·达玛在藏地灭佛，吐蕃进入“百年无法”的黑暗时期。当时，有藏·饶赛等三位吐蕃比丘驮负着《律藏》等典籍辗转逃到青海河湟地区，在那里驻锡静修，史称“三智师”。

“三智师”晚年，收当地牧童穆斯萨巴皈依受戒，将佛法戒律传承了下来。戒律传承是佛教仪轨中十分重要的部分，就如同火种，表示这一支脉的佛法一直没有断过，因此穆斯萨巴的受戒皈依成为藏传佛教史上具有里程碑意义的事件。穆斯萨巴聪明好学、知识渊博，后被尊称“喇钦·贡巴饶赛”，为“河湟藏人第一比丘”。

佛教壁画界早有“隋唐看敦煌，明清看瞿昙”之说。走水厅内和寺院其他殿堂中的壁画近 800 平方米，是国内藏传佛教壁画中历史最久的遗存之一。

喇钦·贡巴饶赛先后在今青海省化隆县和互助县修建丹斗寺和白马寺，在那里传播佛法，丹斗寺和白马寺因而成为藏传佛教“后弘期”河湟地区最早的寺院。晚年，喇钦·贡巴饶赛在白马寺供养“三智师”。“三智师”圆寂后，喇钦·贡巴饶赛用药泥塑其真身供奉在寺院里。

公元 10 世纪前叶，西藏方面听闻青海河湟间尚有佛法戒律传承，派人前来受戒。他们返藏后，建寺修塔、弘扬佛法，使西藏中断了近一个世纪的佛教得以复兴。白马寺因而成为藏传佛教“后弘期”的发祥地和圣地，名播全藏区。由此，佛教在藏地开始了它辉煌的“后弘期”。

几乎所有的藏地寺院，经过历代高僧大德的加持和无数信徒的供奉，都扩充修建得很有规模，唯独白马寺还保持着千年前的朴素。这让人想起“山不在高，有仙则灵”这句古诗，其风骨和意境，则更有持久性和震撼力。

瞿昙寺因建筑风格与内地皇家庭院有颇多相似之处，素有“青海小故宫”的美称。

瞿昙寺·高原“小故宫”

▸▸ 瞿昙寺是青海著名的藏传佛教寺院，也是西北地区保存最完整的明代建筑群，与内地古代皇家庭院有颇多相似之处，因此，素有“青海小故宫”的美称，为全国重点文物保护单位。

“瞿昙”是梵语，意为“佛祖”。瞿昙寺位于乐都县城南21公里的罗汉山马圈沟口。相传，明代初年，人称三罗喇嘛的西藏高僧，从西藏洛扎来到乐都南山瞿昙附近的“官隆古洞”中修炼密法，弘扬佛教。明初，朱元璋派兵进军西域时，三罗喇嘛率众归顺朝廷，朱元璋念其忠顺，于明洪武二十二年（1389年）请他到京城，尊为上师，并由朝廷拨款于明洪武二十五年（1392年）建寺。

翌年，朱元璋用佛祖释迦牟尼的族姓“瞿昙”赐名寺院，其成为明代青海东部河湟地区最大的佛寺，三罗喇嘛也被封为西宁僧纲司都纲，西宁卫的宗教领袖。明朝时期，历代皇帝为瞿昙寺赐匾额、修佛堂、立碑记、封国师、赐印诰等，均给予大力扶植。清代，三罗喇嘛家族的班觉丹增喇嘛还被康熙皇帝封为“灌顶净觉弘法大国师”。以后该寺多次扩建，经600多年历史，形成了如今规模。

瞿昙寺占地面积2.8万平方米，建筑面积约1万平方米，为前、中、后三进院落，从山门起的中轴线上依次为金刚殿、瞿昙寺殿、宝光殿和隆国殿。各殿依山势逐层升高，两侧对称陪衬着御碑亭、小钟鼓楼、壁画回廊、宝塔、配殿、经堂、大钟鼓楼等。隆国殿是全寺最高大壮观的建筑物，面积912平方米，建在高2米多的花岗岩台基上，重檐庑殿顶，飞檐翘角，雕栏画栋，高大雄伟，富丽堂皇。

瞿昙寺珍藏的明清文物十分丰富。特别值得一提的是瞿昙寺内的“七十二间走水厅”和其上的壁画。

走水厅由中殿（宝光殿）开始，自两侧拾级而上，斜廊相连，连檐通脊，高低错落有致，下有排水暗道，为瞿昙寺最具特色的建筑之一。

佛教壁画界早有“隋唐看敦煌，明清看瞿昙”之说。走水厅内和寺院其他殿堂中的壁画近800平方米，是国内藏传佛教壁画中历史最久的遗存之一。壁画用天然矿石颜料绘成，色泽鲜艳，人物景象生动，场面宏大壮观，历经600多年风雨，至今仍鲜丽夺目。

瞿昙寺壁画《释迦涅槃图》。

瞿昙寺走水厅。

对于藏传佛教的发展史，600年不算很长的时间，问题是其他寺院的壁画大多在“文革”时期被毁掉了，现在人们看到都是后来的补修重绘之作。画上的颜料没有经过岁月风尘的磨蚀，没有时间的加持，色彩怎么看都是“飘”的，终究没有“生根”。据说，瞿昙寺壁画得以保全，是因为当时寺院被驻地部队征做粮仓，属军事重地，造反派们才没敢造次。

所以，为了这些劫后余生、弥足珍贵的壁画和建筑，一定要去瞿昙寺看上一看。最好，选一个天气晴朗、访客较少的日子，安静地在寺院里慢慢走、慢慢看。看那些被岁月加持的久远壁画，看逝去的时间一点点复活。

民间·唱响“花儿”调

▶▶“花儿”是中国西部地区的一种民间歌谣。青海花儿也叫“河湟花儿”，是花儿中一个重要流派，主要流行在青海东部的河湟地区及海南藏族自治州、黄南藏族自治州一些地方，为生活在那里的民族所喜爱。有一首花儿这样唱道：

花儿本是心上的话，
不唱是由不得个家（自己）。
刀刀拿来头割下，
不死哈还是这个唱法。

花儿会上，一对对唱的男女和热闹围观的人群。

传统的花儿曲调叫作“令”，根据民族不同、地方不同、内容不同、唱法也不同，有200多个“令”。

花儿以情歌为主，反映的却是日常生活中的方方面面，有气候节令、交际礼仪、劳动技能、历史知识、人生智慧、民俗风情等等，被人们称为当地民众生活的百科全书。

传统的演唱只能去野外，而不能在村子里或是在长辈面前唱。每年农历六月，青海迎来一年中最美的时光，绿草茵茵，蓝天白云，正是人们休闲娱乐的好时候，各地的花儿会也掀起高潮。

在这里，人们可以纵情高歌，还可以互相对歌。虽然花儿的令是固定的，但内容却是“心上的话”，歌词即兴涌出，丰富多彩、无穷无尽。这样的花儿会为青年男女提供了结识和交往的机会，常常可以成就美好的姻缘。

青海有名的花儿会有：互助五峰寺花儿会、大通老爷山花儿会、乐都瞿昙寺花儿会、民和峡门花儿会、贵德河阴花儿会等，这些花儿会各自都有不同的特色。

循化

撒拉族之乡

大家点上火把寻找了很长时间，天亮时在街子处只见丢失的骆驼静卧在地，已化为了白石，从它嘴里吐出一股清泉。众人取下《古兰经》，试量了水和土，其色泽、重量与故乡带来的水和土完全相同。

►► 青海高原东部有一个令人神往的地方，那里巍峨的小积石山环绕四周，滔滔的黄河水奔流其中，在一块块碧绿的农田和一片片果林掩映下，村庄错落、阡陌相连，鸟语花香、炊烟袅袅，这就是撒拉族人的主要居住地——循化撒拉族自治县。循化撒拉族自治县县城距省会西宁 161 公里，有循同、临平公路纵贯全境。循化县是全国唯一的撒拉族自治县，被称为“撒拉族之乡”。撒拉族是一个勤劳、勇敢，有着强烈自尊心的民族。他们有自己的语言，信奉伊斯兰教。

月照丹山。

往事·神驼引来的民族

▸▸ 关于撒拉族的来源，民间流传着一个神奇的传说。相传 700 多年前，中亚撒马尔罕有尕勒莽、阿合莽两兄弟。他们在当地很有威望，却不幸遭国王嫉恨。为了躲避迫害，兄弟二人率同族 18 人，手牵一峰白骆驼，驮上家乡的一捧泥土、一碗水和一部《古兰经》，向着东方太阳升起的地方出发。

历尽艰苦的长途跋涉后，这支队伍沿着天山北麓进入嘉峪关，经河西走廊到甘肃夏河，最后辗转来到循化。一天深夜，人们发现他们的骆驼不见了。大家点上火把寻找了很长时间，天亮时在街子处只见丢失的骆驼静卧在地，已化为了白石，从它嘴里吐出一股清泉。众人取下《古兰经》，试量了水和土，其色泽、重量与故乡带来的水和土完全相同。众人于是在积石山下定居下来，逐渐形成了现在的撒拉族。

撒拉族有自己的语言，属阿尔泰语系突厥语族西匈语支的乌古斯语组，同时也吸收了不少汉语和藏语的词汇。撒拉族善于从事商业、园艺、采伐、制革等行业。

人文·撒拉族艺术

▸▸ 撒拉族有着独具一格的文学艺术。文学以民间说唱形式为主，“说”包括故事、神话、传说、寓言、谚语和笑话等，十分丰富，语言幽默含蓄；“唱”包括撒拉曲、宴席曲和花儿等民歌。

丢失的骆驼已化为白石，从它嘴里吐出一股清泉。

“撒拉曲”是撒拉族人民用本民族语演唱的一种抒情民歌，由许多具有独立意义的短体小诗组成。流行较广的曲子如《巴西古溜溜》《撒拉尔赛西布尕》等。“宴席曲”是一种娶亲时的传统唱曲。“花儿”则是一种用汉语演唱的山歌，歌词一般为四句，因受藏族民歌的影响，其音调普遍带有颤音，婉转动听。

撒拉族唯一的本土乐器是“口弦”，一般用铜或银制，形似马蹄。

撒拉族最流行的舞蹈是四人“骆驼舞”，一般在举行婚礼时表演，动作简单，节奏平缓。

此外，撒拉族妇女的刺绣艺术十分精美，剪纸、窗花也是撒拉族妇女擅长的装饰艺术。

撒拉族的建筑艺术主要表现在清真寺的建筑装饰上，因受内地建筑文化影响，呈现中国飞檐式的古典庙宇结构，是清真寺建筑与中国古典建筑的结合体。

街子清真大寺。

两位撒拉族学者在研究清真寺中的一块碑文。

景点・圣地美景

街子清真大寺・撒拉族祖寺

►► 撒拉族语中，“街子”称“阿勒提欧里”，意为“祖茔之地”，是撒拉族的发祥地。街子清真大寺是撒拉族的祖寺，青海省内第二大清真寺。

街子清真大寺始建于明洪武二年（1369 年），“文革”时期被拆除，后仿照新疆喀什清真大寺重新修建。新建大寺占地 4 000 多平方米，大殿建筑面积 2 400 平方米，可同时容纳 1 200 多人集体做礼拜。殿内 30 根大柱支撑四面，穹隆式的绿色圆顶覆盖其上，大殿四角有四个完全相同的 23 米高的宣礼楼，两侧有两栋学经楼，南北对称。整体建筑雄伟壮观、庄严肃穆，构成了一组完整的象征撒拉族东迁定居街子并繁衍生息的阿拉伯风格建筑群，具有浓郁的民族特色。

街子清真大寺内藏有撒拉族祖先从中亚撒马尔罕东迁时带来的手抄《古兰经》，极为珍贵。寺院对面是撒拉族先祖尕勒莽和阿合莽的拱北（坟墓），附近有著名的骆驼泉。这里的民间，至今还流传着许多有关撒拉族的神话传说与故事。

相传，寻访僧人就是循着圣湖中显现的菩提树的影像一路来到大师家，在院中这棵和圣湖中一模一样的菩提树下确认了大师的转世。

文都寺・吉祥法轮洲

►► 文都寺位于循化县文都乡西南 5 公里拉代村北侧，距县城 17 公里，藏语意为“文都大寺吉祥法轮洲”。文都寺的初建年代可追溯到元初，据传由萨迦派僧人在当地修建了第一座护法殿。该殿所供灵塔，相传是以萨迦派高僧衣物装藏，具有萨迦派特点。据史料记载，文都寺于明建文四年（1402 年）建成，属格鲁派寺院，进一步完备于明末。

文都寺主建筑。

寺内供奉的十世班禅大师塑像。

文都寺是循化地区最大的藏传佛教寺院，曾是十世班禅大师幼时出家学经的主寺，因而倍受推崇。现该寺主要建筑有大经堂、三世佛殿、多哇赛东殿、观音殿、弥勒殿、护法殿等，以及新建的班禅行宫、小经堂、十世班禅大师纪念塔等。十世班禅大师纪念塔建成于1996年，高7米，纯银制作，宝光交错，天工华构，极尽清净庄严，是十世班禅大师爱国爱教、普度众生的无边行愿的象征，塔中供有舍利13粒。此外，该寺还藏《甘珠尔》《丹珠尔》等佛经4 000余部。

十世班禅大师家中的菩提树。

十世班禅大师故居・吉祥殊胜地

▸▸ 十世班禅大师故居坐落在文都乡麻日村，距县城西南20公里。文都藏语意为“牛犊山下部”，旧时称为“边都”，是古代青南通道的咽喉重地。1938年农历正月初三，十世班禅大师诞生在此地。

十世班禅大师先祖是西藏萨迦人，元初迁来循化，明代起为世袭百户，清末升为千户，管辖“文都七族”。故居村区风景秀丽，气候宜人，有小河自南向北流入黄河。村中一棵参天古树，郁郁葱葱，挺入半空，树下便是十世班禅大师的故居。故居一进三院，外院有停车场、杂物房、仓库等；内院一侧为家庭成员的住房，另一侧有三面两层藏式楼房，楼北正中为佛堂。佛门上方挂有“河源须弥”的匾额一方，两边配以“九曲安禅爱国早传拒虏，八荒向化护教所以宁邦”的楹联，颂扬大师爱国爱教的伟大业绩，左右分别是会客室和大师卧室。整个建筑错落有致，层次分明，颇具藏族风情。

十世班禅大师故居。

十世班禅大师故居内部。

故居北侧是一座古朴典雅的老宅院，灶房里迎面有一根挂满哈达的柱子，被称为大师的“生命柱”，柱子所在的地方为当年的老火炕，即十世班禅大师的降生处。据说，大师降生这天的清晨，麻日村上空祥云缭绕，大师家那棵高拔的菩提树上传来清脆悦耳的布谷鸟声。午后，天空升起七彩长虹，高高悬挂在大师家的房顶和布谷鸟停过的大树上，一股浓郁的松柏檀香味弥漫了整个村庄。大师自幼灵异无比，3 岁时被扎什伦布寺寻访遴选为九世班禅转世灵童。相传，寻访僧人就是循着圣湖中显现的菩提树的影像一路来到大师家，在院中这棵和圣湖中一模一样的菩提树下确认了大师的转世。

孟达天池·高峡出平湖

▸▸ 孟达国家自然保护区，位于循化撒拉族自治县积石镇南的西斜山东端，黄河积石峡南岸，距积石镇 20 公里，距西宁 150 公里。保护区总面积 1 720 公顷，海拔 1 780 ~ 3 350 米，是一处林木茂密、植物种类繁多、风景优美的原始自然林区，素有“青藏高原的西双版纳”和“青藏高原天然植物园”之美誉。

自然保护区内，在海拔 2 500 米的木厂沟中部，有一处奇特迷人、充满神秘色彩、久负盛名的高原明珠——

传说，孟达天池是王母娘娘最美丽的一处瑶池。

孟达天池。孟达天池系高峡平湖，面积约20公顷，水深10～30米，湖水清澈、波光粼粼、烟波浩渺，水面飞鸟翱翔，水中游鱼嬉戏，岸边树影婆娑、群峰倒映，周围崇岭奇峰，溪水潺潺，四季分明，各有景致，湖光山色，相映成趣，胜似仙境。

天池附近有多处飞泉瀑布，在阳光的照射下五彩缤纷，当地群众称之“彩虹瀑布”。此外，还有卧虎石、神仙洞、虎啸泉等。传说，当年王母娘娘和太上老君都想争得这片风光绮丽的土地，因王母娘娘先下手施展法术，将天上的瑶池分出一块来扔到群峰之中，太上老君只好退让。

也有传说天池是远古大禹治水时，专门给这里的黎民百姓留下的一片净水。我国最早的地理专著《禹贡》中，有大禹“导河积山”的记载，其故事就发生在这里。相传，峭壁上仍留有大禹挥斧劈山的痕迹，河边岩石上还有大禹留下的足迹。

民间·撒拉艳姑的刺绣

撒拉族刺绣。

▸▸ 撒拉族姑娘喜欢刺绣。撒拉族刺绣源远流长，以针法细腻、工艺精湛、立体感强、手法独特而著称。长期以来，撒拉族刺绣保留和完善了自己的原始风貌，集传统文化、风俗、地域特征于一身，所绣花卉、动物形象栩栩如生，其刺绣工艺之精湛能与苏绣、湘绣相媲美。尤其是花鸟绣品，色泽艳丽、做工精细，富有立体感，表现活泼有趣，令人爱不释手，具有观赏性和收藏价值。

撒拉族姑娘喜欢在枕头、袜底、袜后跟、女鞋的两帮和贴身带的荷包上精心绣上各种图案和花卉，有干枝梅、牡丹、月季、菊花、芍药、马莲花等。所绣图案小巧玲珑，细致匀称，色彩或淡雅或鲜明，方法独具一格。她们还喜欢在年轻小伙子所系的围肚上绣上花朵和鸟类，那些鸟儿栩栩如生，呼之欲出。青年男女结亲的日子，要摆出新娘的针线活，视其刺绣手艺的高低进行评价。一般情况下，会绣花绣鸟的姑娘，格外受到小伙子们的喜欢和追求。

过去，撒拉族妇女主要通过家传或民间交流获得刺绣技能，用于装饰服装、枕头、鞋帽等生活用品。在工业经济快速发展的今天，在撒拉族的故乡，刺绣再度受到关注。政府将刺绣工艺列入“阳光工程”培训内容，将撒拉族刺绣开发成为民族民间工艺品和特色旅游产品，变文化资源为经济资源，并将“撒拉艳姑”刺绣品牌在国家商标局正式注册。自此，撒拉族刺绣不仅成为拓宽撒拉族妇女就业渠道、增加农民收入的新途径，也以崭新的姿态展现出浓厚的文化底蕴和市场潜力。

互助

“彩虹”的故乡

互助土族自治县被称为“彩虹的故乡”，因为这里土族女性的服饰非常艳丽，很有特色。尤其是袖子，用红、黄、蓝、绿、紫、黑、白七种颜色分段缝制，称为“七彩袖”，代表着太阳、大地、蓝天、生命、宇宙和阴阳。

▶▶ 互助土族自治县位于青海省东部、海东地区北部，地处湟水谷地北侧和大通谷地西南侧山地沟谷地，湟水河自西向东流经县境南，大通河自西北向东南流经县境东部。互助土族自治县是全国唯一的单一土族自治县。土族约占全县总人口的17%，其他还有汉族、藏族、回族等。

互助田园风光。

往事·土族的来历

▶▶ 关于土族的来源，流传着这样一个传说：一只白虎与人结合后，生下一个孩子。那孩子脸上半边人形半边虎形，既有人一般的聪明，又有虎一般的勇猛，人们叫他虎儿娃。虎儿娃上山，百兽拥他为王。出现了受惊的烈马，虎儿娃一站，那烈马也就驯服了。后来，虎儿娃得知皇帝的三公主被魔王抢去，立即奔赴魔王山，要魔王交出三公主。那魔王吐一口气，顿时刮起一阵狂风，刮得石头遍地滚，大树连根拔，虎儿娃却纹丝不动；魔王喷了一口水，顿时洪水滔滔、汹涌澎湃，冲走了一切，可虎儿娃还是一动不动。虎儿娃斩了魔王，救出了三公主，三公主于是嫁给了虎儿娃。两人成亲后，繁衍的后代就成了后来的土族。

实际上，关于土族的起源，其中有一种观点认为可追溯到南北朝隋唐时期的吐谷浑族。吐谷浑原是辽东鲜卑慕容部的一支，先祖游牧于徒河之青山（今辽宁省义县东北）。公元 3 世纪末至 4 世纪初，鲜卑单于涉归庶长子吐谷浑因与继单于位的嫡弟慕容廆不和，率所部 1 700 余户从辽东慕容鲜卑中分离出来，辗转西迁，跋涉千里，先后到了今内蒙古阴山山脉、甘肃省临夏地区、青海羌族地区，建立起自己的部族。公元 329 年，吐谷浑的孙子叶延建立政权，按照中原王朝习惯“以王祖字为氏”，改姓吐谷浑，将之作为族姓和国号，吐谷浑国正式建立。公元 663 年，吐谷浑国被吐蕃所兼并。

吐谷浑从建国到灭亡，共 15 代 22 王，延续近 350 年，是华夏民族历史上地方割据最长的政权之一。唐代，吐谷浑国破灭后，一部分吐谷浑人迁离而去，一部分被吐蕃同化，另有小部分族人仍在湟水流域生存，顽强地保留了本民族的特点。后来的土族形成于元明之际，血统中融合了蒙古族、藏族和汉族成分，他们有自己的语言，信仰藏传佛教，同时又崇尚儒家学说。

关于土族的起源，有一种观点认为可追溯到南北朝隋唐时期的吐谷浑族。

《拉仁布与吉门索》是土族民间长诗。它是土族流传最广、影响最大的优秀民间叙事诗，堪称土族的《梁山伯与祝英台》。

人文·《拉仁布与吉门索》

▶▶《拉仁布与吉门索》是土族民间长诗。它是土族流传最广、影响最大的优秀民间叙事诗，堪称土族的《梁山伯与祝英台》。这部叙事诗长达300多行，描写了一个爱情悲剧。它用土族口语创作并演唱，并以口耳相传的方式在群众中相沿传袭，至今仍为活态的口头文学形式。

《拉仁布与吉门索》用生动鲜活的形象、深沉悲壮的语言及讲唱的形式，记述了穷人拉仁布和牧主的妹妹吉门索的爱情悲剧。传说美丽善良的土族姑娘吉门索，爱上了给她哥哥放羊的长工拉仁布。他俩在共同放牧的劳动生活中建立了爱情。两人在山上撮土为香，拜天地结为夫妻。吉门索的哥哥嫂嫂是一对财迷心窍的恶棍，当他们知道这件事后，百般阻挠，对吉门索进行打骂，并把她锁在家里，不准他和拉仁布见面，为了断绝吉门索的思念，她的哥哥穿上吉门索的衣服，暗藏尖刀悄悄跑到吉门索的帐房里，晚上拉仁布放牧回来，刚进帐房就被吉门索的哥哥刺死。

当庄子上的人按照土族习俗火化拉仁布时，烧了三天三夜也没烧着。吉门索听到消息后挣扎着到了火葬场，她把自己的耳环、手镯等饰品一一扔到火中，可尸体仍旧烧不着。吉门索忽然醒悟，她悲愤地唱道："你不着来我知道，盼我和你一块烧；五尺身子舍给你，一块烧到天荒和地老。"唱完，跳入火中，火立即烧了起来，尸体很快化为灰烬。狠心的哥哥把他俩的骨灰分别埋在沙河的两岸，三年后两岸各长出一棵合欢树。狠心的哥哥又将树劈成柴烧，火点燃后化为一道彩虹，从烟囱里飞出一对美丽的鸳鸯，鸳鸯扑向狠毒的哥哥，啄瞎了他的双眼，然后比翼双飞，飞到了当年放牧的山林里。

2006年，经国务院批准，《拉仁布与吉门索》入选第一批国家级非物质文化遗产名录。

美丽善良的土族少女。

绚烂的彩虹拔地而起。

景点 · 古寺青山

佑宁寺 · 湟北诸寺之母

►► 佑宁寺位于互助土族自治县城威远镇以东 35 公里的五十乡寺滩村，距省会西宁 65 公里。该寺由三世达赖授记，四世达赖和四世班禅指派西藏第七世嘉色活佛在当地土族、藏族、蒙古族头人协助下，于明万历三十二年（1604 年）修建，原名郭隆寺，距今已有 400 多年的历史。

清康熙年间，佑宁寺达到鼎盛时期，有大小经堂、僧舍、昂欠等 2 000 多个院落，僧侣 7 000 余人，并设有显宗、密宗、时轮、医明四大学院，是著名的藏传佛教寺院之一，影响甚至一度超过塔尔寺，被誉为“湟北诸寺院之母”。佑宁寺原有大小 20 多位活佛，其中章嘉、土观、松布、却藏、王嘉等五大活佛在清代均被封为呼图克图，尤其章嘉活佛是青海驻京呼图克图首领，被封为大国师。

清雍正二年（1724 年），该寺因参与罗卜藏丹津反清事件被清军烧毁。时年，三世章嘉活佛 8 岁，藏在离佑宁寺两日路程的森林，雍正谕令清军首领：朕之上师章嘉大国师之转世尚在彼处，应火速送到京师，不得有分毫伤害。清雍正十年（1732 年），雍正帝下诏修复寺院，册封章嘉活佛为“灌顶普善广慈大国师”，并赐给用 80 两黄金铸造的金印，赐额匾并更名为“佑宁寺”。

寺院里正在做法事的僧侣。

北山林场。

北山国家森林公园·"高原小黄山"

►► 北山国家森林公园是青海四大林场之一，位于互助土族自治县东北部青石岭和冷龙峡之间，距县城 70 公里，距省会西宁 110 公里。森林公园总面积 11.3 万公顷，森林覆盖率达 60%以上，有植物资源 1 000 余种，被誉为"青海植物王国"。

每当春夏季节，森林公园里林木浓郁，鸟语花香；隆冬时分，飞雪满天，银装素裹。公园内栖息着近 200 种野生动物，列入国家一二级野生保护动物的就有 35 种，如狍鹿、猞猁、棕熊、岩羊、林麝、雪豹、环颈雉、金雕等珍禽异兽。

森林公园由元甫达坂、浪士当、卡索峡、扎龙沟和下河峡五个景区组成。景区内岭谷相间、林木繁茂，峻岭耸立、峡谷幽静，景色妩媚而灵秀，有"高原小黄山"之称。旅游区内还有古刹天堂寺和甘禅寺，掩映在如画风景之间，又成了另一番风景。

民间·多姿多彩的欢乐

2006 年以来，互助土族自治县先后有"花儿（丹麻土族花儿会）"、"土族婚礼"、"土族轮子秋"、"土族服饰"、"安昭舞"等多个项目入选国家级非物质文化遗产名录，体现了当地丰富的民间文化和深厚的文化传承。

互助土族自治县被称为"彩虹的故乡"，这里的土族女性的服饰非常艳丽，很有特色。尤其是袖子，用红、黄、蓝、绿、紫、黑、白七种颜色分段缝制，称为"七彩袖"，代表着太阳、大地、蓝天、生命、宇宙和阴阳。土族妇女还有十分别致的头饰，称为"扭达"，有许多种类，式样不同，各具特色。互助土族自治县威远镇成立了一个"互助土族风情园"，将土族的"轮子秋"、"安昭舞"、"土族婚礼"等近 20 个富有特色的民间民俗集中展示表演，既开发和丰富了当地的旅游资源，又保护和宣传了土族文化。

轮子秋·丰收时刻的喜悦

▶▶ 轮子秋是土族民间的一种传统娱乐活动。以前，每当秋收完毕后，人们将大车轮与车身分开，车轮倒立在打碾场上，上面绑一架梯子或横杆，两头系好绳圈，这就是轮子秋。“把式”坐在绳圈秋千上悠来荡去，本领高的还能在上面表演各种惊险动作。围观的人在旁边喝彩助兴，随之跳起“安昭舞”，唱起“打秋歌”。

关于轮子秋的来历，当地传说远古时候，土族的祖先先上天抓住龙，想让它为他们驾金犁，结果失败了；又攀上石山捉野牛套银犁，又失败了；最后，他们驯服了黄牛，开荒耕地，种出了金子一般的青稞。收获季节，当人们把最后一车青稞捆子拉到场院上时，车子翻了，上面的车轮转个不停，忽然出现两个金娃娃，唱着丰收的《杨格喽》歌。从此，土族就有了轮子秋。

轮子秋。

安昭舞·祈祷祝福之舞

▶▶ 安昭舞是土族的一种集体舞蹈。在节日喜庆或有贵宾来临时，土族村落的男女老少身穿节日盛装，

安昭舞。

互助土族风情园里欢乐的场面。

聚集在广场或庭院中，由一位能歌善舞的“杜日勒”（领唱者）领舞，其他人在周围围成一圈。领舞者边舞边唱提出问题，大家跟着边舞边唱回答提问，节奏舒缓、动作优美。

土族人相信，跳安昭舞可以祈求上天保佑一年中风调雨顺、五谷丰登、六畜兴旺、百姓平安。尤其到了新春佳节，各村都在场院上燃烧起“松蓬”，放入柏香和颗粒盐，香烟缭绕，松柏的香味扑鼻而来。身穿节日盛装的男女老少都来跳安昭舞，向上天祈福，直至深夜。

有些青年男女在舞蹈中相识，产生爱情。这是安昭舞的另一个迷人之处。

土族婚礼·一直唱着跳着

►► 婚礼是土族生活的一个缩影，歌舞相伴，淳朴自然。在土族婚礼中，“主角”不是男女新人，而是娶亲人，土族语叫“纳什金”。纳什金一般是两位，一定要能说会唱。

纳什金代表男方家来到女方家时，先要和女方家的姑娘们对唱，对答得好才被允许进门。刚要进门时，从门顶上泼下来一桶凉水，纳什金如果躲闪不及，会全身淋透，十分狼狈。进了屋子，纳什金坐下吃茶。这时，女方家的姑娘们用唱歌取笑男方姑爷，纳什金不能生气，也必须用歌声回唱，还要舞蹈一番。这样你唱我舞、一唱一和，一直闹到鸡叫头遍，新娘才依依不舍地离开娘家。

新娘出门时，亲朋好友负责拿嫁妆。他们每拿起一件，纳什金都要唱相应的歌，并且要跳舞，一直到新娘上了马背才停止。新娘到男方家门前时，送亲的队伍列队唱赴宴歌。酒席间，人们簇拥着媒人，边歌边舞，赞美他们撮合成了一对美满婚姻，应该得到“奖赏”。“奖赏”就是往媒人嘴里塞炒面、往脸上抹酥油以烘托气氛。

这样的场景，逗得大家哄堂大笑、喜气洋洋。可以说，土族的传统婚礼就是一场欢笑的聚会、歌舞的盛宴。

土族婚礼。

མཚོ་སྔོན་པོའི་ཁོར་ཡུག

ཆལ་ཆིལ་འབབ་

པའི་ཆུ་རྒྱུགས།

མཐའ་ཡས་པའི་རྩྭ་ཐང་།

青海湖区：碧波荡漾 草原茫茫

མཚོ་སྔོན་པོ།

ཐིབ་རྒྱའི་མཁར།

ཐེམ་ཆེན་རི་བོ།

གསེར་དངུལ་ཐང་།

མདོ་ལ་རི་བོ།

日月山。相传，日月山上的日月二峰是文成公主的宝镜摔碎后变成的。

▸▸ 从西宁往西 90 公里，翻过日月山就到了青海湖区。

日月山属祁连山支脉，垭口海拔 3 580 米。山的南北各有一个乳峰，藏语称“尼玛·达哇”，即“太阳”和“月亮”的意思，日月山因此而得名。又因为日月山山顶有红色的砂岩裸露，古代汉地称之为“赤岭”。

关于日月山，汉藏两地都流传着一个以文成公主为主角的传说。相传，当年文成公主远嫁吐蕃，唐太宗赐赠一柄可以显见愿望的神奇宝镜，嘱咐她到了雪域如若想家可以拿来一照。这一天，送亲队伍来到日月山，文成公主登高远望，思绪万千，便拿出唐太宗所赐的宝镜观看。宝镜上显现出“八水绕长安”的美景和皇宫中富丽堂皇的舞榭歌台。公主不禁珠泪涟涟、柔肠欲断。

护送大臣李道宗见公主悲戚忧伤，力劝她以国家社稷为重，不要儿女情长。公主听从了劝告，为斩断情丝，毅然将宝镜掷于山下。宝镜落地分为两半，分别化作现在的日月二峰。

公主继续西行，仍不止泪流，泪水汇聚成河，晶莹透明、涓涓绵长，由东向西流入青海湖。大地上所有的河流都是由西向东走向，唯独这条河反向而行，故取名“倒淌河”。

美丽传说终究有着虚构的成分，但有一点我们可以从中体会：日月山是一个标志性的地方，山两边的风物与景致迥异，才使得汉家公主如此触景伤

近处是青稞地，远处是草场。自然之神对大地有着奇妙的主宰力，它在不同的地域呈现出不一样的物产和景致。

情。实际上，日月山是我国自然地理上一条非常重要的分界线。它是我国外流区域与内流区域的分水岭，是季风区域与非季风区、黄土高原与青藏高原，以及青海东部农业区和西部牧业区的自然界限。站在山顶你会有一个神奇的发现：山麓东侧是村落点点、麦浪滚滚、梯田阡陌的农区，西侧是广袤苍茫、一望无际、天高云低的草原，中间就像有一条连绵不断的线，沿山脊将两边截然划开。

自然之神对大地有着奇妙的主宰力，它在不同的地域呈现出不一样的物产和景致，以此为笔墨色彩，描画出神奇壮美的大地之卷。自然地理也在很大程度上决定了居住在其上的人们的生活，她以看不见的神来之笔，替人们勾勒出他们的种族和文化可以抵达和能够守候的疆域。

公元8世纪，吐蕃王朝达到了其巅峰阶段。除统一了青藏高原全部，这个强大的高原王国还将国土面积覆盖到甘肃、陕西等黄土高原地区。公元763年，吐蕃曾攻破唐朝都城，改朝换代、重设百官，很是热闹了一阵儿。但不久，他们即撤离长安。公元783年，唐朝与吐蕃会盟，将黄河以南从六盘山、陇山，沿岷江、大渡河，南抵磨些诸蛮，即今天云南丽江地区以西都划给了吐蕃，吐蕃的版图获得空前扩张。然而，藏族人最终不能适应内地的气候环境，还是退回到青藏高原，并没有在六盘山、陇山等地扎下根来。

青海湖
藏地圣湖

夕阳将天庭烧成火海。火星飞射，引燃了清冽的湖水，六世达赖身披袈裟凝坐在湖边，仿佛自上界天火溅落人世的一颗灼热舍利。恍惚之间，仓央嘉措忽见湖水中呈现出一尊观世音像，菩萨栩栩如生、面容清晰可辨。

▸▸ 青海湖位于西宁以西 150 公里。湖面海拔 3 200 米，南北宽约 63 公里，周长 360 公里，面积 4 500 多平方公里，平均水深 20 米，含盐量 6‰，富含矿物质。青海湖是中国海拔最高的内陆湖，它的水是咸的。青海湖曾经是大海的一部分，它是大陆上升、海水退却时遗留下的女儿，所以有着大海的辽阔与恬静，气质非凡。青海湖古称“西海”、“羌海”，又称“鲜水”、“鲜海”，汉代也有人称为“仙海”，北魏起更名为“青海”。

祁连山下的青海湖。

往事·赤雪女王的驻锡地

湖区牧女。

藏语里，青海湖叫“雍措赤雪嘉姆”，意思是“碧玉湖赤雪女王”。它与西藏阿里的玛旁雍措湖、山南的羊卓雍措湖、藏北草原的拉姆纳木措湖共称藏区的“四大圣湖”。相传，很久很久以前，青海湖附近是一片茫茫草原。草原上有一眼神泉，神泉的神奇在于，只要取完水后用一块石片盖住泉眼，泉水就永远不会枯竭。神泉滋养了整个草原，让这一片土地水草肥美、牛羊成群，人们过着天堂般的生活。

居住在祁连山上的赤雪女王嫉妒人们的幸福生活，偷偷取走了石片，致使神泉水涌形成大海，淹没了好大一片草原。藏地民众请来莲花生大师降妖。莲花生大师从印度搬来玛哈代瓦山，压住泉眼制止了灾难，这就是如今矗立在青海湖中的海心山。大师接着又施法降伏了赤雪女王，使其皈依佛教，成为青海湖区的保护神。

据说，为了护佑草原众生，赤雪女王从祁连山迁居下来，就住在青海湖里。

仓央嘉措独自走到湖边，跏趺而坐。他不禁想起了年少的时候，自己是那样的喜爱一个人静静地坐在故乡的湖边，聆听传自遥远的声音。

人文·仓央嘉措情逝

▸▸ 青海湖的故事非常多，最令人动容的莫过于有关六世达赖仓央嘉措发生在青海湖畔的一段扑朔迷离的神秘传说。

仓央嘉措出生在西藏南部的门隅，父母都是草原的牧民。2 岁时，仓央嘉措被秘密指认为五世达赖阿旺罗桑的转世，但五世达赖为了稳定格鲁派刚刚建立的政权，授意大臣桑结嘉措隐瞒自己圆寂的消息、秘不发丧。所以，仓央嘉措被正式迎请进修缮一新的宏伟的布达拉宫时，他已经是一个 15 岁的翩翩少年了。

活佛转世制度在藏地实行以来，历代达赖或班禅都是在很小的时候就被寻访出来，送到专门的寺庙，在与世隔绝的环境中，由众多的喇嘛按照极为复杂的宗教程序严格加以培养。他们要研读、修习浩如烟海的佛经典籍；要演练、操作繁复冗长的仪规；要弃绝、戒除一切俗世的欢乐和趣味。仓央嘉措却将生命中的这一段最初时光，漫漶地铺陈在了辽阔的草原湖泊之间。这决定了作为活佛的仓央嘉措，其现实人生注定与众不

苍老的石刻中，深藏了无言的密语。

同。仓央嘉措以其种种离经叛道的举动，重新诠释了他对佛教终极意义的理解。

那时候，布达拉宫周围流传着一个动人的传说。有一位英俊的公子总是于暮色降临时分出现在姑娘面前，晨曦初露便会离开温柔的姑娘悄然而去。没有人知道公子的名字，也不知道他从哪个村庄来，姑娘们不约而同地称公子为“诗人”。

18 世纪前后的西藏，正是风云际会的多事之秋。来自阶级的、集团的、民族的、宗教的权力之争及利益冲突，在这块看似平静的雪域大地上激烈地展开着。作为藏地政教合一的权力象征，达赖喇嘛的位置必然成为这些错综复杂的斗争的焦点和筹码。当时驻藏蒙古将领拉藏汗为了达到摧毁以桑结嘉措为代表的政治对手的目的，四处散布传言，以仓央嘉措不受清规戒律为由，声称他不是达赖真身。

公元 1707 年，桑结嘉措终为拉藏汗执杀，仓央嘉措遂被废黜，受清帝之命进京请旨。拉藏汗不肯放弃夺取仓央嘉措性命的打算，他派了一队蒙古卫兵和一个心腹大臣监护仓央嘉措。行前，拉藏汗将自己的宝剑交给大臣，要他血刃而归。

这一日，人马行至青海湖畔安营扎寨。炊烟袅袅，倦鸟知返。仓央嘉措独自走到湖边，跏趺而坐。他不由得想起了年少的时候，自己是那样的喜爱一个人静静地坐在故乡的湖边，聆听传自遥远的声音。自从进入那座森森的宫殿，活佛就失去了这种自然的享受；而今天，自己却是以这样的身份再度亲近草原和湖泊，不觉中，仓央嘉措竟有隔世之感。

夕阳将天庭烧成火海，火星飞射，引燃了清冽的湖水，六世达赖身披袈裟凝坐在湖边，仿佛自上界天火溅落人世的一颗灼热舍利。恍惚之间，仓央嘉措忽见湖水中呈现出一尊观世音像，菩萨栩栩如生、面容清晰可辨。

活佛知是自己的本尊再现，忙合掌行礼，口诵祷文。未几，待再凝望，湖水已经弥合如初、无迹可寻了。活佛长叹一声，洞悉了未来。

在不远处的帐篷里，蒙古大臣筹划着如何刺杀活佛。返京的队伍即将离开藏地，他们必须在今夜动手了。

当晚，活佛端坐帐中，似等着什么事情的发生。不一会儿，蒙古大臣叩首请入。活佛平静地看着对方，说：“你就来取么？”大臣惊恐万分，跪地向活佛说：“大智大德的主啊，如果您确实是观世音菩萨的化身，那么请您显示神迹来拯救我们吧！”

活佛微微一笑，启齿轻诵道：

青女欲来天气凉，蒹葭和露晚苍茫，

黄蜂散尽花飞去，怨杀无情一夜霜。

蒙古大臣诚惶诚恐，再拜而退。是夜，蒙古卫兵彻夜守候在活佛的帐篷外面，寸步不离。

第二天，晨曦初露时，蒙古大臣却发现仓央嘉措已然离去。帐篷内的案几上留有一块巨大的松耳石，上面竟插着拉藏汗的那柄宝剑。人们试图将利刃从宝石上取下，却无论如何也不能够，蒙古大臣遂确信活佛以法力遁形。他们回到拉萨复命，拉藏汗只得以仓央嘉措病逝告白天下。

有关六世达赖仓央嘉措的记述，至此消失在历史正册的文字中。

景点·雪映碧湖 鱼鸟欢腾

青海湖·龙神居住的地方

►► 青海湖区有大小河流近30条，它们为青海湖提供了源源不断的水源。在青海湖畔眺望，苍翠的远山合围环抱，碧澄的湖水波光潋滟，葱绿的草滩羊群似云。一望无际的湖面上，碧波连天、雪山倒映，鱼群欢跃、万鸟翱翔。居住在安多地区的藏族人民十分崇敬青海湖，在藏北牧人中流传的《赞歌》这样赞美道——

藏区有三个外溢湖，上方的玛旁雍措，像金灯的酥油往外溢；中部的拉姆纳木措湖，像银杯的净水往外溢；下方的雍措赤雪嘉姆，像罗盘的牛奶往外溢。

在藏族人民眼里，藏地的许多湖都是有神性的。这些圣湖是女性神，具有生育功能，能够使人类繁衍、

青海湖畔，正在磕长头环湖朝拜的信徒。

青海湖鸟岛。

龙神[D]

藏语称“鲁”，与汉地所说的“龙”有区别，它是藏地原始宗教本教中的一种崇拜对象，泛指生存于地下的神灵，尤其水中的鱼、蛙、蛇等动物神。这些龙神最初的住所是河和湖泊，甚至在一些井里，它们守卫着秘密的财富，同时也威胁着人类的生命，是人间424种疾病的根源，瘟疫、梅毒、伤寒、天花、麻风病等疾病，与之都有着密切的关系。龙神是一种必须时时敬奉，否则随时都可能会给人类带来疾病灾难的精怪。

畜牧兴旺、万物生长，是可贵的生命之源。圣湖还是一切财富之源，是守护财富的“龙神”[D]居住的地方。

尤为特别的是，藏族人相信圣湖可以给人们以神灵的启示。藏传佛教格鲁派寻访达赖转世灵童，就先要到圣湖边来做法事，祈祷上天的预言，据说十分灵验。

鸟岛·飞鸟的天堂

▶▶ 鸟岛是我国8个鸟类自然保护区之首，位于青海湖西北部，由一东一西两个岛屿组成。西面的小岛叫海西山，又叫小西山，也叫蛋岛；东面的大岛叫海西皮。

每年三四月份，来自我国南方和东南亚等地的斑头雁、棕头鸥、鱼鸥、赤麻鸭、黑颈鹤、鸬鹚等10多种候鸟，成群结队北上鸟岛，数量达10万余只。它们衔草运枝，搬土叼泥，搭窝建巢，产蛋育雏，忙忙碌碌。

登上鸟岛，各式各样的鸟巢密密麻麻，颜色各异的鸟蛋满地皆是，令人眼花缭乱、无处下足。群鸟翩然飞翔、遮天蔽日，甚为壮观，可谓天下一奇。候鸟或

晨曦初露的鸬鹚岛。

翱翔于湖天之间，或嬉戏于碧波之中，或栖息于沙滩之上，熙熙攘攘、热闹非凡。这里是候鸟的王国、飞禽的天堂。飞鸟发出的悠扬悦耳的叫声，委婉动听，使人仿佛步入了音乐的殿堂。

青海湖的鱼类资源和湖畔的植物资源为候鸟提供了丰富的食物饵料，这里成了鸟儿们的“伊甸园”。

海心山·龙驹宝岛

►► 海心山位于青海湖中心稍偏南的位置，距南岸30多公里，面积约1平方公里，海拔3 266米。

历史上，海心山以育产“龙驹”而闻名，故又称“龙驹岛”。吐谷浑时代，当地人曾选择一批体高膘肥的牝马，在冬天湖面封冻时赶入海心山放牧。相传翌年春天，马匹会与青海湖中的海龙交配，生下的“龙

海心山。

驹”能日行千里、追风逐月、异常健壮，被称为“青海骢”。

隋炀帝杨广西巡青海，曾派专人到海心山上牧马，以求龙种。唐朝高宗即位后，封吐谷浑王诺曷钵为驸马都尉，诺曷钵选送青海良马以谢恩。青海“龙驹”的后代至今遍布青海高原，就是我国著名的河曲马和大通马。

海心山四周环水、远离尘世，加上神秘的传说，成为众多宗教信徒隐身修炼的佳境。据记载，早在汉代海心山就建有寺庙。冬天封冻时，信徒们将一年的口粮、生活用品从冰上运进去，第二年冬天才能出来。后来，信徒们不断在这里修建古刹、白塔，形成传统。

岛上绿草如茵、野花烂漫，淡水清泉、环境幽雅。登上山的顶端眺望青海湖全景，海阔天空、水天一色、鸥翔鱼跃的壮丽景色，特别是月出日落的壮观景象，令人心旷神怡。

祭海·庄严的传承

►► 青海湖自古被视为仙海，唐宋以来历代统治者对其皆有加封。青海湖的祭海仪式始于清雍正年间（1726年）。清乾隆三十八年（1773年）规定，每岁秋间祭青海湖，以后相沿成例，时间为每年农历的七月十五。

祭海大典十分隆重，从朝廷高官、当地藏蒙贵族，到草原牧民、民间百姓，均参加祭典。政府组织的祭海仪式一般由钦差大臣主持，民间组织的一般由高僧大德主持。仪式上，众人面向青海湖跪拜叩头、祝颂赞词，向天空扬散风马，祈求海神保佑平安，场面隆重、庄严。

祭典完毕后，诸王公争相抢割鲜祭的牛羊肉，称之为“抢宴”。“抢宴”结束后，诸位王公贵族跟随钦差大臣，到会盟亭由钦差大臣宣读皇帝的旨谕，宣布诸项政令，处理一年来发生的事情，安排来年的各项事宜，王公贵族领受钦差大臣代表皇帝招待的“赐宴”。

新中国成立后，祭海活动一度中断，现在又得以重新恢复。

民间祭海仪式。

民间·走去青海湖

▶▶ 游青海湖，最好不要坐那种当天去当天回的旅游车，那样会很匆忙，会因为疲劳而留不下好印象。而那不但不是青海湖本真的模样，也是辜负了它。

比较好的方式是选择环湖行，旅行社有这样的项目，也可以租车自驾或骑自行车。中间在青海湖边住一夜，晚上看星星，早晨迎日出。如果有缘，还可以遇到磕长头朝拜的藏族信徒。

要是更有志趣，我个人推荐徒步走一趟青海湖。当然不是从西宁开始走，可以坐火车到刚察站，或是乘汽车到靠近湖边的地方，然后穿过草原走着去。

我保证，那将是你一生中最难忘的美好回忆。

我曾经有过一次这样的经历，那是我第一次来青海。

那年暑假，原本我要是去敦煌的，去那个传说中远离纷繁嘈杂尘世，被脉脉黄沙湮灭、曾经演绎过无数情爱故事的迷幻之地。但我睡过了站，一觉醒来，发现自己到了一个陌生的城市——西宁。在车站售票室等候买回兰州的票时，我无意中瞄了一眼旁边人手里的地图，一眼就看到了青海湖。我同时注意到，一条红色的代表火车轨道的细线，紧贴着青海湖北面，离湖岸最近的地方不过两三毫米。

我于是就做出了一个冲动的决定：去一趟青海湖。

然而，我疏忽了目测的是一张比例尺 1 ∶ 6,000,000 的地图！

我在一个叫刚察的小站下了车。车站很小，只是一个土台和几间土房子而已。远处，地平线呈现出优美的弧形轮廓，一条“蓝色的带子”静静地横陈在上面。起初，

高原仿佛无边无际，那条我要去的“蓝带”，隔着这许多种颜色的帏幔，与我不即不离，朦胧而神秘。

我以为离“蓝带”特别近，走过眼前的油菜花地就是了，于是很高兴。可是，穿过油菜花地，另有一片绿草地横在我与那条“蓝带”之间。待穿过绿草地之后，又冒出一片开着紫色花的苜蓿地。穿过苜蓿地，接着是一片艳红的虞美人地。走过虞美人地，眼前又被一片青稞地阻挡。

高原仿佛无边无际，那条我要去的“蓝带”，隔着这许多种颜色的帏幔，像一个谜，与我不即不离，朦胧而神秘。我越走越远，离开我熟悉的城市、人群、车站……

我一个人默默地走着，像一个爱护舌头的行者。整个青藏高原上仿佛就我一个人，陪伴我的只有大地，还有它上面的绿草、鲜花、蜂蝶、土坷垃，和间或跑过去的一只土拨鼠。因为青藏高原的辽阔和缺乏参照物，也许我走歪了，走错了，走的不是一条最好的路。我不知道。

我只是不停地走着，这让我心安。“在路上”不只是物理的位移，它是一种生活策略，因而是一种心情。我后来又许多次到过青海湖，但再也没有机会独自一个人穿越广袤的草原，在完全没有路的大地上体验“在路上”的感觉了。那感觉就像一杯混合了轻灵、自由、缥缈、孤独以及绝望的鸡尾酒，在辽阔得呈现出弧形轮廓的大地上，一个人慢慢地品尝。

那是很壮观的。隆重、高贵、骄傲，有着宗教般的宁静与丰沛。

当情绪在高原强烈的日光辐射下开始有些疲倦的时候，那条我一度以为几乎遥不可及的“蓝带”，伴着一阵咸腥的气息，“唰”地铺开成无边的海洋，展现在我的面前。我停下来，深深吸一口气，让突跳的心稍微平静，继而甩掉鞋子，向着那一片蔚蓝的颜色奔跑过去……

后来，回到内地，我的一位精通野外生存的军官朋友几乎训斥了我。他说我在没有任何定位仪器、没有通信设施、没有野外过夜装备及足够的饮水和食物的前提下，一个人走去青海湖，是一个绝对错误的做法，无异于自杀。我后来也后怕，想想真是“无知者无畏”。不过，那一次完全没有预案的徒步青海湖，却成了我最珍贵的经历和记忆。

从此，藏地成了我的“宗教”。我像力士安泰，找到了获得力量的方式。只要我的双脚踏实地落在青藏高原的冻土上，我就能感觉源源不断的力量注入我的身体。它们像血液一样温存、柔韧，让人幸福。

我一个人默默地走着，像一个爱护舌头的行者。

我因为身处幸福之中，触摸着它们，像触摸绿松石曲折隐秘的纹路，而感到难以言喻的幸福。

我终于到了青海湖畔。

从此，藏地成了我的“宗教”。

伏俟城
吐谷浑都城

年仅 18 岁的弘化公主远离长安，到异族他乡的青藏高原与诺曷钵过起了“有城郭而不居，随逐草庐帐为室，以肉酪为粮”的游牧生活。从此唐浑结成甥舅关系，双方友好往来。

▶▶ 历史上，青海湖区曾有多个政权存在，著名的有西海郡古城、伏俟城、尕海古城、北向阳古城、南向阳古城、应龙城、石头城、黑古城、察尔汗城等。其中，伏俟城是历史记载清楚，遗址发掘最好的古城之一。

“伏俟”为鲜卑语，汉语意为“王者之城”。伏俟城是古代吐谷浑王国后期的国都，位于青海湖西北面海南藏族自治州共和县铁卜加草原上，东距青海湖约 15 公里，故又称“铁卜加古城”。伏俟城建于南北朝时期的公元 535 年，现城郭清晰可见，东西长 220 米，南北宽 200 米，城墙高 12 米，城内棋盘式的道路相互贯通，城外还留有规模更大的用砾石砌成的外廓围墙，整个城为当时西海畔最宏大的建筑群。

往事·“青海道”上的使者

▶▶ 吐谷浑原是辽东鲜卑慕容部的一支。西晋初年，首领吐谷浑与继承了汗位的弟弟慕容廆不和睦，率领属众千余帐离开故土，一路移牧、跋涉千里，最终进入青海。

吐谷浑人兼并了当地氐羌部族，势力壮大，建立起自己的部族。吐谷浑 72 岁去世时，把汗位传于长子吐延。公元 329 年，吐延的儿子叶延为首领，按照中原王朝习惯，“以王祖字为氏”，改姓吐谷浑，将之作为族姓和国号，吐谷浑国正式建立。

“青海道”上曾经的使者。

吐谷浑从建国到灭亡，共15代22王，延350年。吐谷浑统治青海时期，在政治、经济上都颇有建树。特别魏晋南北朝，吐谷浑人活跃在丝绸之路南线的“青海道”上，充当外国使节和商人的翻译及向导，与外国商人进行中转贸易，为沟通东西方交流做出过重大贡献。

吐谷浑在农业畜牧业方面也成就斐然。吐谷浑人成功培育了有中亚波斯血统的良马“青海骢”，称为“龙驹”，隋唐时常被当作最珍贵礼物送给中央王朝。吐谷浑人还在草原上大开建设城镇之风气，推进了青海草原地区的历史发展。

公元663年，吐谷浑国被吐蕃王朝消灭。

草原上的拉什则。

人文·大唐第一位和亲公主

▶▶ 千百年来，文成公主进藏和亲的动人故事一直被人们传颂着，成为缔结民族友好、维护国家统一的美好象征。但很少有人知道，首开唐朝公主远嫁外藩历史的，不是文成公主而是早于她嫁到吐谷浑国的弘化公主。

唐朝初年，吐谷浑政权已传位20代，国业历经近300年，国势虽过了最强盛时期，但依然是占据着东自今甘南、川西北，西达今新疆东南部，北至祁连山脉，南及江河源头的一个草原王国。对于这个边境大国，唐朝从最初的接触、互市，到边境摩擦、局部冲突，直至经过战争平定其进犯，之后又诏令复国，对其采取保全部落传承、顺应风俗习惯的自治政策，使这个西部接壤王国成为唐朝的一个附属国。

贞观十三年（639年），吐谷浑国王诺曷钵入朝长安，敬献牛羊万头，向唐请婚。唐太宗以17岁的宗室女弘化公主相许配，并在长安完婚，妆奁甚为丰厚。弘化公主也叫光华公主，陇西成纪人，唐高祖武德五年（622年）出生于唐王朝宗室之家，为淮阳王李道明之女。弘化公主自幼受到家庭严格的教育，贤明聪慧、知书达理、容貌美丽，深得诺曷钵宠爱。次年，太宗以淮阳王李道明为特使，右武卫将军慕容宝率军持节，护送弘化公主夫妇回国。

这些后世女子的身体里，是否流淌着公主的血液。

为了汉与吐谷浑两族间的团结，年仅18岁的弘化公主远离长安，到异族他乡的青藏高原与诺曷钵过起了“有城郭而不居，随逐草庐帐为室，以肉酪为粮”的游牧生活。从此唐浑结成舅甥关系，双方友好往来。弘化公主远嫁吐谷浑是一件意义重大、影响深远的事件。唐朝通过这一系列亲善行为，首先解除了吐谷浑对河西陇右的骚扰，保证了大唐西北边境的安定，其次为丝绸之路（青海道）的畅通创造了条件，使当地经济繁荣；同时，归附后的吐谷浑又成为唐朝与崛起于西藏渐已强大的吐蕃王朝之间一道缓冲和屏障，有效地保护了唐朝西南边陲的安全。

弘化公主也是幸运的。永徽三年（652 年），弘化公主申请回大唐省亲获准，成为唐朝与其他兄弟民族和亲的 15 位公主中唯一回过娘家省亲的，这也与唐浑之间亲密的同盟加附属关系有着必然的联系。在都城长安，弘化公主夫妇受到了唐高宗的优待，期间弘化公主为其长子向大唐求婚得恩准。龙朔三年（663 年），吐谷浑亲吐蕃大臣素和贵叛投吐蕃，最终导致吐谷浑被吐蕃灭国。诺曷钵和弘化公主率残部数千帐投奔凉州（今甘肃武威），获唐朝接纳。公元 666 年，唐朝册封诺曷钵为“青海国王”，公元 672 年徙于灵州，置安乐州，以诺曷钵为刺史，子孙世袭“青海国王”称号。武则天时，弘化公主得赐姓武，改封西平大长公主。

弘化公主于圣历元年(698 年)去世，享年 76 岁。她的墓志铭中写道:“大长公主，诞灵帝女，秀奇质于涟波。托体王姬，湛清仪于桂魄。公宫秉训，沐胎教之宸猷。姒幄承规，挺璇闱之睿敏。”给予了这位唐朝公主极高的评价。

景点·白色如雪的盐世界

茶卡盐湖·有盐的海子

▶▶ 青藏高原从前是一片汪洋，长期的地壳运动使地面抬升，变成了今天世界上最高的高原。海洋在退却的过程中，一些海水留在低洼地带，形成许多盐湖和池塘，茶卡盐湖就是其中的一个。

“茶卡”是蒙古语，意为“有盐的海子”。茶卡盐湖东西长 15.8 公里，南北宽 9.2 公里，面积 105 平方公里，是一个典型的氯化物型盐湖。茶卡盐湖在先秦时代已被开采，至今已有 3 000 多年的历史。初步测算，茶卡盐湖氯化钠储量为 4.5 亿

盐湖边一条沉寂的铁路。四周到处都是盐，远看上去却像是雪，一片白色世界。

盐湖中造型奇异的盐花。

吨，盐矿厚度达5米，最厚的地方可达9.68米，可以满足所有中国人食用100年。而且湖内的积盐几乎无穷无尽，因为雨水不断将盐分从周围的山上带下，汇聚到盐湖中，补充盐量。

茶卡盐湖是青海湖区最大的一个盐湖，也是最方便到达的一个。这是一个盐的世界、盐的海洋，远看上去，像是一片白雪的世界。

民间·卖蘑菇的姑娘

▶▶ 夏天里，一场夜雨过后，草原上遍地都是盛开的蘑菇。于是，你驱车走在公路上，时常会在路边遇到卖蘑菇的藏族姑娘。那种蘑菇非常好，黄灿灿、亮光光的，下进锅里会有一层浓浓的油脂，可以买一些带上，途中午饭时请餐馆老板给做了下到面片汤里，极为好吃。

草原的公路边，常常可以见到卖蘑菇的藏族姑娘。

天峻山

石林王国 王母故乡

距今 3 000 ~ 5 000 多年前，中国西北地区存在过一个牧业国度——西王母国，其疆域包括今天青藏高原昆仑、祁连两大山脉相夹的广阔地带，青海湖环湖草原、柴达木盆地是其最为富庶的中心区域，特别是天峻山附近，即西王母古国的“国都”。

▸▸ 天峻山位于祁连山南麓，青海省海西蒙古族藏族自治州天峻县城西南方向约 20 公里处，海拔 4 600 米，东距青海湖仅 40 余公里，是传说中的西王母古国所在地，为环青海湖 13 座名山之一，也是柴达木盆地的东部门户。天峻山巍峨高耸、气势雄伟，尤其天峻石林更是壮观。天峻山上，数以百计的青石群峰千姿百态，有的笔直高大如擎天之柱，有的傲骨不凡如成仙老道，有的婀娜多姿似窈窕女子，有的威武凶猛如巨禽野兽。石林色彩斑斓、光怪陆离，浑然天成、妙趣横生，景象引人入胜。

巍峨冷峻的天峻山。

传说，西王母降生地就在天峻山。

山下湖泊中，一对新生的野鸭在欢快地畅游。

往事·西王母出生地

▶▶ 传说，盘古天王和太元玉女结合生下西王圣母，降生之地就在今天峻山关角的石洞内。相传，太元玉女将要临盆时，盘古天王用剑将这座山的顶部削下来，放置在关角日吉脑沟，在这山上挖了一个洞，让怀有身孕的太元玉女住在洞里，生下了龙头人身的东王公（玄龙大帝）和西王母。他们兄妹长大后成婚，玄龙大帝到东方碧海治理东方，后来当上了玉皇大帝。西王母仍居住在此石室内，先任西王圣母国女国王，后来成为天仙大圣，主持天上政务和管理世界东方。

人文·传说与脉络

▶▶ 西王母又名金母、圣母、瑶池圣母、王母娘娘。一些学者研究认为，王母娘娘在历史上确有其人。据实地考察发现，距今 3 000 ~ 5 000 年前，中国西北地区存在过一个牧业国度——西王母国，其疆域包括今天青藏高原昆仑、祁连两大山脉相夹的广阔地带，青海湖环湖草原、柴达木盆地是其最为富庶的中心区域，特别是天峻山附近，即西王母古国的“国都”。

西王母神话是中国古代神话传说体系中一个重要组成部分。西王母神话最早见于战国至汉代成书的《山海经》中，称她“其状如人、豹尾、虎齿而善啸”、“蓬发戴胜”，是一位崇拜虎豹图腾的部落女首领。另外，山上有长着牛角、满身豹纹、声音如犬吠的怪兽——狡，还有长着红色羽毛、喜好食鱼的三青鸟。在《穆天子传》中，其一改“怪神”之貌，成为天帝之女，善于歌舞、热情好客，并在瑶池设盛宴与周穆王相会，衍生出许多优美的传说故事。

汉、晋时期，伴随着中国道教的兴起，西王母成为道教中的大神，为女仙之首，仙界第一夫人，与东王公共理阴阳二气，育养天地，陶钧万物，职掌三界十方女子得道升仙者的名籍。唐宋以来，经道教的渲染，西王母愈为民间崇拜和敬畏，有关她的神话、传说愈加繁杂，广为流布。民间的传说，将西王母神化的同时又将其世俗化，例如把西王母和玉帝联系在一块，让他们生了七个女儿，名为“七仙女”，其中最小的女儿私自下凡嫁给了穷庄稼汉董永。《嫦娥奔月》也是流传甚广描写王母娘娘的故事之一；《西游记》中描写王母娘娘在瑶池举办的“蟠桃会”，在中国民间影响很大。

景点·遥远年代的盛宴

西王圣母室·宴请周天子

▶▶ 西王圣母室位于天峻县西南20公里处，一座独立的小山西侧的一口深十几米的山洞内。有一个主洞和三个偏洞，合计面积100余平方米。据考证，这是5 000多年前西王母古国女首领的居所，石室内有千姿百态的岩画和过往僧道题写的经文、绘画。古文记载，周穆王乘八骏马拉的鸾驾来到天峻山，受到西王圣母的热情款待。在圣母石室内，西王母设宴欢迎周朝天子，两人相互赋诗表达心意。西王母唱道：

白云在天，丘陵自出。
道里悠远，山川间之。
将子无死，尚能复来？

冷月当空，穿越古今。

周穆王也吟了一首诗唱和，表示流连西王母的地方，将来还要再来拜访。西王母和周穆王晤面的传说，是远古华夏西部草原民族和东部中原民族和睦相处的写照。

西王圣母室对面有一处古建筑遗址，经考证认为是汉代人为纪念西王圣母而建的神祠。神祠东西长80米，南北宽60米，其规模在当时可以说是雄伟壮观了。考古工作者在这里发掘出土了有“长乐未央”、“常乐万亿”铭文的汉瓦当等珍贵文物，从而证明早在汉代人们已公认此石室与西王母有着不可分割的联系。历代名人秀士常来此朝觐，此址成为后人纪念西王圣母最古老、最有知名度的一处圣地。

西王圣母故乡天峻山脚下，茫茫草原上残留有相传为西王圣母建造的千里城遗址，有瓦当、古砖残块等，还意外地发现有西王圣母石锤。

秀龙沟·高原小九寨

▸▸ 秀龙沟距离天峻县城55公里处，峡谷总长26公里，四面环山。沟内瀑布飞泻，山泉奔流，灌木茂密，各色奇石千姿百态，野生动物成群，环境清幽雅致，景色迷人。沟内有处大岩岫和一眼望不到底的“天井”，著名宁玛派领袖古浪仓活佛曾在此居住过。

天峻山植被良好，山北是灌木丛，山南是松林。这里出没的走兽有雪豹、马鹿、獐子、岩羊、黄羊、狐狸、野马、马熊等，飞禽有老鹰、雪鸡、马鸡等。秀龙沟被天峻人自豪地称为“青藏高原的小九寨”。

秀龙沟被称为“高原小九寨”。

民间·卢山岩画　石刻史书

▸▸ 卢山岩画位于天峻县江河乡的南山北麓。在长20余公里，宽5～6公里的河谷两边的悬崖石壁上，分布着270余幅各种图案的岩画。经考证，这些岩画的创作时间在公元六七世纪，即青海吐谷浑时代和后来的吐蕃时代。

岩画主要以动物、狩猎、战争、生殖等为内容，画面上的各种动物生动逼真、神态灵活。图案最多的为马、牛、羊等家畜，显示这些动物在古代当地人的生活中扮演的重要角色。此外，还有各种飞禽。

岩画中颇具神秘色彩的是生殖崇拜图，图画采用象征手法，寓意深刻，是中国古代岩画中罕见的珍品。

远古岩画。

金银滩

“在那遥远的地方”

夕阳下的卓玛亭亭玉立，轻举起手中的牧羊鞭，一下一下打在羊儿的背上。晚霞的余辉映照出卓玛的侧影，王洛宾被这一切陶醉了，他的创作灵感受到启发，于是借助哈萨克民歌的曲调写出了不朽之作《在那遥远的地方》。

►► 金银滩位于青海湖北边的海晏县境内，它的西部同宝山与青海湖相邻，北、东部被高山峻岭环绕，南部与海晏县三角城接壤（三角城是西海郡遗址，建于西汉王莽时期），方圆 1 100 平方公里，内有麻皮河和哈利津河。金银滩大草原分为金滩和银滩两部分，一条小河穿流其间。北岸草滩上盛开着一种叫金露梅的金黄芳香的小花，故称“金滩”；南岸草滩上则是洁白如银的银露梅的天下，谓之“银滩”。

美丽的金银滩。

一个像卓玛的藏族女孩。

往事·歌王和卓玛的爱情

▶▶“在那遥远的地方，有位好姑娘。人们走过了她的帐房，都要回头留恋地张望……”由“西部歌王”王洛宾创作的这首脍炙人口的名曲《在那遥远的地方》，最初的诞生地就是美丽的金银滩。

1939年夏天，中国电影创始人之一的郑君里率摄制组千里迢迢来到青海金银滩草原，拍摄影片《祖国万岁》。当时，正在西宁教书的王洛宾也受邀参加。

摄制组在青海湖畔开机，郑君里请当地同曲乎千户的女儿萨耶卓玛扮演影片中的牧羊女，王洛宾扮演萨耶卓玛的帮工。王洛宾原本就多情，正值青春勃发；卓玛正又是情窦初开的少女，美丽动人。金银滩流传着一个说法：“草原上最美的花儿是格桑花，青海湖畔最美的姑娘是萨耶卓玛。”两人很快坠入爱河。

剧中有一个情节，王洛宾和卓玛同骑一匹马。活泼大胆的卓玛，时而驱马狂奔，时而勒马立起。为了不使自己摔下去，王洛宾只好紧紧抱住卓玛的腰身，两人飞奔进草原深处……

黄昏，“牧羊女”卓玛和“帮工”王洛宾共同赶着羊群回到羊圈，仔细地清点着羊只的数目。夕阳下的卓玛亭亭玉立，轻举起手中的牧羊鞭，一下一下打在羊儿的背上。晚霞的余辉映照出卓玛的侧影，王洛宾被这一切陶醉了，他的创作灵感受到启发，于是借助哈萨克民歌的曲调写出了不朽之作《在那遥远的地方》。

然而，世事变幻难测。王洛宾创作了难以计计、流传广泛的爱情歌曲，个人生活却充满坎坷、不如人意。而那个曾点燃王洛宾热情的美丽少女卓玛，据说后来嫁给了一位国民党的官员，在建国初年突患急病离开了人世。

一段美丽的人间恋情，就这样化为永远传唱的歌声。

人文·原子城基地

▶▶ 原子城位于海北藏族自治州州府西海镇，是我国第一颗原子弹和氢弹的研制基地。

原子城基地建于1958年，1964年10月16日和1967年6月17日，中国国防科学家们在这里研制的原子弹和氢弹成功爆炸，标志着中国拥有了保卫国家安全的核武器，为打破超级大国核垄断、维护世界和平做出了历史性的贡献。1995 年 5 月，基地全面退役，原子城的神秘面纱开始向世人揭开。

进入原子城，首先映入眼帘的是原子城的标志性景观——高耸的核基地纪念碑。当年，国家领导人及专家居住过的将军楼、电影院、启运第一颗原子弹的小车站、30 年如一日保卫基地安全的六号哨、基地首批人员居住过的帐篷遗址等各类建筑，都保存完好。

虽然现在人去楼空，一切都已成为过去，在这里，人们反而更能想象前辈们为国家强盛、民族振兴所付出的无私奉献。

原子城当年试爆的地洞。虽然紧锁的铁门上已锈迹斑斑，却依然引人无限怀念。

原子城基地。

酥油茶有茶香、奶香、油香等多种香味，既可果腹充饥，还能解渴生津、消乏提神、开胃健脾、帮助消化，是所有藏区人都爱喝的饮品。

景点·如诗如歌的草原

▸▸ 走进金银滩，但见漫山遍野绿草如茵、花团锦簇，蓝天、白云、碧草，悠闲的羊群，翔鸣的飞鸟，一切如诗如画。草原上，浮云般流动着片片羊群，牦牛星星点点闪动其间。不时有牧民骑着骏马悠然在草原上徜徉，远处山峦起伏，偶有雄鹰飞过的身影，投在莲花般散落的帐房之间。

每年夏天的赛马会是藏族等民族的重要活动，也是金银滩的节日。每年七八月份，青海各地的藏族都要选择依山傍水、水草丰美、平坦开阔的草原举行盛大的赛马会。届时，除了宗教仪式和祈祷仪式外，还有赛马、摔跤、射箭、唱歌、跳舞等比赛或娱乐项目，整个草原都会为之沸腾。

草原上的蒙古包。

酥油茶是藏族人最赖以生存的生活必需品之一，对此有“可以一天无食，不可一日无茶”的说法。

近几年，金银滩每年夏天还会举办“王洛宾音乐节”及环青海湖国际公路自行车赛。金银滩这个美丽而又充满传说的草原，以它崭新的风貌再次名扬中外。

民间·草原饮食

▶▶ 地处青藏高原，生活在这里的藏族及蒙古族等草原民族，在千百年的生活中形成了富有地域特色的饮食文化。在他们的食物中，产于牧业的有牛羊奶、牛羊肉；产于农业的有青稞、麦子、芫根等；野生食物有蕨麻、蘑菇、野菜等；产于外地，而被草原民族普遍食用的传统食物有大米、面粉、茶叶、清油、红糖、砂糖、红枣、葡萄干等。其中，糌粑、酥油（奶油）、曲拉（干奶酪）、牛羊肉、酸奶、奶茶是草原人最喜爱的食物。这些年，随着交通的发展和旅游业的兴旺，草原饮食也融入了多元文化的因素，呈现出时尚的风格。

糌粑：即炒熟的青稞磨成粉而做成的食物，是藏族人最主要的粮食。糌粑有两种吃法：一种叫“泼霞”，另一种叫“生”。“泼霞”是先把掺有曲拉的糌粑铺在碗底压实压平，然后放上酥油和奶茶，一边喝茶，一边让酥油化开，等茶喝得差不多时，就用舌头把被酥油和奶茶浸湿的表层糌粑舔完，然后再斟奶茶。这样重复几次，就把碗里的糌粑舔完了。“生”是先在碗里放酥油和砂糖，斟上奶茶，等酥油化开后，再加上糌粑粉和曲拉，然后一边转动碗一边把糌粑粉捏成团。

青稞是青藏高原的主要粮食作物。

酥油茶：酥油茶是藏族人最赖以生存的生活必需品之一，对此有“可以一天无食，不可一日无茶”的说法。相传当年文成公主进藏，将茶叶种植和加工技术传授给藏族人。藏地地处青藏高原，难以种植蔬菜，茶叶补充了人们身体所需的大部分维生素，还对以肉类和奶制品为主的食物起到消化、舒缓的作用，加之当时佛教开始在吐蕃盛行，教徒坐禅修行需要饮茶驱困，藏族人进而又发明了酥油茶和奶茶，使之成为藏地饮食文化的“代表作”。

喝法有两种，一为“刚加”，即将茶叶直接放入茶壶内，加上少许盐巴，熬煮片刻后饮用；二为“加粗”，即饮熟茶。“熟茶”是将大茶或茯茶掰开放到锅里，撒上碱面，加水，待煮到碱水熬干，再取出茶叶晒干，装进茶袋里储存起来慢慢熬着喝。这种熬熟的茶叶愈泡愈深，茶色浓郁、茶性温和。在茶水中兑入适量奶汁，熬成的茶便是“奶茶”。

草原人相信，手工打出来的酥油茶有一种特别醇厚的香味。

制作酥油茶所用的茶叶一般为富含热量的大茶和茯茶，方法是在酥油茶桶里倒进熬好的茶水，放上食盐、新鲜酥油、适量糌粑，兑入鲜奶，有时还放些核桃仁、花生仁和红枣等，用桶棍上下捣动，让所有原料充分融合，然后倒进茶壶里，加热饮用。酥油茶有茶香、奶香、油香等多种香味，既可果腹充饥，还能解渴生津、消乏提神、开胃健脾、帮助消化，是所有藏区人都爱喝的饮品。

一锅香气四溢的酥油茶。

牛羊肉：藏族的牛羊肉有煮着吃、冻着吃、风干了吃等多种吃法。煮着吃即是吃“手抓肉”，或叫“开锅肉”，特点是七成熟时，藏族人则认为其味道鲜美、软嫩可口。“冻着吃”就是冬吃冻肉。一般吃经过两个月以上的冷冻肉，味道特别鲜嫩。“风干了吃”就是吃“风干肉”。风干肉的做法是把牛羊肉割成条或切成块，装进柳篓、背篼等透风的器具里，放在房顶或吊挂在屋檐下，经风吹日晒而变成非常酥软的干肉。风干肉是藏族人加工储存牛羊肉，特别是牛肉的独特方式，保持了天然鲜美的味道，愈嚼肉味愈浓。

灌肠：也是藏族人喜爱的一种美味，分“夏吉”即肉肠、“次吉”即脂肠、“昌吉”即血肠、“庆吉”即肝肠等不同口味。灌肠的做法是：

手抓羊肉。

把牛羊肉、脂肪、内脏、血等混合，加少量食盐，一般不放任何佐料，灌进洗好的牛羊肠子里，煮熟后食用。不管肉肠、脂肠、血肠、肝肠，味道均非常鲜美，具有自然可口的独特风味。

灌肺：取刚宰杀的囫囵羊肺，清洗干净，然后在融化好的酥油汁里拌上青盐，顺气管口灌入肺内，最后扎好气管口下锅煮食。因肺气孔里灌满了酥油，煮熟后的羊肺往往比原先羊肺膨胀一倍以上，切开后如同面包似的，切面上满是气孔眼，吃起来香脆可口。

土豆牛肉。

腐蹄：是藏地传统牧区的一种食物。腐蹄主要是牛蹄，制作时先把牛蹄埋到羊粪堆里，经过一段时间蒸腐后，再去毛洗净煮食。因为羊粪性热，蒸腐后的牛蹄上的毛极易拔掉，而且筋肉发软，煮食起来非常方便。牧人一般将牛蹄埋在比较固定的冬季牧场，想吃时随时可取。

夏克：是一种藏式肉汤。做法是把肉和少量脂肪剁成细小的碎丁，加入适量糌粑和食盐，一同放进锅里，加水后用勺不停地搅动，及至开锅后即可食用。这种糌粑熬制成的肉汤鲜美可口，富含营养，有很强的滋补作用，可强身健体，最适宜老人、产妇和身体虚弱者食用。

羊肉汤。

曲拉：酥油捞出后把剩下的奶水倒进锅里熬，熬干水分后，再将剩下的奶渣晒干，便是味道酸甜而富含蛋白质的曲拉。

人参果：即蕨麻，相传是格萨尔王在玛美藏区开发的第一个宝藏，被视为百宝之宗。所以，在有些重要场合或是重要仪式当中，不能不备蕨麻，它象征着吉祥和祝福。食用蕨麻时，一般都做成“蕨麻玛克”，即在煮熟的蕨麻里浇上炼好的热酥油、放白砂糖，再放一点糌粑和曲拉，拌成团或搅着吃，味美且耐饥。

泰：是最古老且最具风味的一种藏式糕点。优质曲拉、新鲜酥油和白砂糖拌和后捏成丸状或饼状，使其凝固，便是“泰”。有的“泰”里还放有煮熟的蕨麻、红枣、葡萄干等，吃起来奶香浓郁，特别耐嚼。

藏地风味饮食。随着交通的发展和旅游业的兴旺，草原饮食也融入了多元文化的因素，呈现出时尚的风格。

云卡索：即干芫根，是把晒干的小芫根煮熟后放在肉汤或蕨麻汁里再煮，让浓汁粘在芫根上，然后用线串起来晾干，其味香甜，可充当糖果吃。

烤菇：即烤火加工后的蘑菇。在夏季，草原牧民特别喜欢采蘑菇、吃蘑菇，最好的是藏语称之为“色秀”的金黄色的蘑菇。在蘑菇里放入少许糌粑、食盐和酥油，然后在火上烤，待酥油和盐融化，即可食用。

藏地生活禁忌

到草原，一定要尊重当地的风俗习惯。在藏地风俗中，他们忌食狗肉、马肉、驴肉，忌吃尖嘴动物的肉、有爪动物的肉及鱼类。有的地方还忌食当天宰杀的牛羊肉，甚至忌食女性宰杀的肉。藏族人忌捕杀鹫、鹤、布谷鸟等吉祥之鸟，严禁捕杀放生的牲畜，并忌对其剪毛抓绒。藏族禁止在神山狩猎，禁忌在泉眼里洗手、洗脸或洗身体其他部位。

藏族人忌讳不洁异物丢进酸奶里，做奶制品的家具上不能放别的东西。甚至忌讳向灶膛或火里丢弃骨头等异物；忌讳从灶膛或器物上跨过，忌讳把脚伸向灶膛或蹬在灶上取暖；靴子、裤子、袜子等穿在下身的衣物不能烤晒在灶膛上。禁忌用反手（手腕向外）斟茶舀饭；禁忌用刀子直接从锅里捞肉，禁忌刀口向外割肉，递刀子时忌讳刀尖朝人。忌讳使用有裂缝或豁口的碗、碟等器皿待客；互不熟悉的男女忌在一个碗里拌糌粑和吃糌粑。忌讳在牲畜棚里大小便等，接羔犊季节非亲属不能进入。家中有生小孩或有病人时，忌讳生人进门。

从这些生活禁忌习俗中，你可以了解藏地许多古老的传统和他们的道德文明，仔细想想，是很有深意的。

祁连山

横亘绵延的沉默

祁连山对中国最大的贡献，不仅仅是河西走廊，不仅仅是丝绸之路，不仅仅是引来了宗教、送去了玉石，更重要的是祁连山通过它造就和养育了冰川、河流与绿洲做垫脚石和桥梁，让中国的政治和文化渡过了中国西北海潮般的沙漠，中国人在祁连山的护卫下走向了天山和帕米尔高原。据说张掖之名是取“断匈奴之臂，张中国之掖（腋）”之意，河西走廊就是中国之臂，它为中国拽回了一个新疆。

▶▶“祁连山”一词是古代匈奴语，意为“天之山”。祁连山脉位于中国青海省东北部与甘肃省西部边境，由多条西北至东南走向的平行山脉和宽谷组成，因位于河西走廊南侧，又名南山。祁连山东段山势由西向东降低，包括河西走廊南山—冷龙岭—乌鞘岭、大通山—达坂山、青海南山—拉脊山三列平行山系，其间夹有大通河谷地、湟水谷地和青海湖盆地，有冰川 3 306 条，面积 2 063 平方公里。祁连山脉西端在当金山口与阿尔金山脉相接，东端至黄河谷地，与秦岭、六盘山相连，长近 1 000 公里，平均海拔 4 000 米以上，最高峰为疏勒南山的团结峰，海拔 5 808 米。

金秋祁连。

青海长云暗雪山。

祁连山属海北，是青海重要的风光区。祁连县城距西宁 286 公里，南依阿咪东索山（牛心山），北濒八宝河，周围森林茂密、物产丰富，自然景观优美。祁连山气势雄伟的山峰如巨斧劈雕一般，终年积雪形成的冰川是草原雪山的一绝，“六月飞雪”是祁连神奇的景象。祁连县地域辽阔，资源丰富，早在元代就以盛产“八宝”而闻名，县城驻地也以“八宝”得名。“八宝”指鹿茸、麝香、蘑菇、大黄、金、银、铜、铁。祁连县的资源何止这八种，森林、草场、畜牧、药材、冰川水资源等，都是祁连珍贵的宝藏。

唐代边塞诗中，提到青海和祁连山的不在少数。因为在唐朝，西北方面的强敌始终是吐蕃和突厥两大势力。

往事 · 青海长云暗雪山

▸▸“青海长云暗雪山，孤城遥望玉门关。黄沙百战穿金甲，不破楼兰终不还。”这是唐代诗人王昌龄著名的七言绝句《从军行》中的名句。这里所说的“青海”，指的就是青海湖和它周围的茫茫草原；而这“雪山”，即是青海湖北面的祁连山。李白也有诗作《关山月》吟道：“明月出天山，苍茫云海间。长风几万里，吹度玉门关。汉下白登道，胡窥青海湾。由来征战地，不见有人还。戍客望边邑，思归多苦颜。高楼当此夜，叹息未应闲。”

唐代边塞诗中，提到青海和祁连山的不在少数。因为在唐朝，西北方面的强敌始终是吐蕃和突厥两大势力。唐朝的历史，几乎是交织着和他们不断地征战与谈和而延续的。在这些流传千古的诗词背后，是无数兵卒捐躯疆场、马革裹尸还的悲壮与忧伤，也是华夏民族不断融合、不断壮大的曲折历程。

阿咪东索峰（牛心山）。

人文 · 祁连的意义

►► 几年前，《中国国家地理》曾经做过祁连山脉的专题，对于祁连山之于中国的意义有这样的描述："东部的祁连山，在来自太平洋季风的吹拂下，是伸进西北干旱区的一座湿岛。没有祁连山，内蒙古的沙漠就会和柴达木盆地的荒漠连成一片，沙漠也许会大大向兰州方向推进。正是有了祁连山，有了极高山上的冰川和山区降雨，才发育了一条条河流，才养育了河西走廊，才有了丝绸之路。然而，祁连山的意义还不仅于此。"

他们认为，"祁连山对中国最大的贡献，不仅仅是河西走廊，不仅仅是丝绸之路，不仅仅是引来了宗教、送去了玉石，更重要的是祁连山通过它造就和养育了冰川、河流与绿洲做垫脚石和桥梁，让中国的政治和文化渡过了中国西北海潮般的沙漠，与新疆的天山握手相接了，中国人在祁连山的护卫下走向了天山和帕米尔高原。据说张掖之名是取'断匈奴之臂，张中国之掖（腋）'之意，河西走廊就是中国之臂，它为中国拽回了一个新疆。"

具体说，祁连山的地理意义有七点：一是内蒙古高原和青藏高原的分界线；二是中国第一、二阶梯的分界线之一；三是"200 毫米降水线"的组成；四是内外流区的分界线；五是干旱区和半干旱区的分界线；六是草原景观和荒漠景观的分界线；七是青藏地区和西北干旱半干旱区的分界线。

景点 · 雪山与鲜花

阿咪东索峰 · 一山四季

►► 阿咪东索峰位于祁连县城东南 2 公里，藏语意为"众山之神"。因峰峦形状似牛心，故人们又称其"牛心山"。阿咪东索峰是祁连县的象征。

阿咪东索峰海拔 4 667 米。虽然这个高度在青海众多山峰中并不突出，可它同县城的相对高差达 1 880 米，一年四季山顶云雾缭绕，因而显得挺拔高耸、气势雄伟。也由于如此之大的高差，阿咪东索峰自然景观的垂直带谱表现十分明显。特别是盛夏季节，阿咪东索峰集中呈现出一山四季的多彩风光：山下麦浪滚滚、

“金盆地”里灿烂的油菜花。

油菜花黄，一派农家富裕景象；半山是优良的牧场，绿草茵茵，漫山遍野的牛羊点缀其间；再往上则灌木丛生，青松圆柏苍翠，为茂密的林海风光；山峰顶部山石嶙峋、白雪皑皑，艳阳之下折射出万年不变的光芒。

相传远古时期，祁连是一片汪洋大海，妖魔四起。莲花生大师得知此情后，从印度专门派了一位山神前来降妖伏魔，阿咪东索主峰就是这位山神的居住地。山神来到祁连后，疏通海洋，繁衍牲畜，撒播树苗草种和金银珍宝，终于使这里变成了“八宝”之地。据说，忠实的信徒至今还可在深山里听到人喊马嘶、擂击战鼓的声响。

门源·金色花海

▶▶ 油菜花在青海并不少见，门源百里油菜花海却是气势最为壮观的一景。门源油菜花海位于祁连山、达坂山之间的“金盆地”里，长约 50 公里，宽 12 公里，面积 535 平方公里，号称“百里花海”，是中国最大的北方油菜基地。

蓝天白云下，铺天盖地的油菜花在阳光下金光闪烁，与远山近水、村落人家交相辉映。花海一望无际，一直延伸至远方的雪冠群山之中，融入湛蓝的天际。每年 7 月是观赏油菜花的最佳时间，届时，山川中百里油菜花纷纷绽放，引无数蜜蜂循香而来，也令游人“花心”顿起，不由得惊叹造物主的伟大与神奇。

岗什卡雪峰·海北冰川

▶▶ 岗什卡山是我国现代冰川发育区最东端的一座雪峰，为祁连山主峰之一，海拔 5 254 米，位于门源县城西北 36 公里。

走进岗什卡雪山，便进入到一片冰雪晶莹的世界。雪山剑峰摩天挺拔、直插云霄，山巅白雪皑皑、终年不化，周遭琼瑶一片、寒光四射，景色无比神奇。岗什卡雪山集现代冰川的壮观和完整的植被景观于一体，是青海北部地区难得的具有登山探险价值和休闲度假的旅游胜地，为青海对外开放的雪山之一。

在油菜花海里劳作的当地女子。

冲顶岗什卡雪山的登山者。

祁连草原，中国最美的草原。

民间·中国最美的草原

▶▶ 2005 年 10 月 23 日，“中国最美的地方”排行榜在京发布。此次由《中国国家地理》主办、全国 34 家媒体协办的评选活动历时 8 个月，共评出“专家学会组”、“媒体大众组”与“网络手机人气组”三类奖项。“媒体组”与“人气组”分别以媒体投票及网友、手机用户投票的方式各产生 12 个获奖地方。而由《中国国家地理杂志》社浓墨重彩推出的“专家学会组”奖项则别具一格，分成了山、湖泊、森林、草原、沙漠、雅丹地貌、海岛、海岸、瀑布、冰川、峡谷、城区、乡村古镇、旅游洞穴、沼泽湿地等 15 个类型。其中，祁连山草原被评为“中国最美六大草原”之一。

“专家学会组”关于“最美草原”的评选标准是——

1. 草地质量好，植被茂密，季相鲜明华丽，有层次和立体感，且辽阔壮观，一望无际；（0 ~ 30 分）

2. 生物多样性丰富，牛羊悠闲，有特殊或多样的地貌景观，如河曲等；（0 ~ 30 分）

3. 牧民生活方式自然淳朴，民族风情浓郁，与自然和谐相处，有重要的历史文化遗迹等；（0 ~ 25 分）

4. 原生态保存较好，利用适度，草场退化不明显，没有物种入侵带来的生态破坏等。（0 ~ 15 分）

根据这个标准，专家评委评选出了六大“最美草原”，它们是——

◎呼伦贝尔东部草原（内蒙古）

◎伊犁草原（新疆）

◎锡林郭勒草原（内蒙古）

◎川西高寒草原（四川）

◎那曲高寒草原（西藏）

◎祁连山草原（青海、甘肃）

ཐང་བོད་གཉའ་ལམ།
ནང་བསྟན་སྤྱིལ་བའི་ལམ།
ཐང་རྒྱལ་རབས་རྨིས།
སུ་དྲན་པ།

唐蕃古道：迎佛之路 梦回唐朝

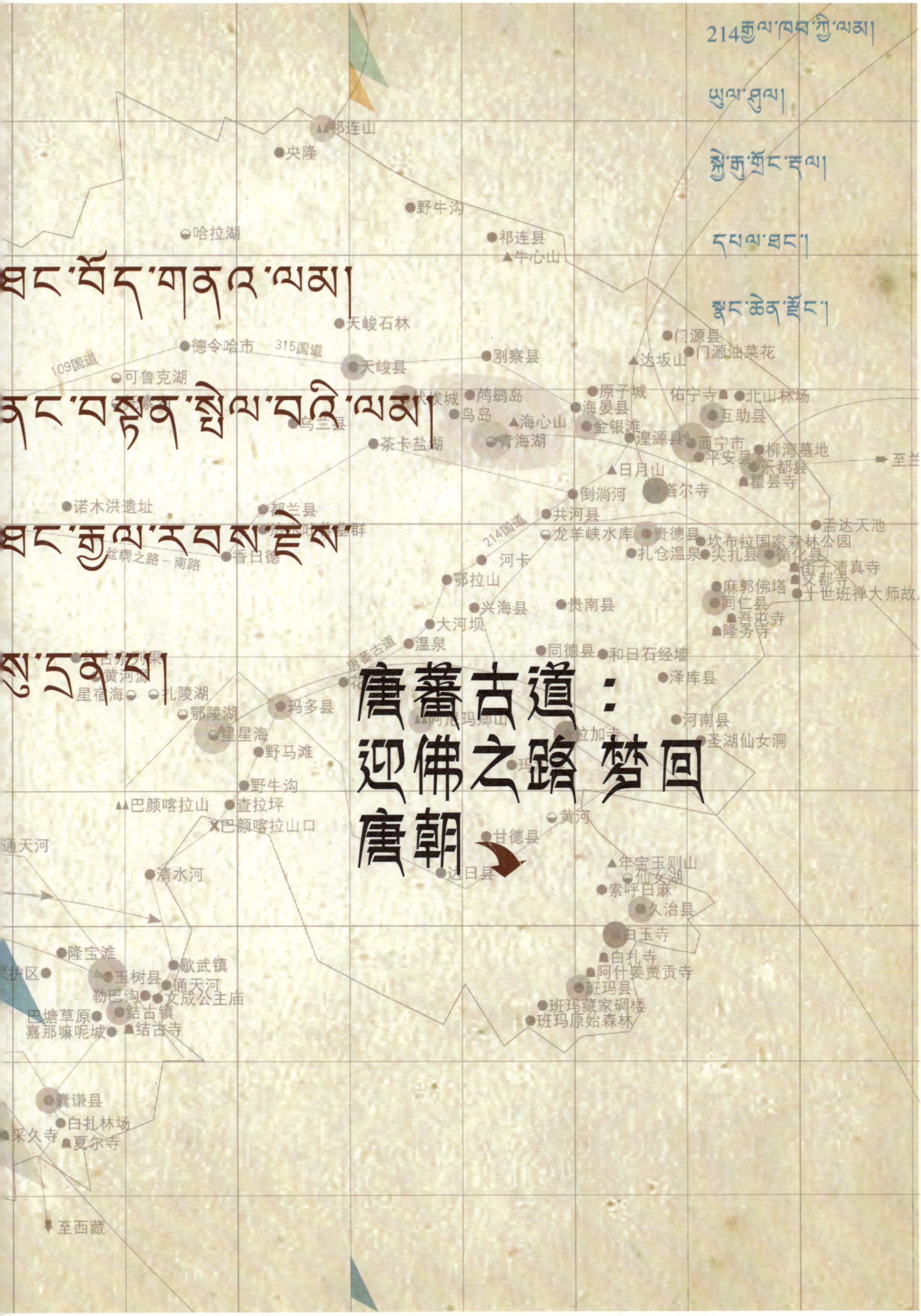

公元 7 世纪初，一代藏王松赞干布统一了青藏高原，建立起强大的吐蕃王朝。与此同时，远在中原的李唐王朝恰恰也开启了它最繁华鼎盛的年代。公元 634 年，松赞干布遣使入唐，首开“唐蕃古道”。在之后的 200 多年里，唐蕃古道成了连接青藏高原和中原内地的一条“天路”。

唐蕃古道起于唐朝都城长安，西行经甘肃临津关、凤林关过黄河，到青海乐都、西宁，向南翻越日月山，过海南草原、温泉，渡黄河上游和长江上游进入玉树地区，之后从玉树向西南，越过当拉山口进入藏北草原，最终经那曲抵达吐蕃都城逻些（今拉萨），全长 3 000 余公里。

盛唐年间，松赞干布仰慕大唐繁荣，向唐朝请求联姻。公元 641 年，唐皇李世民以宗室女文成公主许嫁松赞干布。文成公主与庞大的和亲队伍沿唐蕃古道进藏，一路留下许多美丽的传说。在藏传佛教历史上，人们通常把松赞干布的两位王妃尼泊尔尺尊公主和汉唐文成公主进藏时分别带来的两尊释迦牟尼等身像，作为佛教正式传入藏地的标志，唐蕃古道因而又被藏族人恭敬地称作“迎佛路”。在玉树藏族自治州通天河畔的勒巴沟，文成公主亲自设计、命随行工匠修建了一座佛塔；在更深处的贝纳沟，文成公主又主持在一面摩崖岩壁上凿刻了气势恢宏的大日如来佛等九尊石刻佛像。在佛教的传统仪轨中，佛像和佛塔是最重要的法物标志，文成公主留在玉树的佛塔和佛像群，可算藏地本土最早修建的佛教神圣法物之一。

唐蕃古道（青海）手绘路线图。

玉树位于青藏高原腹地的青南高原。青南高原指青海境内东昆仑山以南、唐古拉山以北的广大区域，面积 35 万平方公里，平均海拔 4 200 米以上。如果把整个藏区比作一个人形，西藏无疑是这个人的头脑和躯干，拉萨是他的心脏；青海安多藏区、甘南藏区、川西北藏区和滇西南藏区，分别是这个人的四肢；而玉树呢，就是他肚脐的地方，真正的“腹”地。然而，腹地并不就是低洼之地。玉树是青海地势最高的地方，平均海拔 4 500 米。州内海拔超过 5 000 米的山峰有 2 000 多座，可谓“群山绵延、终年雪冠”。玉树境内有两条著名的山脉：巴颜喀拉山和唐古拉山。黄河和长江就分别发源自这两条山脉，中国最大的国际河流澜沧江也源出玉树，因此玉树地区又被称为“江河之源”。

因为历史和地理的原因，玉树是整个藏区佛教最具传统、也最兴盛的地区之一，很多地方都保留有纯正完整的宗教体系。藏传佛教目前主要有四大教派，分别是宁玛派、噶举派、萨迦派和由噶当派衍生而来的格鲁派。青海现有藏传佛教寺院670余座，仅玉树一个州就占了三分之一，且较多的是更有历史传承的古老的派别。

宁玛派是藏传佛教最古老的一个教派，它的创始人是印度密宗大师莲花生。藏地第一座佛教寺院桑耶寺即属于宁玛派，它的建立标志着佛教正式植根雪域高原。宁玛派在青海的大部分寺院集中在玉树藏族自治州和与其毗邻的果洛藏族自治州境内，且多建在山林深处且交通不容易到达的地方。

藏传佛教最为神秘和玄妙的部分，是它独有的“活佛转世”传统。活佛转世最早起源于藏传佛教噶举派，后为其他教派效仿，在藏地普遍实行。噶举派是藏传佛教中分支最多的一个教派，体系庞大，曾经长时间在藏地掌握统治政权。噶举派在玉树也有很多寺院。

“政教合一”曾经是藏地一种特殊的社会结构体制，起始于藏传佛教萨迦派。公元13世纪，萨迦派在西藏建立“政教合一”的政权，使之前分裂了数百年的青藏高原重新走向统一，并最终归入中国版图。萨迦派在玉树占有重要地位。

在玉树，寺院星罗棋布。它们像一部浓缩奇幻的藏传佛教史，让你只在山水之间步换身移，便能将藏传佛教千年的历史重溯，仿佛时光倒流、轮回从前。

玉树很多地方保留有纯正完整的宗教体系。

因为历史和地理的原因，玉树是整个藏区佛教最具传统、也最兴盛的地区之一。

青南高原。

214 国道

古老的"天路"

传说中，吐蕃最早的赞普都是从天上来的，他们下凡到人间后，那根天梯便幻化成一道七彩绳子，连接在赞普们的发辫上，成为他们与天界的媒介。赞普在人间的生命结束时，他们的身躯虹化飞升，又顺着神绳回到天界。

►► 从西宁到玉树的唐蕃古道现在叫 214 国道（青康公路），沿途路站和海拔如下：

西宁（2 275 米）—日月山（3 520 米）—倒淌河—共和—河卡—鄂拉山（4 490 米）—大河坝—温泉（4 460 米）—花石峡（4 580 米）—玛多（4 660）—大野马滩（4 330 米）—小野马滩—野牛沟—查拉坪—巴颜喀拉山口（4 842 米）—清水河—歇武镇—通天河—结古镇（3 700 米），全程 825 公里。

细雨中一个牧归的少年。他怡然自得的样子，仿佛丝毫不被什么打扰。

这一路比较辛苦，前半部分长时间在草原旷野上行进，难免疲劳、困乏。在海拔一路走高的途中，不妨一边欣赏高原风景，一边倾心聆听流传在这神圣古道上的传说，重温千年之前佛教传入藏地的艰难历程吧。

往事·雪域大地的传说

▶▶ 在藏族传说中，他们的祖先吐蕃国王是从天上下凡到人间的神子。

相传，这一天，神子来到雅拉香保神山顶上。他举目远望，只见雅砻河谷犹如天堂一样美好。神子心中喜悦，便沿一道天梯下到地面。这一幕恰巧被草原上十二个牧童看见，众牧童问王子："你是谁？"王子回答："赞普。""赞"是住在天域的一种神，"普"是大丈夫的意思。众牧童惊奇地说："啊，这人是从天上来的赞普，可以当我们的王。"

他们将王子放在一个木头座位上，用他们的脖颈将他抬回到部落中。王子因此得名聂赤赞普，意思是"颈座之王"。

撒风马。藏族人对天空有着无限崇拜，在藏族人的传说中，他们的祖先吐蕃国王是从天上下凡到人间的神子。

传说中，吐蕃最早的赞普都是从天上来的，他们下凡到人间后，那根天梯便幻化成一道七彩绳子，连接在赞普们的发辫上，成为他们与天界的媒介。赞普在人间的生命结束时，他们的身躯虹化飞升，又顺着神绳回到天界。

到了第八代赞普，发生了一件意外。吐蕃第八代赞普降生后，人们请他的祖母达吉拉姆噶莫为王子起名字。祖母问道："吉地方的扎玛岩峰坍塌了没有？登玛地方的止邦草原被火烧了没有？达来维湖干涸了没有？"

仆人回答："岩峰没有塌，草原没有被烧，湖水没有干涸。"

老祖母年老耳背，把询问的一系列天兆全都搞反了，听成"岩峰塌了，草原烧了，湖水干了！"祖母以为是不吉之兆，说："这孩子不死于水中，便亡于刀下，就叫'止贡'吧。"藏语里，"止贡"是"死于刀下"的意思。

止贡赞普长大后，好狠喜斗，常常逼着周围族亲和属下跟他比武。一次，止贡赞普强迫大臣罗昂达孜和自己比试。过程中，赞普将他的朗波那古司宝刀像轮子一样在头顶挥舞，斩断了头上那根连接天界的七彩绳子，自己也被罗昂达孜所杀。

从此，吐蕃的赞普们便留在了人间，再也无法回到天上了。

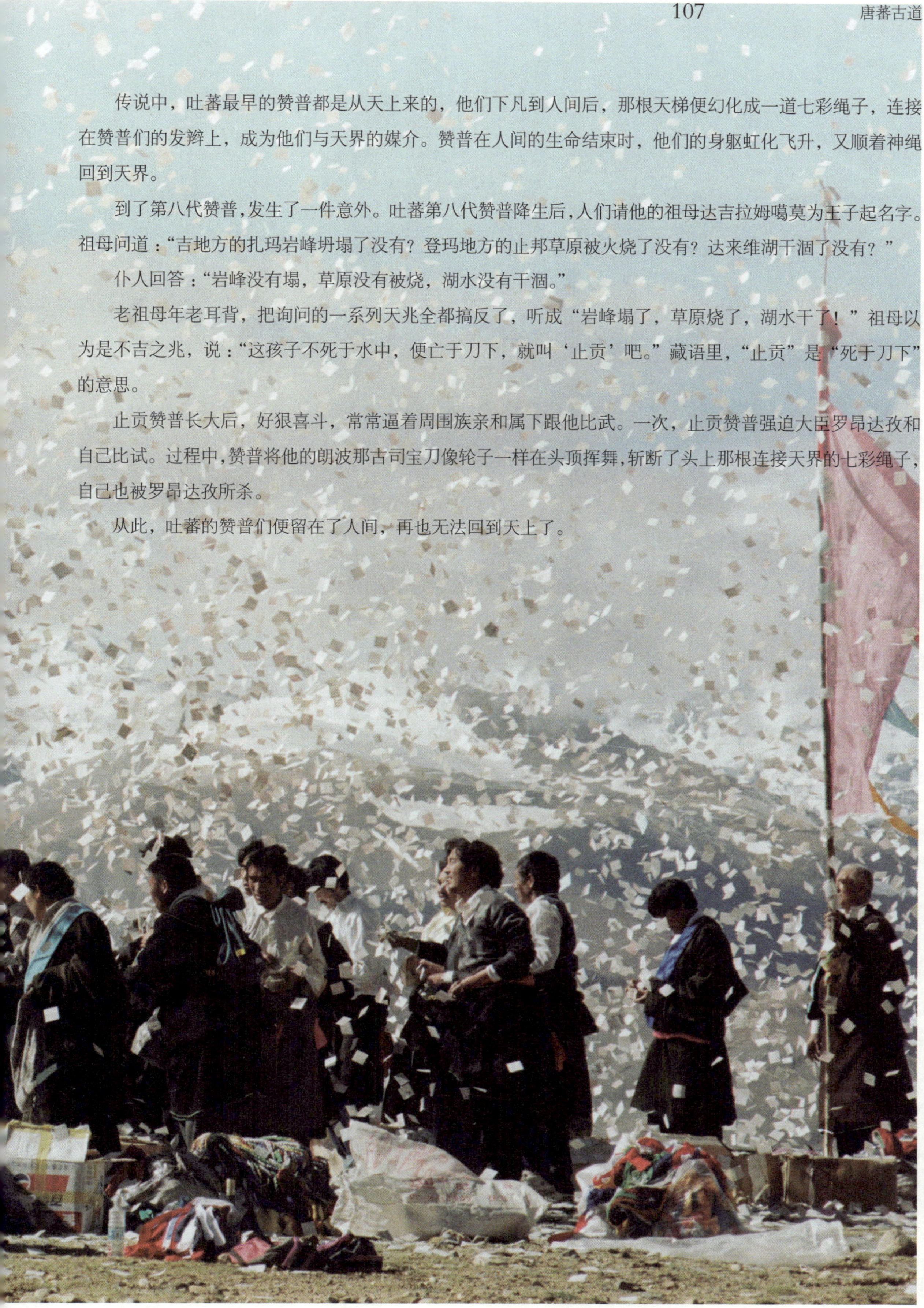

藏地时常可见的牛头崇拜，源于本教崇拜自然，相信“万物有灵”的信仰。

人文·本教时代

►► 在藏地，你随处可见供奉于山巅、湖畔的牛头与羊头，你随处可见堆垒在路旁或垭口的嘛呢石堆，你可见插在屋顶或门楣上的松柏与艾草以及寺院前飘着青烟的煨桑，你可见连天而起的印着祈祷文的五彩经幡，它们在高原的蓝天上被风吹拂，猎猎作响。这一切情形，成为藏地最具视觉冲击力的景象。这些带有强烈地域色彩和民族气质的、独属于藏传佛教的图腾与仪轨，最早源于藏地本土的古老宗教：本教。

本教起源于古代西藏象雄地区（今阿里南部），创始人名叫辛饶米沃，“辛饶”在藏语里意为“最高的巫师”，这个名字当然是后人给他的尊称。吐蕃第六代赞普时，辛饶米沃出生在西藏阿里的辛氏家族。相传，辛饶米沃 13 岁时被一群魔鬼掠去，在此后的 12 年中，辛饶米沃随魔鬼跑遍了整个吐蕃。当辛饶米沃 25 岁重新回到人间时，他已异于常人，被赋予了神奇的本领，认识无数妖魔鬼怪的名字，知道它们的居住地，懂得如何和它们交往。同时也掌握了许多卜卦、求福、禳灾、驱鬼、祀天的仪式，开始传播本教。

本教崇拜自然，相信“万物有灵”，这是它最核心的教义。远古时代，人与自然构成十分密切的依赖关系，自然崇拜成为必然。特别在青藏高原，这里高寒缺氧、气候恶劣，原始人类畏惧于大自然的力量，同时也产生了主动认识自然，与自然交好、和谐相处的生存理念。在藏地先民有限的认知体系中，他们把自然物和自然现象与人类自身相类比，按照自身感受设想自然物也像人一样，具有思想、感情和意志，有各自的灵魂存在。于是，一个个被想象出来的奇形怪状的神灵便诞生了。

世界上很少有哪个民族能像生活在雪域高原的藏族人那样，创造出如此众多的神灵来。在藏地，各种自然神灵遍布在人们生活的各个方面，诸如日月星辰、风雨雷电、大山巨川、古树怪石、飞禽走兽，无不具有神的灵性。浩茫雪域，从天上到地下，从陆地到水中，神鬼涌集、络绎不绝。

本教将宇宙分为三层：最高层是天神居住的地方，最大的天神是什巴，即创世主；中层是人居住的地方；下层是妖魔鬼怪居住的区域。神、人、鬼各居其所，需要有渠道沟通其间的关系，本教巫师便应运而生。本教巫师被称作“本波”，他们懂得求神问卜、祛邪禳鬼的方法，能够传递宇宙三界的信息。

在相当长的历史时间里，本教在藏地社会生活中扮演了重要角色，它的影响传播至今。

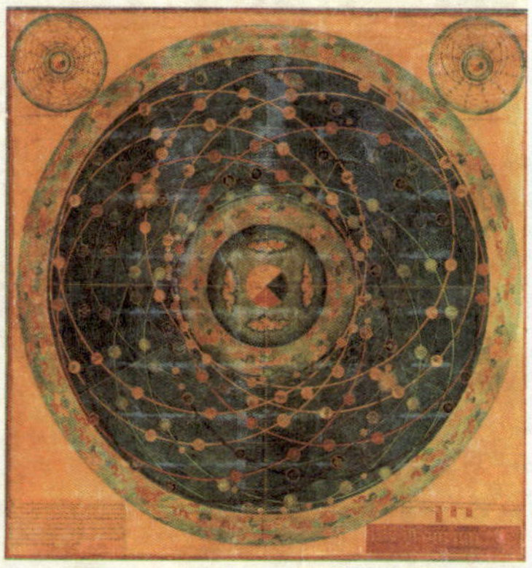

本教时代的宇宙图。它的形式和逻辑跟2 000年后现代物理学的发现极为神似，令人惊叹。

景点·高原之巅的肃然

花石峡·果然是“花”的

▸▸ 花石峡的石头果然是“花”的：有的地方裸露着岩石，有的岩石上又长着翠绿的苔藓类植被，十分特别。花石峡是唐蕃古道上的一个重镇，虽然它总共只有一条街，大约300米长。

“花石峡不吃饭，玛多不住店。”这是常年行走在唐蕃古道上的人总结出的一句至理名言，意思是人到花石峡和玛多会感到非常不舒服，最好不要停留。

花石峡，一个孤独赶路的游僧。

星星海。

星星海・高原湖泊

▶▶ 214 国道接近巴颜喀拉山的路边，旷野上相继出现连缀成片的湖泊、沼泽和滩地，这里被称为“星星海”。星星海原本是一个高原湖泊，就在 214 国道边不远的地方，现在用它作为附近整个湿地区域的总称。

野马滩・生命欢腾的地方

▶▶ 走过星星海之后，再往前的两个地方依次叫野马滩和野牛沟。单听这些名字，便不难想象这块土地上曾经有着怎样生命欢腾的景象。长久以来，青藏高原远离人类生活的干预，因而保存有许多珍稀的高原野生动植物资源，但这种情形曾一度被严重破坏。这里有世界上生活海拔最高的动物——野牦牛，它被称为青藏高原的活化石，还有白唇鹿、藏羚羊、岩羊、野驴、雪豹、梅花鹿、麝、猞猁、天鹅、黑颈鹤等等。

这里的野生植物也十分丰富。虽然远远望去，青藏高原上仿佛一望无际；但只要你仔细观察每一块冻土，会惊喜地看到顽强而蓬勃的生命。一丛荆棘、一朵小花，都是自然的奇迹。

如果够幸运的话，你还会在旷野上看到奔跑的野马或藏羚羊。确切地说，“野马”应该叫“藏野驴”。藏野驴是一种主要生活在青藏高原的高原特有动物，体背呈深棕褐色，肩部至尾根有一条醒目的黑褐色脊纹，肚腹部呈白色，躯干结实紧凑、四肢刚健有力、线条优美流畅，喜欢成群活动于河谷漫滩及开阔的草原地带。

藏野驴是国家一级保护动物，它们生性天真好奇、好胜心重，很爱做的一件事就是和人驾驶的汽车在高原上赛跑。但有时它们玩得太狠了，会累坏自己，弄不好还可能丢掉性命。

所以，和这些小家伙玩一玩可以，可千万不要累坏了它们。

野马滩的藏野驴。长久以来，青藏高原远离人类生活的干预，因而保存有许多珍稀的高原野生动植物资源，但这种情形曾一度被严重破坏。

白色崇拜[D]

藏地地处高原，四周雪冠群山，茫茫大地经常被白雪覆盖，白色成为藏族人生活中最主要的色彩之一，也是他们崇拜的颜色。在原始宗教本教时代，藏族人将白石供奉到山口和路边，表达对上天与山神的祭拜和敬意。人们还将白石砌进家里的门楣或屋顶，这个传统流传至今。

巴颜喀拉·万河之宗

214国道在查拉坪乡之前坡形缓慢，海拔升高得也不快。过了查拉坪乡之后，上山的坡度陡然增加，巴颜喀拉山山峰近在眼前。

巴颜喀拉山藏语为“祖山”的意思，是长江和黄河的分水岭，垭口海拔4 824米。山口的空地上，迎面是一座高大的经幡塔，幢杆有30米高，经幡旗向四周远远地扯开，形成一个巨大的华盖，每一片旗子都被风满满地鼓起，凌空翻飞。

经幡旁边有一座嘛呢石堆，再旁边是一座白色的佛塔和一间绛红颜色的经堂。途经路过的藏族信徒，到这里都会停下给嘛呢堆献上一块石头，表达对自然神灵的敬意，祈求保佑。藏族有着强烈的白色崇拜[D]，所以献祭中，以白石最为虔诚。

民间·寻找黑帐篷

▸▸ 到藏地，就要去草原；到草原，就要去那些有黑帐篷的地方。夏天，草原转场的牧民都是住在帐篷里。但同样是帐篷，黑帐篷就是牧民用牦牛线自己手工织的，是最地道的；白色帐篷则是用帆布做的，是用机器纺的，花钱就可以买到。

从女人们的装扮和神态举止上，你可以很容易地分辨出哪些是已婚的，哪些是待嫁的姑娘。

巴颜喀拉山口的哈达和供奉其上的白石头。

在黑帐篷里，你可以见到最质朴的牧民生活。

夏季的时候，一个村子的几户或十几户牧民通常结伴赶着牦牛和羊群到山上或山里的草场放牧；到了秋天，他们再赶着牲畜慢慢往回走。他们随身带着帐篷和生活用具，走到哪里就在哪里安家，过着典型的逐草而居的游牧生活。

牧人一天的生活是这样的：清晨，妇女们早早地起来，生火、煮茶、做饭，等这些事情差不多做好了，再叫醒沉睡中的男人。因为男人们要在野外待一整天，所以，做一顿可口的早餐是非常重要的。早餐一般是酥油茶、糌粑、酸奶、馕和奶渣。酥油茶是藏族人非常喜爱的一种饮品，它的高蛋白、高脂肪、高热量维持了高原藏区所必需的能量消耗。糌粑是用奶茶将酥油和炒熟的青稞面搅拌成的一种团块状食物，是牧民们最重要的主食。藏区几乎没有任何蔬菜，但是牧民们体内的维生素似乎并不缺乏，其主要来源就是青稞和茶。

吃过早饭，男人们带着女人准备好的装在羊毛口袋里的糌粑和奶茶，赶着他们的牲畜去寻找水草丰盛的地方，他们一直要到晚上才会回来。在男人离开的一整天里，女人们则在“家”里干活，或是到远处的河里背水，

草原上的“黑帐篷”，那里有最纯粹的藏地生活。

或是打酥油，或是纺羊毛线，总之要做的事情很多。

从女人们的装扮和神态举止上，你可以很容易地分辨出哪些是已婚的，哪些是待嫁的姑娘。姑娘永远是爱美的和羞涩的，尽管生活在人烟稀少的草原，但是她们仍然在一切可能的细微之处用心地“照料”着自己。她们用廉价的粉饼将自己的脸涂成雪白，以对抗高原强烈的紫外线，但是却无法解决这种粉饰形成的面庞与脖颈之间的鲜明对比。这样还嫌不够，姑娘们又在脸颊两侧用胭脂调出一块桃红，显得既幼稚又可爱。

姑娘永远是爱美的和羞涩的，尽管生活在人烟稀少的草原，她们仍然在一切可能的细微之处用心地“照料”着自己。

与那些对未来生活仍然充满着幻想的姑娘们相比，已经为人妻，或已为人母的女人们就不再将心思花在打扮自己上了。她们的人生中已经没有了不切实际的幻想，有的只是对今天生活的满足和对未来日子的忧虑。

傍晚时分，夕阳照着暮归的男人和喂得饱饱的牲畜拖着长长短短的影子从远方缓缓走来。这个时候，女人和孩子们都会跑出去迎接他们。妻子取过丈夫腰间的空羊皮口袋，孩子们则搜寻着父亲偶尔给他们带回来的“意外”。比如，一只土拨鼠或者一把蘑菇。

晚餐是最丰盛的，除了所有的奶制品和面食以外，还有煮肉。藏族人习惯了将大块的羊肉、牦牛肉放进锅里煮七成熟就捞出来吃，他们的肠胃远比内地人的健康。转场的牧民没有电灯，一般晚饭过后不久就休息了。由于转场时带出来的物资有限，所以通常是一家人住在一个帐篷里。

一个在帐篷外吃饭的藏族小孩。

玉树

腹地的秘语

自古以来，康巴人的血液中一直有着强烈的尚武精神和英雄崇拜。康巴汉子身上有"三宝"：骏马、叉子枪和腰刀。他们最醒目的发型是"英雄结"，喜爱穿虎豹等猛禽皮装饰的袍子，喜爱赛马、射箭、角力、摔跤等娱乐活动。

►► 翻过巴颜喀拉山进入玉树，眼前骤然一亮。大片牧场绿茵如织、农田阡陌错落，林木茂盛、鲜花遍野，仿佛到了内地的江南，但四周又有雪山环绕、蓝天衬托，景色胜出百倍。玉树恰巧处在中国大陆重要的自然地理标志线"400 毫米降水线"上，这里气候相对温润，境内有通天河、澜沧江等多条河流滋养，水草丰盈、土地肥沃，宜牧宜耕、物产丰厚，是青海的一块物华天宝之地。

美丽的玉树草原。

往事·康巴的人域

▶▶ 玉树属于康巴藏地。历史上，藏地分为卫藏、康巴和安多三大地区。藏地有句俗语："卫藏的法域，安多的马域，康巴的人域"，意思说卫藏地区是佛法最兴盛的地方，安多地区出产宝马良驹，而康巴人则是藏族人中最好的。玉树地区古代是西羌的"牦牛种地"，隋代前后，玉树为苏毗和多弥二国所属，唐朝时为松

的康巴藏族。

自古以来，康巴人的血液中一直有着强烈的尚武精神和英雄崇拜。康巴汉子身上有"三宝"：骏马、叉子枪和腰刀。他们最醒目的发型是"英雄结"，喜爱穿虎豹等猛禽皮装饰的袍子，喜爱赛马、射箭、角力、摔跤等娱乐活动。

藏语里，"玉树"意为"王朝遗址"或"部落遗风"，这个名字的由来出自藏族著名的长篇吟唱英雄史诗《格萨尔王》，所谓王朝或者部落，即是指格萨尔王创立的岭王国。相传，格萨尔出生在四川德格的阿须乡，早年曾到青海黄河源区生活多年，格萨尔王的王妃珠姆的家乡就在玉树州的治多县，治多县至今仍有许多地名、

牦牛在藏族人生活中扮演着重要的角色，他们敬拜这些给他们带来鲜奶和肉的动物，故而编织神话加以赞颂。

康巴汉子。

河流名称、遗迹等，在《格萨尔王》中都有实指性的记述。古代，玉树人被称为"嘎哇"，《格萨尔王》中，玉树被称为"嘎哇六部族"。玉树许多地名或人名前也常冠以"嘎"字，沿袭了格萨尔王王妃珠姆家族的族姓"嘎"。

人文·三江源自然保护区

▶▶ 三江源自然保护区面积36.3万平方公里，区域最低海拔约3 335米，最高海拔6 564米，平均海拔4 000多米，是中国最大的一块高原自然保护区，基本涵盖整个青南高原区域。

三江源区位于昆仑山及其支脉可可西里山、巴颜喀拉山、阿尼玛卿山、唐古拉山等众多雪山环绕的一块高原低地上。这里有河流、湖泊、沼泽、雪山、冰川等多种湿地的类型。

世界范围内，湿地、森林和海洋并称为全球三

三江源自然保护区。

通天河。藏语里，通天河叫作“珠曲”，意思是“神牛奶之水”。

大生态系统。湿地生态系统在水源涵养、减缓径流、蓄洪防旱、降解污染、调节气候、维持生物多样性方面，有着其他生态系统不可替代的作用，它们因此被誉为“地球之肾”。三江源地区的湿地系统形成了黄河总水量的49%、长江总水量的25%、澜沧江总水量的15%，是名副其实的“中华水塔”。

三江源区所处的地理位置和独特的地貌特征，也使它具有了丰富的生态多样性、物种多样性、基因多样性、遗传多样性和自然景观的多样性。三江源严酷的高寒环境构成了独特的生命繁衍区，许多生物至此已达到边缘分布和极限分布，成为珍贵的种质资源和高原基因库。

景点·自然天成话神话

通天河·神牛奶水之河

▶▶ 长江发源自唐古拉山深处各拉丹东峰西南的姜古迪如冰川。之后，汇聚成沱沱河一路向东，在玉树曲麻莱境内接纳楚玛尔河，形成通天河。通天河是玉树的“母亲河”。它滋养了这块高原腹地，带给它富饶和秀丽，带给世代居住在这里的民众绵延不绝的生活。

藏语里，通天河叫作“珠曲”，意思是“神牛奶之水”。相传，远古时候，玉树草原是一个牧草肥美、牛羊遍地的地方，人们在这里过着天堂般的幸福生活。这情景被天上的天神看见了，他妒忌地想：这还了得，这里竟胜过我住的地方！于是天神派一头神牛下凡，限它三天内啃光草原上的牧草、踏平苍绿的青山，把玉树变为一个不毛之地。

神牛从天上来到玉树，受到好客的康巴人的热情款待。神牛深受感动，不但没有破坏草原，还替草原人耕地拉犁，自己也不愿再回到天庭。天神听闻大怒，降天火于玉树。神牛为了拯救草原生灵，爬到一座雪山上，大吼三声，从两侧鼻孔中喷出两股洁白的奶水。奶水浇灭了天火，使草原重现绿色，变得更加美丽。天神愤然施法，将神牛变为了石头。

神牛从此就留在了玉树，成为保佑玉树的一座神山。神山石缝中有清澈晶莹的泉水涌出，日夜不断，汇聚成现在的通天河。

这个神话让人有几点联想：一、通天河地势高拔险峻，犹如从高耸入云的山巅自天而降；二、藏系野牦牛是生活在青藏高原海拔最高的动物，这一点藏族人很早就注意到了；三、玉树地区历史上曾发生过巨大的自燃山火或草原火，在当时造成灾难；四、神牛留在人间的故事折射出了古代高原先民驯化野生动物的曲折经历；五、牦牛在藏族人生活中扮演着重要的角色，他们敬拜这些给他们带来鲜奶和肉的动物，故而编织神话加以赞颂。

神话是一个民族在童年时期创造的珍贵精神产品，它们是这个民族历史的“元文化”。藏族又是一个极富想象力和神性崇拜的民族，他们把无数智慧和热情都用在了创造神话上。

了解藏族神话传说，是走进这个民族神奇历史文化的“秘密法门”。

藏系野牦牛是生活在青藏高原上海拔最高的动物，它们在藏族人的生活中扮演着重要角色，受到人们世代敬拜。

晒经石·残迹不全应是全

►► 在距结古镇约30公里的通天河南侧岸边，有一块巨大的磐石，石面漆黑如墨，上面隐约有墨色字迹，巨石旁边有数棵古柏，枝桠上挂满经幡，相传这就是《西游记》里记载的晒经石。话说唐僧师徒四人去西天取经，途经通天河时遇水受阻，幸好河里的千年老鼋将唐僧一行驮浮过去。唐僧感谢老鼋的相助，老鼋连说不谢，但就恳请唐僧到了西天以后，替自己向佛祖问一问此生的寿数。唐僧想这事不难，便满口答应下来，师徒一行继续西行。

传说中的晒经石。

把背包和鞋子也放在晒经石旁，其实每一个人生都如同西天取经，要经历磨难、体悟修行。

谁知道，唐僧到了西天后忙于求经，竟把老鼋嘱托的事忘到了脑后。这一日，唐僧师徒四人由西天东返又来到通天河畔，老鼋翘首以盼，早就等候在河边。见到故人双方都很高兴，老鼋驮着唐僧向河对岸游去。途中，老鼋就问唐僧："佛祖有没有说我寿数到底有多少？"唐僧这才想起自己竟然失信食言，慌忙向老鼋道歉。这可把老鼋给气着了，一下子将唐僧师徒四人掀进滔滔的通天河里，幸亏孙悟空奋力救难，才保住了师父一条性命。

唐僧手忙脚乱爬上岸来，发现所携带的经卷箱子都已被打湿，连忙命令徒弟们取出经卷在石头上摊开晾晒。等经文晒干收起时，猪八戒不慎把《佛本行经》的经尾给沾破了。唐僧懊悔不迭，直说自己怠慢了。倒是孙悟空豁达通透，劝慰师父："盖天地不全。这经原是全的，今沾破了，乃是应不全之奥妙也。岂人力所能与耶！"

所以，在浩如烟海的佛经经卷中，只有《佛本行经》至今残缺不全，而大磐石上却字迹犹存。

隆宝滩·黑颈鹤的天堂

►► 黑颈鹤是国家一级保护动物，青海的"省鸟"，我国特有的珍稀鸟类之一。青海玉树的隆宝滩，是黑颈鹤最大的自然栖息地。

隆宝滩自然保护区是一块长10公里、宽3公里的高原沼泽草甸，海拔4 200米。这里有许多纵横迂回的溪流、星罗棋布的沼池，将草滩分割成无数大大小小的"绿岛"。"绿岛"上生长着茂盛的水草，周围的沼池溪流中生长有许多高原鱼类，独特的自然条件和生态环境，为鸟类的栖息创造了良好的条件，吸引了黑颈鹤、斑头雁、棕头鸥、白天鹅等许多珍稀候鸟，于每年春夏之际迁徙到这里繁衍后代。

黑颈鹤是鹤类中极为珍贵的品种，由于它们生活在严酷的自然条件下，幼鸟的死亡率很高，目前野生种群的数量十分稀少，《国际鸟类红皮书》和《濒危物种公约》都把它列为急需挽救的濒危物种。黑颈鹤身体纤瘦、体态优美、气质高雅，头顶有发丝状黑色稀疏短羽，露出朱红色的皮肤，颇似丹顶鹤。不同之处是其颈项上端三分之一为黑色，故由此得名。

每年的三四月份，黑颈鹤由云贵高原来到玉树隆宝滩，在这里垒窝产卵育儿，到10月份天气寒冷后，便携带雏鸟一同返回云贵高原过冬。黑颈鹤品行高洁、尊贵，它们每年结伴迁徙来隆宝滩时，都去自己固定的居住点。雌雄双鸟也相依相伴终生厮守，一旦配偶不幸在这里死去，另一只就不再迁徙到别处，而是守在失去配偶的地方，哀婉鸣叫直至饿死、冻死或被兽类吃掉。

藏族人十分崇敬黑颈鹤，传说它是格萨尔王王妃珠姆的“寄魂鸟”。每当珠姆遇到危难，总能得到这种仙鹤的庇护和解救。康巴民歌颂扬黑颈鹤为“三长鸟”，赞它们是“飞上蓝天的长翅鸟，降落地面的长腿鸟，寻觅食物的长嘴鸟”。

高原上的黑颈鹤。

隆宝滩。相传，隆宝滩的隆宝湖是格萨尔王王妃珠姆的“生命湖”，黑颈鹤是她的“寄魂鸟”。

DIGITAL
Canon

民间·藏地谚语

▶▶ 藏族谚语是藏地特别富有地域和民族特色的一种文化形式，是雪域大地历史的缩影、藏民族智慧的结晶和语言的舍利。透过它们，你可以最直接生动地触摸到藏民族生活和思想的细节，而细节是最感人的。

藏族谚语大多与日常生活有关，最多的是对生活经验和生存哲理的总结，如："大地虽用鲜花装扮，人还是靠五谷养活。""享福时羊羔皮还嫌扎身，受穷时山羊皮也觉暖和。""即使雪山是糌粑，一次也只能吃一碗。"还有对人生境遇的精辟见解："人不知幸福，骑在马背上也会叹息；人不知悲痛，压在重负下也会唱歌。""最温暖在阳光底下，最欢乐在父母膝下。""在家的女儿想出嫁，出嫁的女儿想娘家。""初遇小悲的人泪水多，久经大悲的人叹息多。"读起来都很深入浅出、耐人寻味。

藏族是一个善良、热情、珍惜友谊、懂得友爱与共生的民族，他们的谚语中有很多这样的教导，例如："一根木杆支不起帐篷，一块牛粪烧不开茶水。""自己有胆量不要在别人面前炫耀，别人有缺陷不要在众人面前揭短。""想把人推入河里，自己也得到河边。""油灯不照油灯底，自己不见自己错。""品尝美酒，须有吉祥的祝福；否则同畜牲饮水一样。"说的都至情至理。

在藏族人的价值追求中，有两个特别重要的关键词:一个是"英雄"，一个是"智慧"。英雄和智者是藏地人最为看重的形象，也是他们的谚语最热衷于歌颂和赞美的。他们说："英雄幸存在拼死的血战中，懦夫丧命于逃跑的道路上。""渴死不饮泥塘水，那是野牛的品格；饿死不吃泥滩草，那是野马的品格；至死不在敌人面前淌泪，那是英雄的品格。""英雄的胆量不为死亡所惧，智者的敏锐不为学识所窘。""智者遇事勤思多问，愚人遇事不懂装懂。""没套嚼子的马嘴巴大，没有学问的人口气大。"

"财富"和"诚信"是藏族人常常提到的另外两个词汇。在藏地这样有着严酷自然条件的地方，财富是生存的基本条件。正因为如此，藏族人更加注重培养正确的财富观，他们说："富裕时要懂得节俭，贫穷时也不要太吝啬。""吝啬者的财富如鼻孔里的毛，拔一根就会泪如泉涌。"相对于物质积累，藏族人把"诚信"看作最珍贵的"财富"。他们深知，这种品质才是身处高原的人们能够生存下去的最根本保障。所以，藏族人非常讲究诚信，唾弃搬弄是非、背后说人坏话的人，用各种比喻方式警诫人们："豺狼吃肉，骗子食言。""嘴和手闯下的祸，不得不用头和身去承担。""手中失落的石头可以捡回来，口中失落的话语难再追回。""食物传众人口越传越少，言语传众人口越传越多。""诚心的礼物不在大小，伤人的恶语不在多少。"

藏地的这些谚语，既正面积极、鞭辟入里，又生动丰富、朗朗上口。

在藏族人的价值追求中，"英雄"、"智慧"、"诚信"和"友情"，是最重要的几个关键词。

结古镇
族众兴旺的地方

一天，嘉那活佛来到新寨村，看见一道彩虹映现在前面的山坡上。他随即上到山顶，看到现在嘛呢城的地方显现出一座观世音菩萨的坛城。这时，一个牧羊的孩子拿来一小罐酸奶献给嘉那活佛。嘉那活佛认为这是一个吉祥的预兆，遂确信菩萨预言他弘法的圣地就在这里。

▶▶ 结古镇系玉树藏族自治州州府所在地，海拔 3 700 米。藏语里，"结古"是"族众兴旺"和"物资集散地"的意思。从这个名字上，既能看出结古镇曾经在古代唐蕃古道上的重要位置，也能触摸到它曾经鲜活生动的人文历史。

结古镇全景。藏语里，"结古"即为"族众兴旺"和"物资集散地"的意思。

得救后，观世音菩萨来到众佛菩萨面前，毅然再次许下大愿：发誓要度尽六道轮回里的一切有情，如若不然，绝不成佛！

往事·一代藏王 千秋赞普

▶▶ 吐蕃王朝是藏族历史上最繁盛的时期。今天，西藏在世界上的通用名称“Tibet”，最初就来源于“吐蕃”一词。回溯吐蕃时代，我们必然要以崇敬和神往的心情膜拜“松赞干布”这个历史人物。

松赞干布是藏族历史上最伟大的一位赞普。藏语里，“松赞干布”的意思是“深沉宽厚而又杰出能干的男子”。关于松赞干布的功绩和传奇，至今仍在雪域大地上流传。

松赞干布大约出生于公元617年。这是不很确定的年份，因为当时吐蕃还没有文字，缺乏记录工具。松赞干布从小受到良好的家庭教育和严格的训练，成为精通骑射、角力、击剑，又爱好民歌、善于吟诗的文武双全的王子。

公元629年，松赞干布的父亲囊日松赞为属下叛臣毒杀。其他部族或举兵叛变，或乘势入侵，纷纷向吐蕃逼迫发难。松赞干布临危继位，成为吐蕃第三十二代赞普。松赞干布英勇无畏、沉稳果敢，以强硬手段镇压了叛乱，尽杀投毒者。经过三年征战，松赞干布稳定了局势，再次恢复了吐蕃的权力。

松赞干布登上历史舞台时，正值青藏高原从部落奴隶制社会向封建奴隶制社会发展转型的重要时期，雪域藏地一时风云际会、英雄辈出。公元632年，松赞干布率部众走出雅砻河谷，渡过雅鲁藏布江，将都城从山南的泽当迁到拉萨河畔的逻些（今拉萨）。

在红山顶上，松赞干布修建了红山宫殿，那是布达拉宫的雏形。站在红山之巅，松赞干布像一只骁勇沉稳的雄鹰，敛翅而立向北眺望。迎着高原凛冽强劲的风，整个青藏尽收眼底。年轻的吐蕃王壮志凌云，那一刻，他相信自己将成为这块世界上最高的高原大地的主宰者。

之后，松赞干布继续横戈跃马、东征西讨，先后兼并了苏毗和羊同。又将位于今天青海东南部和四川西北地区的党项族和位于今甘肃、青海等地的吐谷浑族先后征服。至此，松赞干布统一了青藏高原，在广袤辽阔的雪域大地上建立起一个前所未有的、强大的吐蕃王朝。

松赞干布对藏民族的贡献是划时代的。松赞干布最大的历史功绩是

藏地壁画：松赞干布和红山宫。松赞干布统一青藏高原，在广袤辽阔的雪域大地上建立起了前所未有的、强大的吐蕃王朝。红山宫是布达拉宫的雏形。

松赞干布塑像，相传为公元7世纪吐蕃时代的作品。你仔细看可以发现，松赞干布的脸上似乎坑坑洼洼颇不光滑。那不是造像工匠的技术不好，而是后世信徒不断供奉的纯金贴到松赞干布身上所致。

十一面观音像。在藏传佛教的理念中，藏地是大慈大悲的观世音菩萨的度化地，他是雪域众生的守护神。

统一了青藏高原，奠定了藏民族和藏文化的基本版图。再有，松赞干布在吐蕃建起当时先进的封建奴隶制社会，大大推动了藏地历史的进步。松赞干布致力于发展经济，他改进耕作方法、制定度量衡、创制文字，还派贵族子弟到外国留学，从四邻八邦引进先进文化，使吐蕃社会得到空前发展。同时，也将佛教引入了藏地。

因为松赞干布的伟大功绩和无可比拟的人格魅力，被视为雪域度化菩萨观世音的化身，与之后的赞普赤松德赞和赤祖德赞并称“吐蕃三大法王”。

人文·首裂千瓣的菩萨

►► 藏族人特别重视对观世音菩萨的信仰。在藏传佛教的理念中，佛教流行区域都有某位佛或菩萨调伏、度化。印度是由佛陀亲自调伏；乌仗那国由金刚手调伏；香巴拉国由愤怒明王菩萨调伏；汉地由文殊菩萨调伏；而雪域藏地，则是大慈大悲的观世音菩萨的度化之地。

相传，远古时代，一天圣者观世音菩萨巡游来到南瞻部洲。在喜马拉雅山顶上，观世音菩萨面朝北方，通过日夜六时的观察，他发现雪域高原是世界上最蛮荒的一个地方。这里佛陀未曾到过，佛光未曾照耀，茫茫大地如同地狱铁桶一般，没有佛法、没有人类，众生还够不上教化的对象。菩萨于是度化了一只猕猴，那只猴子后来与罗刹女结合，他们的后代便是藏族最早的祖先、藏地最初的人类。

后来，观世音菩萨又来到雪域。菩萨发现，三界六道的众生仍然愚痴为性、顽固难教。菩萨见状十分难过，萌生大慈悲心，遂发愿超度雪域众生脱离苦海，如若不能，就让自己“首裂千瓣”！

佛菩萨发愿都是很认真的，没有戏言。

这样，又过了很多世代，观世音菩萨再次来到藏地。菩萨看到这里的众生非但没有得到解脱，恶趣道中反而又添了许多畜生、饿鬼，地狱里的生灵比以前更加拥挤，它们呼天抢地、挣扎哭嚎、倍受煎熬。菩萨一时有些灰心。就在这一刹那，观世音菩萨之前立下的誓言立即应验，他整个身体轰地粉身碎骨、裂成千瓣。观世音菩萨疼得大叫，痛苦难忍，急急向上师阿弥陀佛求救。阿弥陀佛爱惜弟子，为他施法加持，将观世音菩萨变为千手千眼菩萨。

得救后，观世音菩萨感慨万端，他来到众佛菩萨面前，毅然再次许下大愿：发誓要度尽六道轮回里的一切有情，如若不然，绝不成佛！

这是一个后果十分严重的承诺！原本，菩萨和佛只有一步之遥，“菩萨”是梵文“菩提萨陀”的简称，意为“求觉悟之人”，是对成道以前的佛陀的称呼。观世音的一句誓言，竟改变了菩萨们的命运。据此，大乘佛教将菩萨重新定义为：“具足自利利他大愿，求大菩提，利有情者。”菩萨以运载无量众生从生死大河之此岸到达菩提涅槃的彼岸为已任，上求佛道、下化众生，把深入世间、救苦救难、普度一切有情作为自己成佛的“前提条件”。

这种寓自我解脱于普度众生中的践行，就是被人们称道的“菩萨行”。

景点・行行处处的虔诚

嘉那嘛呢城・天下第一城

▶▶ 结古镇拥有一项“吉尼斯世界纪录”：世界上最大的一座嘛呢石刻城。嘉那嘛呢城在结古镇东 9 公里的新寨村，由结古寺的创建人之一——第一世嘉那活佛创建。

嘉那活佛是西藏昌都人，少时剃度出家，后来去拉萨、印度等佛教圣地朝圣和求法，也曾到过中国内地，在五台山和峨眉山修行长达 20 多年，对汉文化十分熟悉。一次，嘉那活佛在观想中见到观世音菩萨显身，观世音菩萨告诉他：

“你的弘法事业在金水河畔一个埋有嘛呢圣石的地方。”

嘉那活佛于是结束在内地的云游修行，回到藏地。嘉那活佛走到玉树时正值夏天，通天河汹涌澎湃、河面宽阔，在太阳底下金光闪闪。嘉那活佛相信这便是观世音菩萨指示给他的弘法之地，便驻留下来，在附近的地方寻找菩萨预言的圣地的具体位置。

一天，嘉那活佛来到新寨村，看见一道彩虹映现在前面的山坡上。他随即上到山顶，看到现在嘛呢城的地方显现出一座观世音菩萨的坛城 D。这时，一个牧羊的孩子拿来一小罐酸奶献给嘉那活佛。嘉那活佛认为这是一个吉祥的预兆，遂确信菩萨预言他弘法的圣地就在这里。

于是，嘉那活佛在山上盖了一间房子，在里面进行了长达 25 年的闭关修行。25 年后，嘉那活佛从封闭的密室中走出。他已练成无上密法，用瑜伽功从山上飞到新寨村当年显现观世音菩萨坛城的地方，指导村民从地下挖出了菩萨预言的一块刻着六字真言 D 的自显嘛呢石。

当人们把这块嘛呢石供放在祭台上，天上雷声隆隆、花雨纷纷，接着彩虹当空、祥瑞纷呈。新寨村的男女老少喜悦之极，情不自禁地载歌载舞。嘉那活佛也很高兴，他以朦胧的妙意，如醉如幻、庄严起舞，即兴创编了 100 多种舞蹈。当地人称这些舞蹈为“多顶求卓”，它们就是闻名遐迩的“玉树卓舞”的起源。

坛城：美妙的曼荼罗 D

梵语称“曼荼罗”，藏语称“吉廓”，意思是“坛”或“坛场”。早期的坛城是古代印度高僧进行密宗修法时，为防止魔众侵入，在修法场地筑起一道圆形或方形的土台，后来被佛教密宗引用。在藏传佛教密宗仪轨中，坛城是本尊佛土的构成结构，也包含着宇宙构成的结构。坛城的作用是聚福、消灾、观修，因本尊不同，佛土不同，故而有各种各样的坛城。

六字真言：菩萨求来的密咒 D

“六字真言”音译“嗡、嘛、呢、叭、咪、吽”，为观世音菩萨的根本咒，是观世音菩萨以无限大慈悲心从五方佛土为六道众生请来的无上密咒，简称“嘛呢”。

藏传佛教把六字真言视为佛法经典之本，认为常诵此咒具有脱度六道众生、破除六种烦恼、修六般若行、获得六种佛身、生六种智慧的无量功德。信众则把六字真言作为完满功德、祛病避灾、驱逐烦恼、净化心灵、关闭六道大门，死后往生佛国净土永不坠入六道苦海的途径。

嘉那嘛呢城。

嘉那嘛呢城入口处巨大的转经筒。

这一天是公元1715年12月8日。以后，这天成了嘉那嘛呢城的节日，称为“嘉那帮群”。

之后，嘉那活佛以刻凿嘛呢石度过了他的余生，最后圆寂在新寨村。

藏族信徒为了纪念大师，积累福德，在300年间持续不断地刻凿嘛呢石，遂形成后来的嘉那嘛呢城。解放初期，嘉那嘛呢城形成东西长450米、南北宽100米、高3米的巨大规模，有六字真言石刻23亿块，以及石刻的长寿经、普贤经、度母经、莲花生去难经、白伞经、忏悔经、解脱经等几百种经文和大藏经《甘珠尔》两套，共约25亿块嘛呢石。

每天络绎不绝围着嘛呢城转经的信徒。

当年嘉那活佛从地下挖掘出的嘛呢石，上面有相传为自显的六字真言。

这些石刻经文出自不同年代和不同僧侣信众之手，经文字体和佛像神态风格各异，是一座举世无双的佛经石刻艺术图书馆，堪称“世界第一大嘛呢城”。

结古寺·花色高地的庄严

▶▶ 结古寺坐落在结古镇北面木塔梅玛山上，是全镇最高的建筑群。

结古寺藏语称“结古顿珠楞”，意为“众生义成大洲”。结古寺是青海最古老的寺院之一，公元前 1 世纪就已存在，最早是一座本教寺院，后几经改宗，于公元 1398 年由西藏高僧当钦哇·嘉昂喜饶坚赞将其建为萨迦派在青南地区的主寺。

结古寺。萨迦派寺院每一间房子的围墙上都涂有象征文殊菩萨、观世音菩萨和金刚手菩萨的红、白、蓝三色条纹的图案。

洛卓尼玛活佛说："藏传佛教各派别传承和修法虽有不同，但根都是一个，就像一棵树上生出的枝桠，它们彼此也无高下优劣之分。恰如藏地谚语：一块碗糖掰碎了哪一块都是甜的。"

萨迦派寺院每一间房子的围墙上都涂有象征文殊、观世音和金刚手菩萨的红、白、蓝三色条纹的图案，这使寺院远看上去非常醒目、壮观。历史上，结古寺以建筑宏伟、文物丰富、多出高僧而闻名。1937 年，九世班禅大师却吉尼玛返藏途中即在此驻留，后在这里圆寂。

结古寺的大经堂十分宏大，可以容纳 1 000 名僧侣。关于这间大经堂的选址，当地有一个传说：当年，萨迦派大堪布巴德秋君到结古镇准备修建一座经堂，碰巧遇见住在这里的一户牧民家的老阿妈正在挤牛奶。巴德秋君问老阿妈奶子多不多，阿妈回答："义成奶桶，奶如大海。"巴德秋君认为这是一个吉祥的预言，遂决定在此修建经堂。

大经堂左右两侧的墙壁上绘有金粉壁画，描述了释迦牟尼解脱成佛的十二形状图。经堂前面的供台上，供奉着观世音菩萨、文殊菩萨、金刚手菩萨、莲花生大师和萨迦五祖像。

藏传佛教寺院都有自己的佛堂，供奉着该寺信奉的主要佛菩萨以及护法神等。佛堂一般在大经堂的里间，比大经堂高出一些，两侧有木梯连接上下。佛堂建得比经堂高，意为供奉的神们高高在上、居于天界，而木梯是最早的吐蕃赞普从天上下凡人间时的交通工具，人们也希望通过它和上天沟通。

结古寺佛堂正中央供奉着铜制镀金的释迦牟尼三师徒，左边是过去佛燃灯佛，右边是未来佛弥勒佛。佛经上讲，释迦牟尼完成大转法轮的使命后，将由弥勒佛再次振兴佛教、弘扬佛法，引领众生脱度苦海。

禅古寺·万僧之寺的辉煌

►► 禅古寺是藏地噶举派的一座著名寺院，公元 1160 年由噶玛噶举派创始人都松钦巴亲手创建。相传，禅古寺的建寺地点是阿弥陀佛和龙树菩萨化现加持过的“胜乐金刚净土”，在他们化境再现的地方还挖出了胜乐金刚的伏藏[D]坛城，后来在那里建有闭关[D]修行中心，据说非常有加持力。

历史上，禅古寺极盛时有僧伽 10 000 多名，故又名“万僧之寺”，著名的文成公主庙也归禅古寺管理。禅古寺有两点特别之处：一是它的经堂中采用了现代的电光源替代传统酥油灯照明，使得整个经堂金碧辉煌、宛若仙境。寺院在布置光源时非常用心，对佛像多用底光和背光，放在神龛案几上的供灯是包在莲花形的灯座里，既营造了宏伟庄严的气氛，又没有现代工业的那种粗鲁与浮躁。二是禅古寺在其大经堂的二楼上建有四间佛堂，分别供奉着藏传佛教宁玛派、噶举派、萨迦派和格鲁派四大教派的开派祖师、传承大师、本尊及护法。二楼原本应该是活佛的寝殿，禅古寺主持洛卓尼玛活佛主动提出将自己的寝殿改建为佛堂。洛卓尼玛活佛说：“藏传佛教各派别传承和修法虽有不同，但根都是一个，就像一棵树上生出的枝桠，它们彼此也无高下优劣之分。恰如藏地谚语：一块碗糖，

伏藏：时光的守护者[D]

相传，莲花生大师在西藏传法时，曾嘱咐他的门徒将许多密宗典籍埋藏到山郊野外比较隐蔽的地方，后人称之为“伏藏”。同时，莲花生大师又把一些瑜伽功夫传授给他的若干弟子，以便在以后适当的时候，把这些埋藏的经典取出来，这被称为“掘藏”。另有一种伏藏称为“识藏”。“识藏”是指某种经典或咒文由某个本尊、神祇或贤哲将其授藏在某人的意识深处，以免失传。当有了再传条件时，在某种神秘的启示下，被授藏的人又能将经文诵出或记录下来。传承“识藏”的人可能是宗教师，也可能是目不识丁的普通人。他可能在这一代完成“掘藏”，也可能经过转世几代人以后。藏传佛教还有一种“圣物伏藏”，即埋藏起来的神圣法器、圣贤大德的遗物、唐卡画像等。伏藏是藏传佛教尤其是宁玛派的一种特殊的宗教现象。此外，藏地原始宗教本教中也有伏藏传统。

洛卓尼玛活佛在他的寺院里为藏传佛教四大教派都建了佛堂，他还希望将佛教南传、汉传、藏传三大支系都予以供奉。活佛说，就像藏地的谚语：“一块碗糖，掰碎了哪一块都是甜的。”

禅古寺大经堂里的千佛阁。

掰碎了哪一块都是甜的。”洛卓尼玛活佛的这一做法在藏地产生影响，已经有好几座新修缮的寺院予以仿效。

在经堂的三楼，洛卓尼玛活佛另外预留了三间房子。他说想要为佛教南传、汉传、藏传三大支系各修建一座佛堂。藏传佛教的佛像寺院里原本就有，汉传佛教的佛像也已从山西五台山迎请了过来，现在只差南传佛教的佛像没有到位。洛卓尼玛活佛并不急，他说一切随缘，相信不久的将来，佛教的全部体系都将在禅古寺里面得到供奉。

闭关：幽闭的冥想

闭关是藏传佛教的一种修行仪式。一般要求身居密室或深山岩洞，断绝与外界的往来，清净六根，集中精力观想、诵经和修持瑜伽，以期获得成就。禅古寺的闭关中心建在半山上。闭关室基本上是一个三四平方米大的房间，正对房门有一个佛台，供奉着闭关要修的佛神，前面有一块可以磕长头的空地。门旁边的角落里是一个类似木箱子的法座，修持者白天就坐在这里诵经，夜晚睡觉也不能躺下，依旧需跏趺而坐。闭关依时间长短，有7日至21日的“日关”，1个月至五六个月不等的“月关”，1年至3年的“年关”，也有发大愿的修行者会闭关更长时间甚至终生。闭关依环境分，有在不见天光的暗室中修行的“黑关”和在露天阳光下修行的“白关”；有室内修行的“内关”和在野外山林旷野上修行的“外关”等。

古素赛麻佛塔·沙中佛塔

▶▶ 勒巴沟位于结古镇东32公里通天河西岸的群山间，是一条长约8公里的峡谷，藏语意为“美丽的沟”。勒巴沟为典型的高海拔垂直立体自然景观，蓝天背景下是挺拔的冰峰雪岭，中间生长着茂密林带，山下是低矮灌木和野花烂漫，山涧清泉从林间倾泻而下，很远就听得到流水声。相传当年，文成公主随松赞干布从黄河源进入玉树，被这里的美丽风光迷住，遂安营扎寨，在沟口河边亲自督建了一座佛塔，藏语叫“古素赛麻”，即“沙中佛塔”。

藏传佛教是藏文化最显著的特色，而佛教传入藏地与松赞干布迎娶尼泊尔尺尊公主和汉唐文成公主密切相关；历史上，人们也把尺尊公主和文成公主进藏时分别带来的两尊释迦牟尼等身像作为佛教正式传入藏地的标志，唐蕃古道因而又被藏族人恭敬地称作“迎佛路”。在佛教的传统仪轨中，佛塔是佛教重要的法物标志，文成公主留在勒巴沟的佛塔，可算藏地本土最早修建的神圣法物之一。

1 300 年来，古塔一直巍然屹立在那里，尽管岁月已将其风蚀。

古素赛麻佛塔。在佛教的传统仪轨中，佛塔是最重要的法物标志之一。古素赛麻佛塔可算藏地最早修建的神圣法物之一，千百年来为世代信徒膜拜。

松赞干布礼佛图·盛唐造像风

▶▶ 从“古素赛麻”往沟里走不远，有一处古铜色的裸露崖壁，上面是一幅阴线石刻的“礼佛图”，据说也是当年文成公主进藏时留下的遗迹。

“礼佛图”上，释迦牟尼祖上身立于仰莲座上，左手置胸前持一莲花，右手结施与愿印，身后有圆形火焰纹项光和拱形火焰纹龛门，上面刻有华盖。佛祖右手边刻有四个朝佛的人，依次是文成公主的侍童、松赞干布、文成公主和文成公主的侍女。松赞干布头戴吐蕃时期的塔式缠头，宽袍大袖，双手捧一只供奉用的钵碗。文成公主身披无领裘皮大氅，手捧莲花。四人神情肃穆、恭敬，显示对佛祖的无比虔诚。佛祖的脚下，刻有老虎、豹子、大象、鹿等动物,其意为六道众生齐来聆听佛祖讲经度化。“礼佛图”属盛唐雕刻造像风格，图中人物丰满、神态安详，各自地位以高矮大小相区别：释迦牟尼像高 3.4 米，松赞干布像高 1.5 米，文成公主像高 1.3 米，她身后的侍女像高 0.9 米。

在礼佛图左侧不远处，一块青色石壁上雕刻有一幅“三世佛图”。画面中心为释迦牟尼像，手结转法轮印，半跏趺坐在双层仰莲狮座上。释迦牟尼左右两侧跏趺坐的是过去佛和未来佛，过去佛已经残毁。画面上部有四个合十交脚菩萨像，画面左下方为四个双手合十的牛头人身或人头蛇身像，是为天龙八部中的诸天。佛图右下方有一些古藏文刻字，据此可判断石刻也是一件吐蕃时期的作品。

松赞干布礼佛图。松赞干布头戴吐蕃时期的塔式缠头，宽袍大袖，双手捧一只供奉用的钵碗。文成公主身披无领裘皮大氅，手捧莲花。两人神情肃穆、恭敬，显示出对佛祖的无比虔诚。

山嘛呢 水嘛呢·漫山遍野的虔诚

▶▶ 往勒巴沟里走大约两公里，便到了最精华的地段，它持续将近 5 公里。这里沟深崖高、景色幽深，谷底灌木林间有一条 10 余米宽的河。河中有许多巨石，大的有卡车大小，小的也有双臂环抱那么大，上面无一例外都凿有六字真言。有的石头嵌在河道

水嘛呢。流水奔腾不懈，冲击着河道里的嘛呢石，仿佛信徒们永不止歇的祈祷声。

中央，水流非常湍急，在周围形成旋涡，可它上面依然也刻着“嗡嘛呢叭咪吽”的字样，让人惊讶。河水从山上流下，落差很大，一路汹涌澎湃，在河床间的嘛呢石上激起层层浪花，声音非常响亮，仿佛不知疲倦地在诵经。

山林中间，据说一共有藏族信徒搭建的108座佛塔和108座嘛呢堆，它们和河里的水嘛呢一起已经让人啧啧称奇了，而举目四望，沟壑两侧的悬崖峭壁上刻满了六字真言和各种经文，漫山遍野。四周更有无数经幡，连天蔽日，仿佛覆盖了整个世界。

勒巴沟是一条切得很深的峡谷，最高处达三四百米，两侧山崖壁立千仞，有的地方甚至向里倾斜，角度小于90度。在这样的峭壁上不要说凿石刻字，单单攀登上去怕都是不可能的，这些石刻是怎样刻上去的呢？之前有一种说法，是讲冬天里人们将牛粪粘在崖壁上，寒冷天气将牛粪冻硬，刻字的人顺着“牛粪梯子”爬上去。至于石壁上的刻字则事先刻在牛皮上，夜晚以酥油灯投影的办法放大到峭壁上，再进行凿刻的。

我对此颇为怀疑。勒巴沟这么陡峭的崖壁，就是世界顶级攀岩高手来也必须手脚并用才可以，他哪儿还有多余的手去刻字呢！用牛皮投影也根本不可能，又不是演皮影戏，要照到那么高的山崖上，那得多大“瓦数”的酥油灯啊。后来我询问了当地的一位朋友，他笑称“牛粪梯子”之说大概是演义，有一种可能的解释：即当年信徒用牛皮绳子捆住工匠，把人从山崖顶上放下来进行凿刻的。可是，看着那直插天际的山崖，也令人难以想象——那得要多长的牛皮绳子啊！

在藏地，人们更愿意相信：这漫山遍野的嘛呢石刻，是佛祖感动于松赞干布和文成公主的敬佛之心，令鬼斧神工在一夜之间凿成的，为的是保佑雪域藏地的众生百姓。

文成公主庙·大日如来像

▶▶ 文成公主庙坐落在贝纳沟里，藏语意为“十万佛经沟”。

相传，文成公主远嫁吐蕃路过这里时，被玉树民众的热情好客所感动，为答谢藏族人民和神灵的深情厚谊，她亲自设计、督率工匠艺人雕塑了各种佛像、佛塔和石刻数十处。文成公主庙内的崖壁浮雕佛像就是当时雕凿的，是藏地最早的佛教浮雕像。

文成公主庙外表共分三层，内部实为一堂。浮雕佛像一共九尊。居于中央的是大日如来佛，藏语叫“那巴囊则拉康”，梵语为“摩诃毗卢遮那”。佛经上说，大日如来佛用自己的智慧之光遍照一切处，能使三千世界永放光明、开发众生之善根，是集万佛于一身的佛，至高至尊、无与伦比。

大日如来藏语称“那巴囊则拉康”，梵语为“摩诃毗卢遮那”，其用自己的智慧之光遍照一切处，能使三千世界永放光明、开发众生之善根，是集万佛于一身的佛，至高至尊、无与伦比。

文成公主雕刻的大日如来像高约 7.3 米，头戴朝冠，两耳佩有垂至两腮的金环，身着唐代盛装，手施禅定印，结跏趺端坐在双雪狮莲花宝座上，仪态端庄娴静、慈悲安详。佛像头顶上方刻有梵文六字真言，头顶后部嵌有象征“光明普照、佛慧无量”的五彩光环。在主佛像的两侧，分别是释迦牟尼的八大弟子，各约 4 米高。他们姿态各异、形象逼真、栩栩如生。整个石雕佛像因山就势、布局精巧、结构奇妙，浮雕形象体态丰满、容貌秀美、神形兼备，有强烈的立体感，体现了盛唐时代高超的雕刻艺术和吐蕃早期的绘画风格。

文成公主庙里，一个添灯的小喇嘛。

佛像两边从上至下刻有三尺宽的藏式花边图案，再往外是两组大型壁画，画面内容是文成公主进藏经过勒巴沟时，山神砍树清道、龙王现身迎驾、当地头人和群众齐来欢迎的动人情景。佛像右侧的石壁上，刻有古藏文的发明者吞米·桑布扎撰写的“尕恰”，即“说明”。可惜岁月侵蚀，字迹已然模糊难辨。

当年文成公主只刻下大日如来等九尊佛像和石刻壁画，这座庙宇是 70 年后的公元 710 年，唐蕃第二次联姻，大唐金城公主远嫁吐蕃王赤德祖赞，路过此地看到姑祖文成公主雕凿的九尊佛像极为壮观，为公主之千秋功德不被风雨剥蚀，她令侍从工匠和当地匠人一道盖建了佛殿加以保护，因而得名“文成公主庙”。

民间·我的藏地版“保镖”

▶▶ 永登是一个典型的康巴汉子，土生土长的玉树人。我第一次去玉树时认识了永登，朋友请他来给我当司机。后来永登成了我在玉树的“保

贝纳沟里，蔓延的经幡。

永登特别爱吃肉，他浑身鼓鼓的，每一寸皮肤底下都是硬硬的肌肉。

镖”和翻译，直到我离开这个地方。

猛一看，永登长得特别吓人。永登特别黑，特别特别黑，又极壮实，哪里都厚厚的，像美国新奥尔良街头的非裔，以致好长时间里，我都不怎么敢仔细看他，看一眼就赶紧把目光移开。固然，藏族人都比较黑，这是高原紫外线辐射的结果；但像永登那么黑的藏族人，我以前还真没见过。永登黑黝黝的脸上闪着亮光，浑身鼓鼓的，每一寸皮肤底下都是硬硬的肌肉。——永登特别爱吃肉，我后来亲眼看见他闷不声响地一口气吃掉半条前腿的风干牛肉。

永登当过兵，在部队给领导开车。永登待人十分懂礼貌，体贴、周到，并且忠诚。永登心思缜密、举止得体，竟然从来没上过一天学，念过一天书，是一个理论意义上的“文盲”呢！虽然没有上过学，永登却是一个非常聪明、能干的人，在结古特别玩得转。永登在镇上的朋友很多，——只是，似乎“太多”了一些。我跟永登走在街上，他总是不停地停下来同人打招呼，用藏语唧唧咕咕地跟人交谈，每次都要我忍不住了催促，他才肯走。

之后永登会向我诚恳地解释，说这个人跟他是什么什么关系，那个人跟他是什么什么关系。给我的印象，似乎永登跟结古镇所有的人都有“关系”。

永登的老婆，我是在结古镇的集市上见到的，当时她穿着一条工装裤似的蓝色粗布孕妇服，怀孕 8 个月了，可我看那肚子至少已经 10 个月。我问永登的恋爱史，得知永登结婚前居然没见过女方一面。我难以置信，问永登:“你结婚前真的没见过你老婆吗?”——在内地我是不说“老婆”这个词的，觉得它有失文雅；但在藏地，这个词在我嘴里就变得特别亲切。永登说：“是的。”他说他当时在外地出车，母亲让他回来结婚，他就回来了。

说完，永登想了想，忽然又笑起来，说：“啊，我见过一面。就是结婚那天，她盖着头先进到我家，我在门旁边站着，这么一扭头看到了一点点，但是没有看清脸。”永登用手比画着，模拟当时的情景，和自己跟新娘错身而过时飞速回眸的动作。我被永登的神态逗得捧腹。你可以想象一个黝黑、粗壮得像美国新奥尔良非裔的康巴汉子，会因为在婚礼上意外提前窥见了自己的新娘，而至今难抑心中的窃喜与羞涩吗？永登美滋滋的笑容，让我觉得他是那样的可爱。

结古镇街上玩耍的孩子们，他们永远都是无忧无虑的。

结古镇街头烤土豆的摊子。玉树出产最好的土豆，高原的阳光和土壤滋养出这无比的美味。

永登又捧起脑袋，说："好像有一个哲学家说过：'没有朋友的人是多余的。'在这个世界上，没有朋友的人很可怜！"

说起内地，永登并不陌生。永登历数他去过的内地城市：上海、广州、武汉、青岛、兰州。我问永登去内地的感受，永登说去了内地以后他感觉自己有许多地方需要改进。我好笑永登煞有介事的语气，追问："那是什么呢？"

永登说："一个是我需要提高时间观念，另一个是要加强个人卫生。"

我看着永登开心地笑——但愿那笑容不会被永登误解，可我是真的从心里喜悦呢。

一天，永登来到我的住处，抱着脑袋坐在沙发上，闷闷不乐。在我的追问下，永登吐露说他遇到了一件麻烦事，让他十分头疼。我说："有什么事能难倒你呢，说出来听听吧，看我能不能帮到你。"

原来，永登认识的一位在内地定居的活佛想请永登过去给他开车，永登为此举棋不定。我问："活佛给的薪水多吗？"永登报出一个将近六位数的年薪。我很惊讶，说："那很好啊，很多耶！"永登说："钱不是问题的关键，我在玉树也挣得到这么多。"我说："那你犹豫的是什么呢？"

永登说："我老婆快生了。"我替永登着想，说："是啊，你老婆一个人在这儿，生活上会很难。"永登说："可是，我没有办法拒绝活佛。"我说："为什么呢，你可以告诉他实情啊。"永登愁苦地说："你不知道，那个活佛对我很好，他对我特别信任，专门派人来请我。"

我对活佛是否派人"专门"回来请永登这个细节有一点点怀疑，但藏族人对活佛的尊敬我是可以感知一二的，永登又是一个非常诚恳、重信义的人。我说："那么，你就跟活佛说过一段时间再去，等你老婆生了。"永登摇头，说："问题还不在这儿。"

集市上，卖康巴服饰的摊子。

我说："那问题到底在哪儿呢？"跟永登说话就是这样的，他常常有他的逻辑，你需要有耐心。

永登说："我去过内地，也很喜欢那里，但有一点我很清楚：我不能一辈子待在内地，我最终还得回到玉树来。"

我对永登的这一见解表示认同。"可是，"永登说，"等我老了回到玉树，我一个朋友都没有了。就算我有很多的钱，我的日子也会很难过。"我安慰他，说："你中间又不是不回来，你在这儿有很多朋友啊。"我想起在街上永登动不动就跟人攀谈说话的情形，不禁笑起来。永登却说："朋友是必须要交往的，必须要经常联络。你不能等你老了，等你需要朋友了，才去找人家。"

我无话可说，不得不承认永登的话有道理。永登又捧起脑袋，说："好像有一个哲学家说过：'没有朋友的人是多余的。'在这个世界上，没有朋友的人很可怜！"

我当时正坐在沙发上吃一碗泡面作为早餐，永登的话让我愣住了。我停下，打量着永登，说：“是一位哲学家说的吗，‘没有朋友的人是多余的’？”

“是的，”永登说，“是一位哲学家说的。”

我没有问永登是哪一位哲学家说的，——依照我一贯的好学精神，我是会问的，但这次我没有。我在想这位哲学家说的话和永登说的话。我想，我可能没有永登那么在意朋友，因为都市的生活不像藏地。藏地自然环境恶劣、生存条件差，朋友是很重要的；内地物质丰富，社会机构健全，人的生活相对独立。但我一样需要朋友，离开了朋友一样觉得孤独，可我不会像永登那样直白地表达我对朋友的需要，我从没有跟哪一个要好的朋友说过：

“你对我很重要，我真的很需要你！”

有时，我的确很想这样说。

我不好意思。我怕暴露了自己的软弱，让人瞧不起；我怕得不到想要的，反被笑话；我怕对方不愿意承担，觉得我麻烦。我即使需要，也只悄悄地、蹑手蹑脚地“偷”对方的友情，不让他（她）看出来，不让他（她）感到负担。总之，我从没有像永登这样坦率和情真意切，从没有像他这样恰如其分地表达过内心的想法。看着永登坐在沙发上愁眉苦脸的样子，我很为他感动。我说：

“永登，没有朋友的人真的很可怜吧？”

“是的，”永登瞪着他鼓鼓的大眼睛，认真地说：

“没有朋友的人很可怜！”

我以为，藏地“最大的”转经筒就是高原上一座座傲然挺拔的雪山，“最长的”廊经道就是藏族人每天切实的生活。

巴塘草原

玉树的美丽后花园

玉树赛马会的历史由来已久，可追溯到吐蕃时代。古代藏族人骁勇强悍、善骑好斗，赛马会集中了他们祭天敬神、选拔人才、竞技习武和昂扬士气等多项内容，是他们生活中非常重要的一件事。后来，佛教传入藏地，藏族人逐渐放弃了他们性格中强烈的尚武性情，传统的赛马会也由原先以实用功能为主，转向更多的娱乐和欢庆主题。

▶▶ 巴塘草原离结古镇19公里，是两座山脉中的一条平川，辽远广阔、景色壮丽，特别是春夏季节，这里绿草如茵、鲜花遍野，大地像铺上了一层厚厚的花毯。巴塘草原是玉树的“美丽后花园”，每到夏天，远近各地的人都聚集过来，他们在草原上扎下帐篷、狂欢歌舞，尽情享受这短暂而绚烂的美好时光。

往事·最后的吐蕃

▶▶ 在藏地的古老传说中，有这样一则故事：很久很久以前，有兄弟三人共修一座祈愿塔。塔修完后，三人发愿回向，长兄说：“我愿来世作雪域边地的国王，

巴塘草原上的赛马会。

造福众生。”二弟说：“那我就作戒修具洁的大德，去雪域弘扬佛法。”三弟说：“我愿作修密的大师，帮助兄长降伏魔神鬼怪。”

三兄弟身边有一头修塔驮运泥石的牛，它因为主人未替它祝福回向，心生怨恨，便恶毒地发愿：“将来你们在雪域弘法时，我将摧毁佛法！”

话音未落，突然从塔尖飞下一只乌鸦，它对牛说：“当你摧毁佛法时，我必将杀掉你！”

斗转星移、世代流转。后来，三兄弟中的长兄转世为藏王赤松德赞，二弟转世为高僧寂护，三弟转世为密宗大师莲花生。他们共同在吐蕃弘扬佛法，将佛教推向了一个历史的高峰。而那头牛呢，则转世为吐蕃第四十二代赞普朗·达玛。

吐蕃王朝从聂赤赞普缘天梯降世到朗·达玛被杀，一共传了四十二代，延续近1750年。

“朗”在藏语里是“牛”的意思，因为达玛出生时，头顶上一边长着一只牛角。就是这个长着牛角的赞普，在后来果然让佛教在雪域遭受灭顶之灾，并因此葬送了强大的吐蕃王国。

这是一则寓意颇深的故事。伴随着吐蕃王朝的强盛，佛教在松赞干布时期传入藏地，但在藏地落地生根还要经历一条艰难的道路。相传，松赞干布去世时留下遗言，称在自己的子孙后代中有个叫作“德”的王，将会把佛教真正植根于藏地。松赞干布预言的这个赞普，就是吐蕃第三十八代赞普，与松赞干布和其之后的赤祖德赞一起被称为“三大法王”的赤松德赞。

赤松德赞也是经过一番曲折才使佛教在吐蕃有了突飞猛进的发展。这期间出现了两位著名的佛教人物：一位是孟加拉王子、佛教大师寂护，另一位是乌仗那国人、密宗大师莲花生。他们在赤松德赞的扶持下，将佛教真正引入藏地，其标

一尊莲花形的法器。

志是吐蕃有了第一座自己的寺院和第一批剃度出家的本土僧侣。

但是，佛教与藏地本土宗教本教及其利益集团之间的矛盾依然激烈。经过几代赞普对佛教或支持或反对的较量之后，到了吐蕃最后一代赞普朗·达玛执政时，这个矛盾终于激化为一场灾难。

朗·达玛也称“达磨”，公元842～846年间执政。朗·达玛从小受养护人的熏陶而信奉本教，他即位后对佛教发起了残酷的灭绝运动。朗·达玛取消了昔日由吐蕃王室保护广大僧众的一切法令，强迫佛教僧侣还俗，逼迫他们去狩猎或者当屠夫，不从命者皆被杀戮。他还下令封闭所有寺院和佛殿，命人用泥巴抹在寺院的墙上，外面画上出家人饮酒作乐的图画，以此来戏弄和羞辱佛教徒。

朗·达玛的灭法运动，是藏传佛教史上一个具有划时代意义的历史事件。后来的史学家们以此为界，将藏传佛教史分为“前弘期”和“后弘期”两个时代。

朗·达玛是一个残暴的君王，最后被一个叫白吉多杰的佛教信徒杀死。据说这个白吉多杰不是别人，正是当年三兄弟修祈愿塔时，落在塔尖的那只乌鸦的转世。朗·达玛灭佛时，白吉多杰正在深山里的一个山洞中修行。修行结束后，白吉多杰走出山洞，看到一些佛教僧侣正在山上打猎。白吉多杰很错愕，问他们为什么不守戒规。被迫还俗的僧侣无不痛哭流涕，告诉白吉多杰在他闭关修行期间外面发生的事。

白吉多杰气愤得将自己的衣裳撕扯成一条条碎片，发誓要惩处这个对佛祖大逆不道的昏君。白吉多杰将僧侣们猎获的乌鸦羽毛贴在自己白色绵羊毛斗篷外面，又用炭灰涂抹他的一匹白马，他拿过僧侣们手中的弯弓和利箭，趁着夜色策马向

莲花生大师塑像。莲花生原名“白玛久乃”，因小时候母亲将其藏于一朵莲花中，后被一对国王夫妇发现，所以取名叫“莲花生”。

拉萨奔去。

这天早晨，白吉多杰来到拉萨大昭寺广场前。白吉多杰在唐蕃会盟碑前看到了一个人的背影，那正是他要找的朗·达玛。白吉多杰并不认识朗·达玛，但他多年修炼，法眼已开，看到了朗·达玛缠绕在头巾底下的牛角。白吉多杰搭箭上弓瞄准仇敌，大喝了一声。朗·达玛循声回头，白吉多杰手里的箭已经飞了出去。

朗·达玛被这突然的袭击惊呆了。他中箭倒地，吐血而死。

大昭寺广场一片大乱，白吉多杰趁机逃走。白吉多杰经过拉萨河时，河水冲掉了马匹身上的炭灰，王室捕手因而迷失了目标。等他们追到白吉多杰修行的山洞时，发现洞口散落着许多黑色的羽毛，白吉多杰已经不知去向。据说，刺杀了朗·达玛的白吉多杰后来又从康巴逃到了青海安多地区。

朗·达玛被刺杀后，吐蕃王族内部为继任赞普发生政治斗争，王室分离成几派，各自挟持年幼的王子以对抗。随后，吐谷浑、党项诸族趁乱脱离吐蕃举旗另张，各地爆发平民奴隶起义，国家陷入内战，地方割据、小邦林立。

藏地壁画：七觉士出家图。七觉士的出家标志着佛教正式在雪域大地扎下根基。

至此，曾经强大一时、威震东方的吐蕃王朝，就这样以摧枯拉朽之势分崩离析、不复存在了。

吐蕃王朝从聂赤赞普缘天梯降世到朗·达玛被杀，一共传了四十二代，延续近 1 750 年。

人文·玉树赛马会

▸▸ 玉树赛马会的历史由来已久，可追溯到吐蕃时代。古代藏族人骁勇强悍、善骑好斗，不仅往来征战于青藏高原，还有过东攻盛唐、南降毗邻、广拓疆域的辉煌历史，赛马会集中了他们祭天敬神、选拔人才、竞技习武和昂扬士气等多项内容，是他们生活中非常重要的一件事。当年文成公主进藏，在玉树停留休整，玉树民众为她举行了隆重的赛马会，据说连山神和龙王也都赶来参加了呢。

后来，佛教传入藏地，藏族人逐渐放弃了他们性格中强烈的尚武性情，保留下了可敬的善良与勇敢、热情与豪爽，传统的赛马会也由原先以实用功能为主，转向更多的娱乐和欢庆主题。

玉树赛马会。

赛马：赛马会以煨桑揭开帷幕，之后有庄严的祭拜仪式，然后是赛马竞技、玉树歌舞、服饰表演等项目。赛马主要有跑马射箭、乘马射击、跑马拾哈达、跑马倒立、跑马悬体等，以及牦牛赛跑、抱石头、摔跤、拔河、倒立牛鞍上添酸奶，以及远距离的跑马赛、走马赛、牦牛赛，这些项目都是男人们参加，许多项目来源于吐蕃时代。

歌舞：藏族人“会说话就会唱歌，会走路就会跳舞”，青海玉树更是著名的“歌舞之乡”，歌舞成了玉树人生活中最重要的组成部分。

玉树的卓舞。

玉树歌舞分许多种类和曲调，基本以集体舞为主，也有表现男女爱情的对唱。在玉树，有三种传统意义上的民歌类型，它们是“勒”、“拉伊”、“闯勒”。其他诸如“古莫”（情卦）、“琼勒”（酒歌）、“均勒”（夯墙歌）、“哟啦”（收割打场歌），以及婚礼曲、迎宾曲、挤奶曲、催眠曲等，一般归为歌谣类。就风格而言，玉树舞蹈主要由“伊”、“卓”、“热巴”、“热伊”、“锅哇”等类型构成。

总体上讲，玉树歌舞融合体现了康巴人热情奔放、勇敢豪迈的民族性格和优雅端庄、高贵虔诚的宗教气质。舞姿既有舒展、张扬的欢快，也有俯身、下腰的谦卑，十分具有艺术内涵和观赏性。

玉树藏族服饰。

服饰：康巴服饰是藏地三大地区里最华美、艳丽的。玉树传统服装的基本款式是藏袍，分冬夏两装，有常服、礼服两种。服装在用料、色调、造型、装饰等方面突出素雅大方的风格，避免臃肿繁杂，讲究装饰的简洁明朗，色彩搭配匀称得当。主要用料有氆氇、毛呢、绸缎，以及藏褐羊皮、羊羔皮等，装饰用料有各种锦缎和皮子等。就款式而言，男式藏袍肩宽体阔，后摆留裙褶，袖长而宽，形成一种潇洒大方的造型，穿着起来很有气派。女式藏袍袖短而窄，简洁适身，线条流畅，造型优美，风格典雅秀丽。

康巴人喜爱“夸张”和热闹，他们的节日服装总要配以琳琅满目的装饰和配饰。这些饰物同样有很多讲究，而且价格不菲。有的服装整套下来，价值达数十万甚至上百万，是家庭中很大一部分财产，被作为宝贝代代相传。

跳神：开幕式最后是展现宗教风格的“跳神”。“跳神”藏语为“拉强”，大致有两类，一类为“神舞”，另一类为“娱舞”。“神舞”主要表现佛教故事或护法神镇魔禳灾等内容，有对亲临现场的信教群众产生除障免灾等加持作用的说法。“娱舞”是旨在活跃节日气氛，愉悦信众的一种娱乐功能较强的舞蹈，如雪狮舞、汉童舞、清朝满族舞以及模拟珍禽异兽的各种表演形式等。

这些表演项目之后，就是群众自由的跳舞和狂欢，场面十分热闹。

跳神中的神舞。

天葬台上的羊毛绳子跟普通家用的不一样，它们必须是反方向搓成的，表示离苦得乐的愿望。想一想，人们对于升入天堂的确是心驰神往啊！

这样的赛马会，玉树州每年举行一次，时间在7月25日，为期一周。此外，各个县、乡，甚至村子也都会举行自己的赛马会。整个夏天，玉树就是一个欢声笑语的海洋。

景点·一些特别的去处

母恩洞·以及其他洞

▶▶ 在赛马会旁边的一处山崖崖壁上有一个如牛鼻子一样的石洞，当地人称其为“母恩洞”。据说，通过钻这个洞可以看出一个人对自己母亲的养育之恩报答得怎样。方法是从左边的洞口钻进去，经过里面一个狭小的空间，再从右边的洞口出来。如果进出顺利，则说明过去已报答了母亲的大恩大德；如果不顺利，则说明对母恩报答得还不够；如果进去后卡住出不来，则被认为负有罪孽，需要很好地忏悔和赎罪。因此，它也被称为“赎罪洞”。

“母恩洞”旁边，另有一处崖壁石洞，外观极像女性阴部，令人称奇。藏族自古有母性崇拜的传统，生殖和繁衍种族在青藏高原至今仍是一件艰苦的任务。女阴洞上，系满了人们敬奉的哈达。

在女阴洞的旁边，离地面八九米高的崖壁上，有一个类似佛龛形状的凹陷，里面堆了一些小石子，周围崖壁上是一片石头相撞留下的白色。这个浅坑叫作“诚信洞”，据说如果一个人有足够的诚信，他扔上去的石子会留在上面，否则就会掉下来。

还听说，这面崖壁上有21尊自显度母像，一般人看不见，只有有修行或是有缘分的人才能见到。

母恩洞。

女阴洞。

诚信洞。据说若能将石子扔进洞里，则说明这个人有信义，反之就很可疑。在藏地，至今仍有许多自然景观被赋予着神奇的意义，受到人们的膜拜。

天葬台·生命的坛城

▸▸ 巴塘天葬台是一处向游人开放的景点，你一定要去一次。在那里，你可以真切地感受到生死的庄严与意义。

巴塘天葬台是公元1100年由藏传佛教直贡噶举派创始人直贡巴·仁钦华亲自选定的康巴地区最大的优胜天葬台。所谓“优胜天葬台”，是要具备风水方面的诸多条件。天葬台被视作一块吉祥宝地，要求后方要有高高的石山，前方要有广阔平坦的视野，要有河流，且东水西流是最殊胜的。这些瑞相巴塘天葬台都具备齐全。

另外，巴塘天葬台还具备着佛经中所描述的“地有八瓣莲花相，天有宝幢九顶相”的景象。1 000多年前，天葬台中央地下还伏藏有“权威十相”，及上、中、下三个坛城等风水瑞相。

天葬台的中心是剖尸台。剖尸台大多为一块大的扁平磐石，被称作“坛城”。它虽然粗朴、简陋，却是灵与肉筑起的祭坛，豪华庄严得如同最圆满、完美的“曼荼罗”。在这里，血腥与神圣并存，恐怖与虔诚并存，阴冷与热烈并存。这里是生命的终点，也是生命的起点，生死轮回的法轮从这里无休无止地辗过，天界、人间、鬼域在这里“融”为一个相通的大世界。

巴塘天葬台体现出康巴地区的特色，周围绿草茵茵。在剖尸台旁边，因当年掘出过“权威十相”的伏藏，供奉着一些大的白石头和小的石子，上方祭放着数尊彩绘的“权威十相”的“都多”（即殡石），这是这个天葬台最殊胜的标志。

在它们中间，从下往上铺着一些用白羊毛绳捻成的“穆然”（即殡绳），为的是指引亡灵脱离苦境、升入天堂。——天葬台上的羊毛绳子跟普通家用的不一样，它们必须是反方向搓成的，表示离苦得乐的愿望。

想一想，人们对于升入天堂的确是心驰神往啊！

班庆寺·法螺山下的预言

▸▸ 班庆寺藏语称“边钦彭措达杰楞”，意为“边钦圆满兴旺洲”，属噶玛噶举派，位于巴塘乡西1公里的法螺山下。班庆寺里有着青海最大的

天葬台上迎风鼓荡的经幡，仿佛向天界不断诵念的祈祷。

天葬台上当年掘出“权威十相”伏藏的地方。彩绘的殡石和白石之间铺着羊毛“穆然”，它们反方向搓成，表示希望亡灵脱离苦境、升入天堂。

一间大经堂，还有许多壁画和造像，在康巴地区颇负盛名。

班庆寺创建于公元1600年。据说，当年噶举派著名高僧、第四世边钦活佛格来嘉措发愿，要在玉树建一座寺院弘法。这一天，他来到巴塘草原，忽然看到远处这座山形似法螺。在藏传佛教中，法螺是特别具有吉祥意义的象征，大师遂选址在这里，寓意噶举派法音不断、永世流转。

关于班庆寺的大经堂，还有一段曲折哀婉的故事。班庆寺原有的大经堂建成历史并不长，是1954年由第九世桑吉念巴活佛主持修建的。当时修建经堂，没有任何拉运材料的现代化交通工具，全靠僧侣和信众人背肩扛，整整修筑了四个年头，直到1957年才完工。大经堂非常宏大，可供3 000个喇嘛同时在里面诵经做法事。

工程完毕后，在开光仪式上，第九世桑吉念巴活佛却预言：“这座经堂的修建，如同在一条河边修一座沙丘巨塔一样，时间不长就会被河水冲得无影

坐落在法螺山下的班庆寺。

班庆寺内宏伟的大经堂。

无踪。”周围僧众听闻很吃惊，不知是怎么回事。活佛又说：“不过，为了大家的修福积德，也是值得的。”

果然，第二年，寺院就被迫关闭。没几年，“文化大革命”降临，班庆寺大经堂和其他建筑一道被摧毁了。

班庆寺现在这座大经堂是 1999 年动工修建，2003 年完工的，耗资 1 300 多万元，建筑面积 1 200 多平方米，高 36 米，一底挑空到五层，非常宏伟、壮观。大经堂的整个墙壁、立柱和顶棚上都绘有藏传佛教壁画。这些画主要是释迦牟尼本生传、藏传佛教密宗坛城、藏传佛教的宇宙观，以及各种劝喻众生的宗教故事。班庆寺因为有着巨大的大经堂，所以寺院里壁画的面积也极为可观。

藏族是一个聪慧的民族，他们很早就发现图形和色彩是人类感知体系中最有效的两个符号系统。对于过去大多数没有阅读能力的藏族人来讲，直观的图画比什么都更能在他们的脑海中留下深刻烙印，宗教绘画因此成为藏传佛教文化中十分重要的组成。

民间·藏地丧葬风俗

▶▶ 藏地的丧葬仪式主要有土葬、火葬、塔葬、水葬、天葬、家葬等。

土葬：在藏族传说中，吐蕃前七代赞普都是顺着天梯降到人间的天神之子，他们在完成了天神授意的人间事业后，又顺着天梯回到天上。吐蕃自第八代赞普起至最后一代赞普，都是建造陵墓实行土葬。古代的这种土葬风俗，随吐蕃王朝的崩溃而消失。在今天藏地的大部分地区，这种葬法，一般只对暴死、患恶性传染病和夏季死亡的人才用。其目的一是为了防止疾病传染，二是怕违反“夏季法”而得罪神灵。

遍插经幡的天葬场，仿佛一个盛大华丽的“舞台”。

火葬：火葬在古代藏地原本就存在，它作为一种有着复杂仪轨的丧葬仪式，则是与佛教的传入有关。在后来的藏地，火葬一般在僧人中进行。另外，一些地方的达官贵人死后也进行火葬，他们认为这是最好的葬法。现在，火葬在藏区较为普遍。

塔葬：塔葬是藏地最高贵的一种葬法，只在大活佛中进行。佛教强调人的灵魂不死，淡化肉身的独立价值；所以，在相当长的时期里，高僧大德们的塔葬是和火葬结合在一起的，即所谓的“灵骨塔”或“舍利塔”。此外，信徒们还将高僧大德的骨灰制成“擦擦”[1]予以供养。藏地第一个保留肉身的塔葬，是格鲁派创始人宗喀巴大师的肉身塔。之后，格鲁派历代达赖和班禅圆寂后的肉身都被塔葬。

水葬：水葬的起源也非常古老，古代藏地就已存在。佛教传入藏地之后，水葬被赋予了新的意义，类似于天葬，作为人生最后的布施与积德。——但在藏地的一些地区，水葬主要用于死去的乞丐、疯人、赤贫或小孩。

家葬：藏族丧葬仪式中的一些其他葬法，如楼葬、壁葬、陶罐葬等，它们被统称为“家葬”，在较传统封闭的地区仍可见到。家葬大多用于安葬家族中德高望重、身负名望的老人，他们高寿而死被认为是有福气的，称为“拥”。后辈把他们葬于家中屋子里，是为了把福气留住，要老人继续保佑他的家人。这种风俗显然仍带有人类最原始的生命和生存观念的痕迹。

天葬：藏地最惊心动魄、最具慈悲的丧葬仪式还是天葬，它是藏地最具人文特征的标志之一。最早的天葬起源于藏地本土，传说吐蕃前七代赞普死后重返天上，就是他们进行天葬的缘故。带有佛教色彩的天葬仪式在藏区的流行，据说是从公元 11 世纪末由印度僧人帕·当巴桑结传入藏地的。天葬是与青藏高原独特的自然环境和藏族人特有的生活方式相适应的，是人与自然和谐相处的一种结果。当藏族人确信，他们在死后还能以血肉之躯进行最后一次布施，积累了往生善趣的功德，心里莫不异常欣慰，连对死亡的恐惧也减弱了不少呢！

擦擦：如塔般供养

起源于古代印度，最初是用佛教高僧大德圆寂后火化的骨灰混合黏土制成的微小造像，后来也有在泥土中加入焚烧的佛经密咒的灰烬。擦擦的种类很多，常见的有佛塔、佛像或菩萨像，多供奉在寺院中专门的龛位里，或是山野圣地、石窟、摩崖石刻等处。

佛塔在佛教中有着至高无上的尊位，故而塔葬也是最高贵的葬法。

囊谦

人间香巴拉国

我问朋措管家："您敢坐在天葬台上吗？"朋措管家说："敢啊。"我指着剖尸台说："那您坐给我看。"朋措管家走去到剖尸台中央，盘腿坐下，合掌念了一段《超度经》。朋措管家说坐在这里念经会得到幸运和祝福。我说："那我能坐一下吗？"朋措管家说："可以啊。"

▶▶ 沿唐蕃古道继续向南，便到了玉树最南端与西藏接壤的囊谦县。如果说玉树深处在青藏高原的腹地，那么囊谦就是这腹地中的腹地。囊谦有大片的原始森林，山势俊美、古树苍天，又有千年古寺，悠悠传统、民风淳厚，实在是藏在藏地深处的一块香巴拉佛国圣土。

囊谦县距结古镇 191 公里，沿 214 国道路很好走。离开结古镇往南，路两边的植被越发好起来，山体上也更多了些摩崖彩绘佛像和石刻经文，还有一些僧侣闭关修行用的密室。行程过半时，公路开始与澜沧江伴行。

静谧的囊谦。

澜沧江发源于玉树州杂多县，源头海拔 5 388 米，从西北向东南经杂多县城、囊谦县城，在囊谦县娘拉乡附近流入西藏。澜沧江从云南境内离开中国，进入越南后改称“湄公河”，最后注入南海。

一群牦牛从山里回来打算过河，它们自觉排成队，一个跟着一个，从容不迫。

囊谦县城在香达，一个非常好听的名字。香达是一个不大的镇，只有一条主街道。出了镇子往山里走，澜沧江在山路下面的河川里平缓地铺陈开，黄色的沙洲在清澈的江水中凸显，河边、洲上是翠绿成林的树木，远处是藏地的蓝天。因为夕阳，那蓝色中透着一层粉红。一群牦牛从山里回来打算过河，它们自觉排成队，一个跟着一个，从容不迫。

我被这幅情景吸引，又想起了藏地把每一座寺院都称作“洲”的故事，心里不觉感动。

往事·藏传佛教诸派别

因为亲近着佛法，连小鸟都显得庄严和安详。

▶▶ 在青海，玉树是宗教氛围最浓厚的一个州；在玉树，囊谦县又是藏传佛教最具传统的一个县。囊谦县人口仅 6 万多，却有寺院近 70 座，人均比例是包括西藏在内藏区中最高的，并且由于地理条件、地缘文化的原因，这里保存有更多的藏传佛教历史上较为古老的教派寺院。对于游客来说，大致了解这些教派的历史和差别，对旅行是一件很有帮助的事。

佛教在藏地的传播发展可分为“前弘期”和“后弘期”两个历史阶段。“前弘期”以公元 7 世纪中叶松赞干布时期佛教传入藏地为始，至公元 9 世纪中叶吐蕃最后一代赞普朗·达玛灭佛结束。公元 10 世纪中叶，佛法分别从青海河湟地区和西藏阿里地区回传至西藏，使西藏中断了近一个世纪的佛教得以复兴。由此，佛教在藏地开始了它辉煌的“后弘期”时代。关于藏传佛教的形成时间，人们较为一致的看法是：吐蕃王朝时期的佛教尚不能称作“藏传佛教”，只能称为“藏地佛教”；藏地“后弘期”兴起的佛教才真正可以称作“藏传佛教”。而从朗·达玛灭佛后“后弘期”兴起的这百余年时间，是“藏地佛教”最终向“藏传佛教”发生转变的最重要和最关键的时期。“前弘期”时，信仰佛教只是吐蕃王室和贵族阶层的特权，只有贵族子弟才可以出家为僧。朗·达玛灭佛后，佛教流入民间，在普通家庭中秘密传承，成为民众个人的信仰选择和动荡时期人们的精神慰藉，从而形成了更广泛的群众基础。公元 11 世纪以后，在藏区形成了不同的佛教派别，使佛教完成了在藏地的“本土化”过程，标志着藏传佛教的真正形成。

佛法“后弘期”以后，藏地先后产生了宁玛、噶举、萨迦、噶当、息结、觉宇、觉囊、郭扎、夏鲁等佛教派别。它们都曾教化一方、兴旺一时，但其中息结派等后五个教派由于缺乏政治权力做靠山，势小力弱，先后融于其他教派或被迫改宗其他教派，大都消失于历史长河之中。现在，藏传佛教主要有宁玛派、噶举派、萨迦派和由噶当派衍生而来的格鲁派等几大教派。

噶举派提倡苦修、注重实际体验，强调坚韧不拔的毅力和非凡的意志。这对藏传佛教的风格和藏族信徒的气质有着极大影响。

宁玛派：“宁玛”意为“古旧”。宁玛派是藏传佛教中最古老的派别，它别开门庭、独成宗趣，最具藏族人的创造性。宁玛派尊莲花生大师为其创始人，藏地第一座寺院桑耶寺即属此派。因为该派僧侣传统戴红色僧帽，宁玛教派又被俗称为“红教”。

从教法仪轨的历史渊源看，宁玛派是以佛法“前弘期”的旧译教传经论为基础，吸收和保留了大量藏地原始宗教本教的形式内容，重视寻找和挖掘古代朗·达

正在华盖般绚丽的经幡下磕长头的僧侣。

玛灭佛时佛教徒藏匿的伏藏经典，其密法传承以“大圆满法”为最高法门，以无上瑜伽部密法为基本特征。

藏传佛教各宗派都是大小兼具、显密并举，尤重密法的共同性；但在这其中，宁玛派是最推崇密教的一个教派。密教也是藏传佛教的一大特点，其称“戒律为佛法之根本，般若为佛法之心要，密宗为佛法之精髓”。佛教在印度泯灭后，只有藏传佛教保留和发展了密宗四部修习的完整形态，成为印度佛教的延伸部分。藏传佛教密宗有着自己的传承、法脉和传轨，在所据经典、修习次第、仪轨、制度等方面有其鲜明的特色。

宁玛派流传比较分散，没有领导全藏地的中心寺院，历史上与各政治势力的结合也较松散，未能形成政教合一的寺院集团，也从未建立过掌管藏地的地方政府。但因宁玛派源远流长的传统和各教派公认的它在密宗所有教法中最为殊胜的“大圆满法”，宁玛派历来一直受到其他教派和藏地民众的尊敬。

噶举派：“噶”意为佛语或师长的言教，“举”意为传承，“噶举”是“口授传承”的意思，表示该派所修密法是通过师徒口耳相传继承下来的，故而得名。又因为该派祖师在修法时以效印度古俗，身着白布僧裙，噶举派又称“白教”。

噶举派始于玛尔巴大师，中经米拉日巴，形成于达波拉杰（1079 ~ 1153 年），故又称“达波噶举”。之后，达波拉杰的弟子又将噶举派分别发展出帕竹、噶玛、巴戎、蔡巴四大支派。帕竹噶举再派生出直贡、达隆、竹巴、雅桑、绰普、玛仓、修赛、叶巴等八个小支，总称为“四大八小支派”。其中，噶玛噶举派内部又分为红帽、黑帽两系，以黑帽系最有影响。黑帽系噶玛噶举在青海玉树地区传播过程中，又派生出乃多、苏莽两个支系。历史上，噶举派实力雄厚、支系最多，其中一些支系曾直接控制过西藏地方政权，或为独占一方的封建势力。

印经院里的一位老者。用这样粗朴而精制的方式，使藏传佛教的诸多经卷得以流传后世、广布德泽。

噶举派密教部分的特别教法是“大手印法”，即通过实修沟通个体本性和宇宙神秘本体之间的联系，由个体本性扩展到宇宙本体，最后使二者融为一体，实现“佛我合一”、“我佛一体”、“即身成佛”的境界。修持这种密法达到成就时，修持者可以恢复起对自己历代前世所发生一切的回忆，前世所有修行的法力就可以被转移到修持者身上。这一密法和噶举派“那若六法”（包括拙火成就法、幻身成就法、梦境成就法、光明成就法、中阴成就法和迁识成就法）共同构成“活

在青藏高原，佛教信仰已无需外力加持，而成为藏族人的自觉行为，成为他们内在文化心理特质的现实存在和精神支柱。

佛转世”的密法理义。因对藏传佛教的这一独创性的贡献，噶举派历来在各教派中享有崇高地位。

噶举派提倡苦修、注重实际体验，强调坚韧不拔的毅力和非凡的意志。这对藏传佛教的风格和藏族信徒的气质有着极大影响。

萨迦派：藏语“萨迦”意为“灰土”，得名于该派主寺建于西藏萨迦地方一片灰白色岩石的山坡上；又因为该教派寺院的围墙涂有象征文殊菩萨、观世音菩萨和金刚手菩萨的红、白、蓝三色花条，故又称“花教”。

萨迦派由昆·贡却杰布（1034 ~ 1102 年）于 1073 年建成萨迦寺而确立。萨迦派从创立之初起，教主法位即实行家族内的血统承传，包括当地政教两权都集中在昆氏家族手中。公元 1216 年，贡却杰布的孙子贡噶坚赞继承萨迦派第四任教主，他因博学获“班智达”称号。这便是在藏族历史和中华民族关系史上占有重要位置的，受到人们尊称的萨班·贡噶坚赞。

公元 13 世纪初，成吉思汗统一蒙古各部，即蒙古大汗位，发兵攻掠金朝、西夏，金戈长矛直指青藏高原。公元 1244 年，成吉思汗的孙子驻守河西走廊的阔端王，以强硬态度邀请萨班·贡噶坚赞前来凉州会谈。迫于当时情形，为饶益众生，萨班·贡噶坚赞审时度势、胸怀大局，毅然以 62 岁高龄携侄子八思巴前往凉州会晤蒙古统治者，以宗教领袖身份签订了附降纳贡协议，顺应时代潮流，保全了雪域藏地生灵免遭涂炭，为藏地归入中国版图、藏民族融入中华大家庭，做出了历史性的贡献。

萨班·贡噶坚赞去世后，他的侄子八思巴继承萨班的法螺和衣钵，成为萨迦派第五任教主。八思巴使元朝皇帝忽必烈皈依了藏传佛教，任其上师。之后，八思巴又以元朝“国师”和“帝师”的身份，统领全国宗教事务。八思巴在元朝统治者的扶持下，最早在西藏建立“政教合一”的行政体制，这使自吐蕃末代赞普以后，青藏高原长达400年的分裂割据局面终于结束。“政教合一”的体制成为藏地特有的社会结构模式，延续了将近700年的时间。

噶当派：藏语“噶”指佛语，“当”指教授，“噶当”意为用佛的教诲来指导凡人接受佛教道义。噶当派的创立源于古印度佛教大师阿底峡，所持教义以显宗为主，主张先显后密，严格按次第进行。佛法“后弘期”，阿底峡大师应古格王国大译师仁钦桑布之邀来藏地传法。阿底峡有诸多理论论著，在“后弘期”藏地佛教界尚处于较混乱的时期，对整个藏传佛教提出了一个系统的看法，其作用和意义尤为深远。

公元1054年，阿底峡在西藏聂塘圆寂，仲敦巴成为其教义继承人。之后的两年，仲敦巴分别在阿底峡大师传法地聂塘、热振建立寺院，并以热振寺为根本道场，发展成为噶当派。噶当派在传承中形成了三个主要支派即教典派、教授派、教戒派，它们各有自己不同的经典和教义。

公元15世纪，格鲁派兴起，格鲁派是在噶当派教义基础上发展起来的，因此原来属于噶当派的寺院和僧人都改宗格鲁派，以此继续流传。

由于宗喀巴大师及其追随者均佩戴黄色僧帽，故格鲁派又被俗称为“黄教”。

格鲁派：“格鲁”意为“善规”，以该派倡导严守戒律而得名。格鲁派的创始人为宗喀巴大师。宗喀巴大师（1357 ~ 1419 年）原名罗桑扎巴，出生在今天青海省湟中县塔尔寺的地方。这地方在吐蕃时期被称为“宗喀”，宗喀巴大师成名后，藏族人为表达对他的崇敬，尊称他为宗喀巴。

宗喀巴大师 3 岁入佛门，17 岁赴西藏深造。46 岁那年，宗喀巴大师完成了《菩提道次第广论》。第二年，宗喀巴又完成了《密宗道次第广论》。这两部著作是宗喀巴大师一生最重要的著作，也是格鲁派最坚实的基石教法。宗喀巴大师立教开宗的当时，藏地的佛教已经显出普遍的腐败和堕落，面对当时戒律涣散的现状，宗喀巴大师极力主张僧侣应该遵从严格的戒律，把回归释迦牟尼当时所推行的教团戒规作为理想目标。

公元 1409 年藏历正月，宗喀巴大师在拉萨大昭寺创设举行了著名的“祈愿大法会”，标志着宗喀巴大师创立的格鲁派正式形成。由于宗喀巴大师及其追随者均佩戴黄色僧帽，故格鲁派又被俗称为“黄教”。祈愿法会结束后，宗喀巴大师派弟子前往西藏今达孜县境内旺古山兴建甘丹寺，成为该派的根本道场。之后，宗喀巴大师的几个弟子分别建立哲蚌寺、色拉寺等寺院，格鲁派遂具规模。

自元朝萨迦派在藏地实行“政教合一”统治后，公元 1351 年，噶举派取代萨迦派政权，在西藏建立了帕竹地方政权。公元 1372 年，明太祖封帕竹政权第二任领袖为西藏法王，令其统管西藏。以后，历代法王继位均由北京中央政府正式加封，从此成为定例。

明朝末年，格鲁派势力崛起，与帕竹地方政权冲突日益加剧。为了寻求政治力量支持，格鲁派上层首领与盘踞青海的蒙古人结成联盟，将其势力引入西藏。这一时期，“达赖”和“班禅”最初的名号形成。清人入主中原后，格鲁派借满蒙关系求得清政府的扶持，在五世达赖阿旺罗桑时期取得了西藏的统治权，此后 300 年间，成为藏地最后一个“政教合一”的地方宗教政权。

人文·藏地最美的地方

▶▶ 这些年，我几乎走遍了所有藏地：青海、西藏、川西北、滇西北、甘南，——为了寻访我深爱的六世达赖仓央嘉措的足迹，我甚至从宁夏翻越贺兰山，去到内蒙古的阿拉善旗。相传，那里是这位至圣至情的达赖喇嘛的圆寂地。

在这所有的行走中，我认为玉树囊谦的嘎尔寺是藏地最美的地方之一。如果说，“桃花源”是中国古人对理想社会的想象，“香格里拉”是西方文明对东方哲学的向往；那么嘎尔寺便是你可以亲临的、真实的“人间天堂”了。

嘎尔寺位于囊谦白扎原始森林深处，寺院与山下的一个村庄及周围的森林、土地，构成了中国最小的一个完整版的“和谐社会”。这个小社会远离尘世的喧嚣和污染，幽远宁静、山高水长。他们有着自给自足的生产生活方式，有学校教育，有信仰体系，有浓厚的文化血脉，有不收人钱财的医生，有为孤寡老人开设的庇护所，有临终关怀和死后灵魂的妥善安置……

——还有，他们有外面世界所没有的、标志着人与自然应有关系的跑来跑去的野生动物。

这里是藏区最美的地方，中国最小的一个完整版的“和谐社会”。

路边山坡上有一个佛塔和一座经幡塔。晨雾中，有两位老人正在转经。

清晨遇到拾牛粪的吉兆

▶▶ 嘎尔寺在香达南边 85 公里处，中间要经过白扎乡和白扎林场。去嘎尔寺先走一段 214 国道，过了白扎乡之后有一个不起眼的岔路口，214 国道往西南上到一个坡上，去白扎林场的路往东南下去，两相分开。

永登给我当司机，囊谦县武装部的董政委陪同。不久，拐向白扎林场的路上出现了一个岔路。永登没走过这条路，董政委要他打听一下。路边山坡上有一个佛塔和一座经幡塔。晨雾中，有两位老人正在转经。永登蛮有把握地说不用，他说他从来没有走错过路。

汽车又开了一会儿，永登有些挫败地说："也许真的走错了。"

不得已，永登把车停在路边，下去向一位藏民打听，得到的回答果然是说我们应该在刚才那个岔路口往另一个方向走。重新上车后，永登遭到了大家的一致奚落。永登只嘿嘿地笑，也没话说。董政委用了一句谚语教育永登，大致是说人嘴上勤快点儿，腿上就会省力，但我忘了他原话是怎么说的，总之挺精彩。

在往回折返的路上，我们遇到两位背背篓拾牛粪的藏族妇女，董政委和永登一起叫起来，兴奋地连连说："啊，拾牛粪的！拾牛粪的！"我不明白他们为何如此高兴，问了才知道，原来在藏地，清晨起来遇到拾牛粪的人是特别吉祥的事，预示着一天都会有好运。永登这时又得意起来，说他刚才绕了一段弯路，就是为了带我们来看这两个拾牛粪的人。大家因为见到吉祥之兆，也就不追究永登的牵强，还帮他附会，一时间汽车里欢声笑语。

天上的鸟告诉的

▶▶ 白扎林场的风景很美，路却极难走。从白扎林场到嘎尔寺进深 40 公里，我们走了 4 个小时。林中的道路异常崎岖不平，差不多每一块石头都是一个角度，永登开着切诺基扭来扭去，我在车里像一粒骰子被颠得东

这位拾牛粪的藏族妇女的身影，像极了米勒的名画《拾穗者》。

倒西歪，就不免感慨：寺院选址也很重要啊，建在这深山里面，除非像我这样特别想去的人，一般的香客和游客找不到车，肯定也就不去了。

——后来，我们历经辛苦到了嘎尔寺，才知道自己之前有这样的想法是多么的浅薄和愚蠢。

中间，天又下起了大雨，路面变得非常泥泞，我们数度需要下车以卸载。在一条小溪上，一群民工正在抢修一处坍塌的涧桥。永登和董政委下车察看，发现我们的车难以通过。我突然很失望，不知该怎么办，以为会无功而返。

董政委与筑路的民工商量，请他们抓紧给抢修一下。民工很配合，几个人跳到泥泞的涧底，挥动铁锨镐头大干起来。他们搬来两块大石，堵在最狭窄的一个缺口上，用身体抵住石头，要永登将车开过去。我们自然都已经下车，当看到车轮几乎是从民工们的肩头上压过去，让人十分揪心。永登的车技确实了得，他不知怎样搞的，在经过那最薄弱的地方时，竟能将车倾斜起来，重心偏到一边，而不至于对民工造成太大的压力。

岩石上被涂抹了酥油的地方，传说是仙女跳舞留下的脚印。

汽车安全渡过难关，大家都情不自禁地鼓掌欢呼。我们十分感谢修路的民工，董政委还把车上一瓶还有多半的口子窖酒送给民工，要他们暖暖身子。民工们没有见过这么高级的酒，自然很高兴。

晚上，我们原路返回时，董政委又将车上所带的五香肉、烧鸡、火腿肠都给了待在路边窝棚里的民工。

林场越走越深，感觉快到嘎尔寺了。永登除了开车，还充当起导游的角色。永登提醒我们注意，说不久我们将路过一座山峰，山峰顶上有一个圆洞，据说是一个魔鬼为害百姓，当地护法与之较量、将其打败，

藏地壁画：金城公主占卜图。在古代藏地，占卜是人们生活中非常庄重的一部分。

恶魔企图逃跑，被护法用矛钉在了山峰上。恶魔死后形体消融，就留下了这个矛洞。

永登说完没几分钟，我们便在汽车前行的左侧山上看到了那个洞。

过了一会儿，永登又说，前面路边有一块大石头，上面有一些小的脚印，传说是仙女在上面跳舞留下的。果然，我们也在路边看到了永登说的巨石，上面有一些浅坑的印记，最底下还真比较像脚印，越往上脚印越小，感觉先是整个脚踩在石头上，后来是半个脚掌，再后来只是脚尖，最后飞升起来飘走了似的。石头上，每个脚印都被信徒们抹了酥油，表示敬奉和供养。

我疑惑地问永登："你不是说你没来过嘎尔寺吗？"永登说："是的。"我说："那怎么这些东西你都知道？"永登羞涩地笑，说："我是听别人说的。"我说："可是，你怎么能把地点说得这么具体呢，好像你亲自走过一趟似的。"永登又笑，谦虚而含糊地说："大概就在这附近吧，我也是猜的。"

前面又是一个岔路口，一条往左一条往右。永登减慢车速，犹豫着往哪边开才是正确的路，这时右边那条道路林子里传来一阵清冽的鸟叫，永登当即向右打轮，说："是这条道！"

董政委谨慎地说："还是找个人问问吧，不要又像早晨那样绕弯路。"永登却有十足的信心，确切地说："没错的，就是这条路！"

我问永登为什么这么有把握，永登神秘地说："天上的鸟 D 告诉我的。"

天上的鸟：古老占卜术 D

藏族先民和其他民族的祖先一样，在长期的生产劳动实践中，逐渐发现、积累了一些认识事物的经验和知识。由于受当时认识水平的局限，许多现象人们一时无法解释，而这些现象又往往与人们的日常生活息息相关。藏地先民于是向神灵求助，企望得到启示，以求遇善则进、遇恶则退，祈福趋吉、禳灾祓祸。这种活动经过发展、演变，就成为藏地行之久远的占卜仪式，包括鸟卜、鼓卜、箭卜、线卜、骨卜、圆光卜和占星卜等等。

逆光中的活佛

▶▶ 嘎尔寺坐落在白扎乡白扎林场深处的嘎日念庆山上。尽管我预先作了充分的"思想准备"，然而当在上山的路上，在路边的一棵树下看见第一只岩羚时，我还是禁不住惊叫起来。

我叫永登停车，永登说还没到地方。永登加大油门又往前开了百十来米，然

嘎尔寺的野生动物们。

后他熄火停下，冲外面努努嘴，说："下去吧，它们都在那儿呢。"

我慢慢朝小动物们走去——我怕太快了吓着它们；还有，这里是海拔 4 500 米的高山，要快也不行。岩羚们很友好，它们先是尽量允许我的靠近，假设我是善良的和对它们没有伤害的。等我走到距它们不足七八米的地方时候，小家伙们终于有些绷不住了。但它们还是很照顾我的面子，没有一哄而散地逃掉，而是克制着，从容地、若无其事地慢慢走开。我跟过去，它们又慢慢地走开，这使我们之间的距离基本保持在 8~10 米。

永登说，若是嘎尔寺的喇嘛或是当地的藏民，岩羚熟悉他们的衣服和体味，就会允许他们靠得很近，还可以和它们零距离亲密接触；但它们不熟悉来自都市的气味，所以有些紧张。这样我已经很满足、很感激了，不敢奢求更多。我不再追逐美丽的岩羚，而是坐在草地上，和它们与周围的山景自然待在同一个视野里。

明久活佛背对窗户坐着，阳光从外面照到活佛的身上，使他像一个发光体。活佛还微笑着，整个人发散出仁慈、神性的光芒。

嘎尔寺有很多野生动物：岩羚、黄羊、麋鹿、狍子、梅花鹿、锦鸡、獐子、猞猁等等，此外还有 20 多种禽鸟。

嘎尔寺又叫"嘎日寺"，藏语全称为"嘎日念庆松却求楞"，意思是"嘎日念庆菩提法洲"。据说寺院在吐蕃时代就已存在，明朝时成为一座竹巴噶举派寺院。

寺院分为建在半山腰的下寺和山顶的上寺两部分。在朋措管家的陪同下，我们在下寺拜见了寺院主持明久活佛。明久活佛 60 多岁，非常慈祥、和善，让人感到亲切。明久活佛是我在玉树拜见过的年龄最大的活佛，他是寺院希望小学的创办人，也是之前发生在杂多县的"虫草事件"中起关键作用的人物。

一排刚刚被转过的经筒。

意念中，我将自己身体里的血液和精气慢慢从尾骶触地的地方放掉。几分钟以后，我变成了一个透明的躯壳。

玉树杂多县澜沧江源头流域的大山里出产藏地最好的虫草。我来玉树这一年春天，过多的外来人涌入杂多挖虫草，当地民众与他们发生了冲突。地方党政部门出面无效，眼看局势难以控制，便请来了当地最有威望的明久活佛，才劝服了愤怒的民众，平息了这场冲突。

明久活佛当时正生着病，他不顾自己的身体，连夜从嘎尔寺赶到杂多，及时制止了事件的恶化。我看着活佛现在安详地坐在禅座上的样子，想象着这样一个单薄的身躯，是怎样抵挡了众多失去理智的牧民们的愤怒，将他们像迷失的羊群一样带回家乡的。

拜别活佛，来到二楼房顶突出的阳台上。站在这里，嘎尔寺的山色美景尽收眼底。这些年，我走过的藏区算不少了，拜访过的寺院也很多，嘎尔寺却是我所到之处景色最美的一座寺院，让人时时有处身世外、置身天堂的感觉。来的途中，我还因为道路艰难而认为寺院选址不好、太过闭塞呢，现在倒是体会到嘎尔寺之所以美妙神奇，恰恰是因为它藏在深山、路途遥远啊！

此刻能获得这样的美感，这一路的艰难非但值得，简直是必须的了。

一对转了千年的转经筒

▶▶ 我们离开嘎尔寺下寺，沿山路往上寺方向走去。

嘎尔寺上寺里供奉着一对镇寺之宝：相传是文成公主进藏时带来的两只转经筒，据说 1 300 年来它们一直旋转着没有停息。

转经筒被供在经堂的二楼。经堂狭小而显高耸，有许多锦缎的经幢从房顶垂下来。挑空的二楼上面，有一圈玻璃镶成的窗户，从下面可以看到一排转经筒在不停地转动。经朋措管家指点，我得知靠近左边的两只转经筒就是那一对历史悠久的宝物。转经筒已经很老旧了，颜色模糊，上面缠裹着哈达。我问朋措管家从哪里可以上到二楼。朋措管家面露难色，跟永登咕咕哝哝一通。永登转身把朋措管家的话翻译给我，说寺院有规定不允许女性上楼。

我虽然不悦，但还是要尊重寺院的规矩，没有再对朋措管家说什么。

我站在经堂底下，朝上面仔细观察，想搞清楚转经筒为什么一会儿转得快一会儿转得慢。我向朋措管家求教，我说：“请问那转经筒是怎么转的？”

朋措管家被我问糊涂了，回答：“是人转的呀。”

我说：“是人在上面转的吗？”朋措管家说：“哦呀——”

我说：“那我怎么看不见他？”朋措管家说：“他坐在后面。”

“他坐在后面？”我惊讶地说，接着就自己笑起来。同来的朋友问我笑什么，我摇头不肯告诉他们。之前，我听说这两只转经筒，都讲它们自文成公主进藏时起就没有停止过转动，传得神乎其神。我就想当然地把它们神格化了，以为它们是一对自动的装置，像永动仪一样自己能转。因为有之前这个错误的思维定式，我刚才看转经筒转得时快时慢，反而更觉神奇，不可思议。

我把我的照相机调好交给永登，请他到二楼去把上面的情形帮我拍下来。我指着相机开玩笑地对朋措管家说：“它是我的‘慧眼’，我派我的‘慧眼’上去看一眼总可以吧。”

朋措管家也笑了。他很和善，待人体贴，我后来知道他是一名天葬师。

我在天葬台上

▶▶ 我们从上寺出来往山下走。路上，永登和朋措管家用藏语在交谈。一会儿，永登走到我跟前问我愿不愿意去看天葬台。

“哦！当然愿意！”我欣喜地叫道。

我才知道，桑丁朋措原来是一位天葬师。

嘎尔寺的天葬台在一座山峰顶上。这个天葬台是我见过的最高而奇绝的一座，像天堂里的一座祭台，隔

天葬台上的祭台，上面放着三颗预备做法器的人的颅骨骷髅。

朋措管家走到剖尸台中央，盘腿坐下，合掌念了一段《超度经》。

着深渊的是其他的山峰，云雾始终缭绕，亦幻亦仙，让人想起香港83版《射雕英雄传》里，梅超风练九阴白骨爪的那座孤绝雪山。山顶周围间隔插着一些经杆，经杆上面绑着经幡，将山顶围绕成一个圆圈。经幡有的很旧了，颜色被阳光吸走，纤维也被风撕开；有的还很新鲜，色彩艳丽，迎风飘扬，像过节一样。

朋措管家带我们来到剖尸台前。剖尸台是一处石板铺成的洼地，上面有固定尸体的石头和木桩，散放着用来分解尸体的长刀、斧头和锤子。石板的一些地方，被鲜血洇成暗红的颜色，像玛瑙一样闪着宝石的光芒。

我问朋措管家："您敢坐在天葬台上吗？"

朋措管家说："敢啊。"

我指着剖尸台说："那您坐给我看。"

朋措管家走到剖尸台中央，盘腿坐下，合掌念了一段《超度经》。朋措管家说坐在这里念经会得到幸运和祝福。我说："那我能坐一下吗？"朋措管家说："可以啊。"

这是我由来已久的愿望。十几年前我第一次去拉萨玫瑰岭天葬台时，带我去的藏族朋友加措就坐在天葬台上念了一段经。我当时很想尝试，又有些怕，终于没有。后来很后悔，遗憾失去了一次感受生死、接受亡灵祝福的机会。

再后来，我去到其他地方的天葬台，总觉得多了些烟尘气，没有拉萨天葬台那样的庄严感和仪式感。而此刻站在嘎尔寺的天葬台上，那种感觉又出现了。

我小心地坐到剖尸台的中央，合掌闭上眼睛。剖尸台有一个弧形的洼度，像藏地常见的太阳能接收器，而我恰巧就在这接收装置的焦点上。意念中，我将自己身体里的血液和精气慢慢从尾骶触地的地方放掉。几分钟以后，我变成了一个透明的躯壳。我默默祈祷，请天地神明将能量注入我的心灵深处，叫我获得智慧；祝愿三界亡灵妥善宁静、众生平安顺遂。

然后，我静静地等待。不一会儿，我感觉有许多光像磁针一样从四面八方汇聚到我心脏的位置，由那里进入到我的身体。我的身体慢慢变热、膨胀，具有形态。当身体已经充盈完整，我放开骶尾椎骨处的穴门，之前流走的血液和精气猛地又回到我的身体里。它们像喷泉一样冲上头顶时，我全身为之一震，身心仿佛被重新归置、重新秩序。

我长长地吸了一口气，慢慢吐出，感觉自己成了一个轻松的、干净的，获得了新生的生命。新生的感觉真好。它又疲倦又清爽，又饱满又透明，安泰、舒适，宁静、空灵，我都有了长眠不醒的冲动。

但我克制了这一欲望，静处了片刻，又作了一次深长的呼吸，将自己唤醒。

我睁开眼睛，眼前一片光明。太阳无分别地将它的光芒普照下来，天空如洗般蔚蓝，不着一丝云彩，群峰也褪去了所有云雾，像莲花瓣一样护立，周围草地上鲜花盛开。

而我，如在蕊中……

景点·招徕吉祥之地

►► 解放前很长一个历史阶段里，玉树由25个部族组成，外面人称呼玉树，也习惯叫“玉树二十五族”。这25个部族由一个千户长管理，他的家在囊谦，被尊称为“囊谦千户”。藏语里，“囊谦”是“官邸”的意思，指的就是这位千户的家园，足见其家族历史悠久、威权之高。

囊谦最后一代千户。

采久寺·囊谦千户家寺

采久寺是囊谦千户的家寺，在玉树非常有名。采久寺在香达西面约180公里的囊谦喀。囊谦喀也称“巴吉雍钦喀”，意思是“招徕吉祥之地”。和去嘎尔寺时在原始森林中穿行不同，去采久寺的路一直在山脊上走，不断地攀山和翻山，超过海拔4 000米的山峰就有四五座。

在山上看周围景色，有时脚下是如织的静谧草地，牛羊如黑色的玉石和白色的珍珠，可见牦牛帐篷里冒出的炊烟；有时，远处云蒸霞蔚、朝霞满天，你会觉得就是在天庭里了。

据说是囊谦千户亲凿的嘛呢石刻。

采久寺在一片红土沃野的山坳中，周围很是空阔。寺院前的场地上，有一座庞大的嘛呢石堆，上面遍插经幢和经幡，规模虽逊于嘉那嘛呢城，但也堪称壮观，尤其在这种偏远人稀的地方。

采久寺藏语全称“仲顿囊谢舟群科楞”，意为“周巴讲修显密法轮洲”，属竹巴噶举派寺院。采久寺的创建与今天囊谦县吉曲乡的池秀寺有着密切联系。池秀寺的池秀活佛一世赤列嘉措原本是一名猎户，后弃猎信佛，潜心修学，佛学造诣精深，成为池秀寺活佛。后经二世、三世、四世，第五世巴丹晋美才旺赤列转世在囊谦千户的家里。活佛的母亲心疼儿子，嫌池秀太远朝拜不便，遂在自家府邸旁建了一间经堂供儿子念经。以后，经堂逐渐扩建成为一座家寺，即后来的采久寺。

在一些偏远的地方，这种吊桥还非常实用。

五世池秀活佛成年后，学识渊博、佛法深厚，被尊称为学富五车的“班智达”。一次，池秀活佛去拉萨朝圣，在布达拉宫前面遇到当时掌管蒙古佛教事务的国师章嘉呼图克图。章嘉呼图克图以他超凡的法眼看到巴丹晋美竟修成了殊胜难得的“玻璃体”，不禁惊为天人。“玻璃体”即身体透明无碍，阳光可以照过的一种法体，是要修持到极高境界才可以实现的。章嘉呼图克图遂与巴丹晋美相识，两人过从甚密、彼此敬佩。

经章嘉呼图克图的引荐，巴丹晋美与达赖喇嘛及青海蒙古王公贵族建立了密切关系，清政府于道光年间正式册封囊谦千户以亲王爵位，赐给蒙古王爷服饰，册封池秀五世活佛巴丹晋美为“诺们汗呼图克图”。

深山里，竞开的野花。

采久寺的地位因此陡升，成为千户府所辖各寺院之首，池秀寺也由母寺变为子寺，五世池秀活佛出任该寺第一任寺主。

五世池秀活佛多才多艺，尤其擅长诗歌和藏族文学，甚得章嘉呼图克图赏识，之前曾亲昵地称他“阿德”。自此，“阿德”一名成为该活佛系统的佛号。

后来，五世阿德不幸盛年去世。他的母亲十分悲痛，整日哭泣。五世阿德的灵识怜悯母亲，就又入胎到自己母亲体中，转世为六世阿德尼敦丹布文措。五世阿德的母亲早已过了生育期，却老年怀孕，且又诞下活佛，在康区传为神奇。

民间·美国喇嘛和北京喇嘛

史密斯是一个美国小伙子，已经追随常驻美国的采久寺活佛皈依了佛教，出家为僧。

►► 在采久寺，我意外遇到了一位美国喇嘛。史密斯是一个美国小伙子，已经追随常驻美国的采久寺活佛皈依了佛教出家为僧，他这次是跟师父回寺院，同时，还带了母亲、妹妹和十几个爱好佛教的外国朋友。

近年，藏传佛教在西方传播日盛，格鲁派、噶举派、宁玛派等教派纷纷在欧美和东南亚等地创立寺院、道场，弘扬佛法，均颇有建树。今见到史密斯，惊奇之中倒也心生自豪，想佛教乃我东方文明的基石支柱之一，藏传佛教更为我藏地独有，如今如地蔓葛茎传布于西方，在基督教世界中生根开花、广结善果，实在是芸芸众生的一个殊胜难得的福报。

正和美国喇嘛聊着天，我忽然对房间另一端的一位喇嘛产生兴趣。他很年轻，大约30岁，面孔白皙，长相气质与周围的藏族喇嘛颇为不同。他操一口流利的藏语，但与人言谈时偶尔说的汉语却是明显的北京腔。我过去问他是哪儿的人，对方果然回答是北京人，家住朝阳区某某地方。我大为惊讶，没想到在这么远的地方竟见到一个“北京喇嘛”。

“北京喇嘛”叫李冰，已经在采久寺出家十多年了。我问李冰为什么出家和为什么选择这个寺院，在我看，从北京到玉树囊谦这么遥远的地方出家是需要特别理由的。李冰说他没有特别的理由，只是一个机缘巧合下受到上师的感染决定出家，而师父在采久寺，所以就来了。

后来在北京，我还和李冰师父见过面。

རྨ་ཡུལ་ཞིང་ཡུག
ཞིང་ཕྱུགས་ལས་ཀྱི་གོམས་འདྲིས།
མཐོ་སྒང་གི་
རིག་གནས།

黄河流域：农牧风情 高原文化

རྨ་ཆུའི་འབྱུང་ཁུངས།

ཨ་མྱེས་རྨ་ཆེན་སྤོམ་ར།

རྭ་རྒྱ་དགོན་པ།

གཅིག་སྒྲིལ་རྫོང་།

དཔལ་ཡུལ་མདོ་སྔགས་ང

པད་མ་རྫོང་།

རོང་བོ་དགོན་ཆེན།

ཐུན་རིན་རྫོང་།

ཁྲི་ཀ་རྫོང་།

黄河九曲十八弯。

▸▸ 黄河出玉树不久就进入果洛藏族自治州的玛多县。这里有灿若夜空的星宿海，有著名的扎陵湖、鄂陵湖，有令人崇拜的牛头碑，玛多县因而被称为“黄河源第一县”。果洛州有无数雪冠群山，阿尼玛卿山和年保玉则山是当地最著名的神山。阿尼玛卿山最早被藏族人奉为开天辟地九大造化神之一，格萨尔王的寄魂山。年保玉则又称“果洛山”，被当地民众认为是孕育了果洛藏族的祖山。关于这些神山，当地流传有许多传说，使其具有了神圣、神秘、神奇的非凡气质。格萨尔王是藏族人民心中的英雄，《格萨尔王》是世界上最长的活的英雄史诗。

黄南藏族自治州是青海境内一个农牧民风情浓郁的地区，其州府所在地同仁县是国家级的历史文化名城。同仁藏语称“热贡”，意为“梦想成真的地方”。热贡附近多出艺术人才，他们的唐卡、堆绣、雕塑、酥油花、木刻等佛教艺术品在青海非常有名，同仁因而被称为“热贡艺术之乡”。

黄河在完成从青藏高原向黄土高原的过渡中，在海南藏族自治州一带形成一系列大峡谷，山高水深、壁立千仞，自然景观蔚为大观。贵德坐落在黄河上游龙羊峡和松巴峡之间的川谷中，史有“天下黄河贵德清”的美誉，被称为“高原小江南”。

黄河源

遥远之远

藏语里，“约古宗列”的意思是“炒青稞的锅”。在盆地的西南缘，晶莹的泉水像珍珠串一般时断时续地从众多的泉眼中涌动而出，汇成一股股细小的清流，串联了盆地中的大小湖泊，渐渐形成一条蜿蜒向东的小河。散布在盆地上的溪流和水泊，仿佛是一幅孔雀开屏的美丽图案，因此被古代生活在这里的藏族人称为“玛曲”，意即孔雀河。黄河就是从这些涓涓细流，开始了它的万里行程。

▸▸ 黄河源出玉树藏族自治州的曲麻莱县麻多乡，之后的大部分源流都在果洛藏族自治州的玛多县境内汇聚流淌。玛多县地处巴颜喀拉山北麓、阿尼玛卿山以西的黄河谷地，距西宁 497 公里，平均海拔 4 200 米。玛多县境内湖泊密布，著名的扎陵湖、鄂陵湖、星宿海等都在其境内，素有“千湖之县”的美誉。境内野生动物物种丰富，有野马、野驴、熊、羚羊、石羊、雪豹、旱獭、红狐等，各种鸟类 38 种；野生药用植物有冬虫夏草、贝母、雪莲等；湖泊河流内产花斑裸鲤、鲤鱼等鱼类。玛多县属高原大陆性半湿润气候，年均温零下 4℃，气候条件相对艰苦。

雅拉达泽峰，黄河源各姿各雅雪山区最高峰，海拔 5 212 米。在藏族传说中，雅拉达泽是阿尼玛卿雪山的儿子，被派来专门看守黄河源。

酥油花作品“文成公主进藏图”。相传，当年文成公主进藏，藏王松赞干布专程到黄河源迎亲，一行人就是从这里横渡黄河进入吐蕃的。

往事·西羌地古渡口

▸▸ 玛多县在秦汉时期为西羌地，南北朝时为吐谷浑部族迁居活动地，唐属羁縻州辖地，后纳入吐蕃版图，明朝时属朵甘行都指挥使司，明末清初时属和硕特蒙古政权辖地，清属上郭罗克百户辖地，隶四川松潘镇漳腊管辖，民国三十年（1941 年）置哈姜设治局，民国三十二年（1943 年）并入星川设治局。1950 年后分属果洛藏族自治州达日县和甘德县辖。1957 年由达日县、甘德县分置玛多县。1959 年划归海南藏族自治州管辖，1962 年复归果洛藏族自治州。

1958 年民主改革前，玛多居住着和科、夸科、查科三个藏族部落。其中和科部落最大，散居在今黄河、黑河、扎陵湖三个乡的草原。和科部落的头人相传已有 5 代，180 多年的历史。和科部落有一座帐房寺院，全盛时期寺院有僧侣 300 多人，寺院住房 100 多间，高大宽敞的经堂，是一顶用牛毛做成的帐篷。

玛多县政府所在地黄河沿镇，自唐代以来就是我国内地通往西藏的重要驿站和古老渡口。当年文成公主进藏和亲，就是从这里横渡黄河进入吐蕃的。过去的渡口既无船只又无桥梁，人们过河要靠牛羊皮筏子。解放后，1966 年建起了黄河上游第一座桥——黄河公路大桥。它如彩虹飞架，把黄河两岸的山川草原连在了一起。

人文·黄河源头的追溯

▶▶ 关于黄河的起源，《山海经》中有“河出昆仑”的描述。当时的人们认为黄河是从昆仑山流泻而出的，它表明古时的人们对于主宰着他们的生活、给予他们富庶或灾难的黄河的敬畏之心，以及对于高拔险峻的青藏高原深感神秘。

我国第一部地理著作，完成于战国时期的《禹贡》中，有大禹“导河于积石，至于龙门”的记载。这里的“积石”，指的是青海果洛的阿尼玛卿山脉，这说明那时人们对黄河已经有了进一步的了解。但是，从此河曲再往上，人们就知之寥寥了。

中原汉族真正进入到黄河源区是在隋唐时代。公元609年，隋炀帝平定吐谷浑，在今天的青海省果洛藏族自治州和海南藏族自治州建立“河源郡”。公元635年，唐将李道宗因追击吐谷浑族而到达过星宿海和扎陵湖一带。然而，用汉字记载在史书上的、真正以探寻黄河源头为目的的实地考察，是在元清两朝皇帝的主持下完成的。

被黄河冲击出来的河道。

高原的河流流淌在高原之巅、旷野之外，它们呈现出亲近大地的弧形状态，有一种不受地心控制的张力，烘托起它们超凡脱俗、旁若无人的怡然与神圣。

公元1279年，忽必烈建立大元帝国后，即敕令大臣都实前去考察黄河源区。都实在禀呈给皇帝的考察报告中，将黄河源描绘成一片有着无数美丽湖泊的泽国，从高山上望去，映着阳光的水泊仿佛满天的星斗。很显然，都实描述的不是黄河源头，而是黄河源泉的第一个聚集地星宿海。尽管都实没有到达黄河源，这次黄河考察仍因其开拓性的实践被历史所铭记。

时光之河又流过了400多年。公元1704年，清康熙皇帝在平定了蒙古准噶尔部族和西藏地方政权的叛乱后，为稳固清朝的万代基业，再命侍卫拉锡赴青海考察黄河源区。这一次，拉锡还是没有找到黄河源头，但是他已经发现，星宿海的西面还有三条源流注入。康熙末年，大清皇帝再次命令组织大规模的全国疆域地形测量，历经千辛万苦，清朝官员终于将河源勘定为星宿海以西约300里，巴颜喀拉山北麓约古宗列盆地的三个泉眼。这一次实地勘察是人类对于黄河的一次历史性的行走，人类的双脚第一次自觉地、有目的地抵达了黄河源头，完成了与黄河彼此认可的一次晤面。

藏语里，“约古宗列”的意思是“炒青稞的锅”。在盆地的西南缘，晶莹的泉水像珍珠串一般时断时续地从众多的泉眼中涌动而出，汇成一股股细小的清流，串联了盆地中的大小湖泊，渐渐形成一条蜿蜒向东的小河。散布在盆地上的溪流和水泊，仿佛是一幅孔雀开屏的美丽图案，因此被古代生活在这里的藏族人称为“玛曲”，意即孔雀河。

黄河就是从这些涓涓细流，开始了它的万里行程。

除约古宗列曲以外，还有两条源流注入星宿海，它们分别是自北向南的扎曲和自西南向东北的卡日曲。卡日曲比约古宗列曲长 20 多公里，因此，有人又将卡日曲当作黄河的源头。但无论如何，滔滔黄河确实源于细微泉水。

伟大出于平凡。黄河因其不择细流，故成其大。

景点・高原河湖

▶▶ 去黄河源通常走 214 国道，从花石峡继续前行 80 公里，便到了“黄河源第一县”玛多。

黄河・华夏母亲河

▶▶ 黄河从曲麻莱县发源，最初是三个很小的泉眼，一路集水成河、不择细流，到玛多县的时候已经十分可观了。玛多的黄河河面铺陈平展，河流从容宁静，有些不像是水而像青稞酒，清亮中带着一层温润绵长的柔韧。

高原的河流和内地的不同。内地的河流是嵌在河床里的，周围有树木山石、农舍人家，它们强烈地进入人们的生活，也被人们强烈地占有。高原的河流流淌在高原之巅、旷野之外，它们呈现出亲近大地的弧形状态，有一种不受地心控制的张力，烘托起它们超凡脱俗、旁若无人的怡然与神圣。加上远处的蓝天白云，近处绵延起伏的草原，以及河道里间或呈现的黄色沙洲，这一切色彩与景象构成一幅美轮美奂的图画，令人陶醉，叫人感动。

玛多的黄河。

扎陵湖和鄂陵湖·河源姊妹湖

►► 从玛多离开主路，向西 90 公里，即到达黄河上游著名的两个姊妹湖：扎陵湖和鄂陵湖。

“扎陵”和“鄂陵”都是藏语，分别是“灰白色的长湖”和“青蓝色的长湖”的意思。两湖相距 20 公里，中间横有措哇尕什则山，海拔 4 610 米，山顶矗立着著名的黄河源牛头碑，山下有暗河相连。

扎陵湖区古称“柏海”，自古以美丽富饶而著名。这一带不仅是古代游牧民族放牧养畜的天然牧场，还是我国历史上内地通往西藏的交通大道。当年文成公主进藏，藏王松赞干布专程从西藏赶来柏海迎亲，唐江夏王李道宗在这里亲自为他们主持了隆重的婚礼。千万年静谧的湖水和蓝天上飘动不居的白云，共同见证了这一历史盛事。

扎陵湖。

牛头碑·河源第一碑

►► 牛头碑建于 1988 年 9 月，全称“华夏之魂河源牛头碑”，碑身高 3 米，碑座高 2 米，均用铜版铸模镶嵌，总重量 5.1 吨。碑体为藏族神圣的原始图腾崇拜物——牦牛，以其双角粗犷、坚韧、有力的造型，概括了我们伟大而坚强的民族精神，使人油然而生一种无与伦比的强烈的凝聚力和向心力，已故十世班禅大师和胡耀邦同志分别为纪念碑题写了藏汉文“黄河源头”字样。多年来牛头碑不断被人们膜拜，周围挂满了重重叠叠的五彩经幡，成为黄河源头一道胜景。

依偎在古朴、雄浑、粗犷的牛头碑围栏旁，披银挂甲的巴颜喀拉山遥遥在望。皑皑雪山下，草原碧绿如洗，撒满山冈湖畔的牛羊安然游动，黑白相间的帐篷点缀其间。这优美恬淡宁静的绝美风景，使人乐而忘返，回味无穷，顿生心荡神驰之感。

黄河源牛头碑。

黄河真正的出发点。我在旅途中认识的朋友李根，后来他投身环保公益，曾历尽艰辛抵达黄河原点。

星宿海·璀璨“孔雀滩”

►► 从扎陵湖、鄂陵湖再往黄河上游走，是一片巨大的呈扇形的湖泊湿地区域。大大小小的湖泊在日月的照耀下，仿佛满天璀璨的繁星，故称“星宿海”。星宿海汇聚了无数细流暗河，形成黄河最初的涵养地。盆地中，水泊遍布、河水漫流，又仿佛美丽孔雀傲然开屏，当地藏族同胞又称这里为“玛洋”，意思是“孔雀滩”。

三个泉眼·万里之源

►► 通向星宿海的路已经十分难走了，必须性能良好的越野车才可前往。从星宿海再往黄河上游源区，则需要骑马和步行了，一般人难以到达。黄河虽然万里滔滔，最初的源头却是三个很小的泉眼，它们在玉树藏族自治州曲麻莱县麻多乡的草原旷野上。

五千年华夏文明，便从这里涓涓涌出，繁衍壮大，流泽万里。

仿佛璀璨繁星的星宿海。

黄河源头的一户牧民和前来探访的乡干部。从他们的脸上，终究能看出一些和别处不一样的地方。

看暴风在冰雪上雕刻出的痕迹。然而即使是在如此高寒严酷的地方，依然耸立着信仰的旗杆。

民间·不再游牧的游牧人

▶▶ 牧民阿嘎和儿子诺吾桑正商量着赛马的事情。每年的6月份，扎陵湖乡都要举行草原赛马大会，这是藏族牧民沿袭已久的传统。

对于这场赛马会，11岁的诺吾桑已经期盼很久了，因为获得草原上的赛马冠军意味着至高无上的荣誉，传说当年格萨尔就是在赛马大会上骁勇夺冠一举称王的。这一年的赛马还有着不同寻常的意义，因为这是黄河源区举办的最后一次赛马会了。作为“三江源自然保护区大规模生态移民计划”的一部分，已经有近5万黄河源区的牧民离开他们世代居住的草原移居他处。夏天过后，阿嘎一家和周围的牧民们也将结束他们世代沿袭的游牧生活，搬到牧民新村去。浓浓的离别伤感笼罩在阿嘎心头，所以他特意请来一位赛马高手当儿子的陪练，阿嘎希望儿子刚刚开始的马背生活能够有一个荣耀的结束。

6月，扎陵湖畔最后一次的草原赛马大会结束了。阿嘎的儿子诺吾桑没有获得冠军，他的心情有些郁闷。不过，想到他们即将搬迁到移民新村去，住上砖砌的房子，小伙子还是感到挺高兴的。那里有和草原完全不一样的生活方式，而这种方式是年轻人向往的。依依不舍的是那些上了年纪的牧民，那些血液里流淌着坚韧顽强而又躁动不安的游牧基因的高原人。

新的一天到来了。阿嘎带着孩子们去扎陵湖打最后一次净水。是说告别的时候了，虽然这片草原还将无数次地出现在阿嘎的梦中。

果洛

格萨尔文化之乡

《格萨尔王》中格萨尔所在的岭国部落的两大地理标志——黄河源和阿尼玛卿雪山，都在果洛藏族自治州境内。黄河源是格萨尔成长、称王的地域，阿尼玛卿雪山是整个岭国部落的寄魂山、保护神山，在这两个地方至今仍保留有许多在《格萨尔王》中实指性描述的地名。果洛有数量最多的《格萨尔王》手抄本文物，人数多且奇特的《格萨尔王》掘藏大师、说唱艺人、书写艺人、藏戏艺人等等。

▶▶ 果洛藏族自治州位于青南高原的东南端，是青海最偏远、最高寒的地区，平均海拔 4 200 米，境内有著名的阿尼玛卿山、年保玉则山等神山，及众多如仙如幻的美丽湖泊。果洛地区还是藏族英雄史诗《格萨尔王》的故事发生地，至今依然流传着无数生动神奇的传说，以及各种形式的《格萨尔王》说唱表演，可以说果洛藏族自治州是一个蕴藏着丰富宝藏的“格萨尔文化之乡”。

遥远而静谧的果洛。

果洛藏族自治州首府玛沁县大武镇，距西宁 441 公里，海拔 3 700 米。大武镇又名“科格滩”，“大武”藏语意为“丢了马的地方”。传说古时候有三兄弟来这里打猎，结果把马给弄丢了，便留了下来，成为这里最早的居民。果洛历史悠久，被认为是青藏高原藏族发祥地之一，至今在南部河谷两岸许多山坡陡峰上，仍可发现古代人类活动的遗迹。

格萨尔王塑像。

往事·遗世独立的“藏三角”

▸▸ 在藏族历史和藏文化中，果洛是一个非常特别的地方。历史沿革上，在 1952 年和平解放之前，果洛地区一直保存着原始部落的社会结构。可谓青藏高原上特殊的“藏三角”。

过去，人们对果洛误传较多。这大多由于果洛地处偏远、雪山层阻、人迹稀少、生存条件恶劣，再加一直缺乏统一而有力的政权管理；但从另一角度看，它又将我们的目光引向一个在青藏高原纵横驰骋、除恶扬善，有着无上荣誉和无数传说的英雄形象——格萨尔王。

因为山高路远，果洛总有一种遗世独立的神秘与宁静。

关于格萨尔王，据民俗界、学术界研究，大多认为他是一个真实存在过的历史人物，一个在雪域藏地动荡发展时期建立了卓越功勋的部族首领，被后世口口相传渲染附会，加诸许多超凡能力和故事，成为寄予人们希望和崇拜的神奇英雄。人们甚至通过对照多种历史传说、事件，推论出格萨尔王出生于公元 1038 年，属土虎。至于格萨尔的出生地，存在两种说法：一是四川省甘孜藏族自治州的阿修草原，另一个就是青海省果洛藏族自治州的达日县。支持后一种观点的论据是：一、《格萨尔王》中格萨尔所在的岭国部落的两大地理标志——黄河源和阿尼玛卿雪山，都在果洛州境内。黄河源是格萨尔成长、称王的地域，阿尼玛卿雪山是整个岭国部落的寄魂山、保护神山，在这两个地方至今仍保留有许多在《格萨尔王》中实指性描述的地名。二、果洛有众多神奇独特的《格萨尔王》史诗部落和活态化的传承类型，包括数量最多的《格萨尔王》手抄本文物，人数多且奇特的《格萨尔王》掘藏大师、说唱艺人、书写艺人、藏戏艺人等等。三、果洛境内有着最多的《格萨尔王》神话传说和历史遗迹。

同时，果洛藏族自治州的《格萨尔王》研究基地和研究成果也非常突出。无论在历史上还是现在，果洛藏族自治州都是当之无愧的“格萨尔文化之乡”。

人文·《格萨尔王》与本教时代

▶▶ 一般认为，藏族古代英雄史诗《格萨尔王》形成于公元 8 世纪。也有说法，推测《格萨尔王》的产生年代在公元 11 世纪至 13 世纪。无论怎样，人们一致公认，《格萨尔王》反映的是公元 7 世纪至 9 世纪，吐蕃王朝对外征战和武力扩张的历史。《格萨尔王》的故事结构，就是以一系列大大小小接连不断的战争事件为主线和骨架的。而这一时期，恰恰是藏族传统宗教本教最巅峰的历史阶段。

虽然在藏传佛教的记述中，佛教从公元 7 世纪松赞干布时期（甚至更早的拉托托日年赞时期）就传入了藏地，但那时佛教还没有取得主导地位，这是藏传佛教自己的历史也承认的。实际上，藏文明疆域的最初确立，正是在本教时期完成的。历代藏族本土学者和中外藏学研究者，在考察藏地本教时代的社会形态时，都十分倚重《格萨尔王》。

在《格萨尔王》中，记载了岭国部落用最高规格的“血祭”敬奉他们的神山阿尼玛卿雪山的过程。

在这里，仍时常可见带有原始崇拜色彩的图腾。

至今，藏地仍有往树上系羊毛的民俗。此来源于古老的原始宗教崇拜。

可以说，《格萨尔王》是后世在佛教为绝对强势文化之下，正面记录和保存了不少本教这一藏地原始宗教风貌的一部以史料性著称的百科全书。

景点·围绕阿尼玛卿

阿尼玛卿雪山·威严大山神

▶▶ 远古时期，藏地有“九大神山”，它们是雅拉香保神山、念青唐古拉神山、库拉卡日神山、诺吉卡瓦桑布神山、阿尼玛卿神山、咬卿顿日神山、岗巴拉杰神山、雷拉居保神山、觉沃月甲神山。这九座神山分布在整个雪域高原，被认为是开天辟地的九大造化之神，形成了宇宙世界。

阿尼玛卿雪山位于果洛藏族自治州玛沁县境内，距自治州州府大武镇 80 公里，是我国对外开放的著名山峰之一。“阿尼”是安多藏语，意为“先祖老翁”，也含有美丽、幸福或博大无畏的意思；“玛卿”意为“黄河源头最大的山”，也有雄伟壮观之意。

阿尼玛卿雪山属昆仑山脉中支东段，长 28 公里，宽 10 公里，山势巍峨、气势磅礴，由 18 座海拔 5 000 米以上的山峰呈锯齿状重叠形成，主峰“玛卿岗日”由三个海拔 6 000 米以上的峰尖组成，最高峰海拔 6 282 米。阿尼玛卿雪山分布有 50 多条大大小小的冰川，冰川面积约 126 平方公里，其中，位于东北坡的哈龙冰川长 7.7 公里，面积 24 平方公里，垂直高度差达 1 800 米，是黄河流域最长、最大的冰川。

大武镇街一角。

阿尼玛卿雪山是黄河源头最大的山脉，在藏族古代文献中，把阿尼玛卿雪山视作大山神，称为“玛卿本拉”。“玛”是古代藏族部落名，“卿”为大，“本拉”乃大山之意。关于阿尼玛卿大山神，藏族有许多神话传说。藏族古代民间传说认为，他原是吐蕃王国最早的天王之一，布岱贡嘉的八个儿子之一，是藏族历代先祖祭祀之九大山神之一，他住青藏高原东北部，主司这里人们的生死福祸和统辖高原东北部的所有山神和妖魔鬼怪，保护着人们的安全，因是这里最早最大的山神，所以被尊称为“玛嘉”，即玛氏王，也是藏族的祖神、战神和保护神。据传，阿尼玛卿雪山神头戴红缨帽、身披白银甲、乘玉龙白马，右手持矛、左手掌旗，腰悬宝剑、佩弓挂箭。他日间巡视虚空和人间，行云布雨、施放雷电，或降吉祥，或降灾祸，奖惩人神、监视敌人，夜间会集神鬼、差遣任务。阿尼玛卿大山神有360位眷属，其中有9位后妃和9子9女，另有1 500位神将和侍从，分别居住在上、中、下三重由金、玉、宝石建成的宫殿中，虎狼豺熊为其看家狗，野牛、岩羊、鹿麋为其家畜。此外，阿尼玛卿山神之四面八方均有不同神祇所镇守的堡寨，连营数十里，旌旗蔽天，刀剑如林，还有许多冰川、冰洞和泉池，被认为是大山神的宝库和惩罚神鬼之监狱。对于这些神祇和地方的名称位置，当地居民都能一一指认出来。

传说中，阿尼玛卿雪山是格萨尔王岭国部落的守护神。在《格萨尔王》中，记载了岭国部落用最高规格的“血祭”敬奉他们的神山阿尼玛卿雪山的过程，其中的《祈请词》这样唱道——

这内供、外供、密供三者，如云般聚集；可饮的甘露，如海浪翻涌，如须弥山一般高。它们是用血肉之酱做成的贡品。您，玛卿博姆热，岩赞、战神之王！请来享用这些供物。这上千种芬芳的香料，在焰火里焚烧，它的烟云，使天空布满了蓝色的迷雾。请您享用这些供品吧。

藏族人民对神灵深信不疑，正是因为阿尼玛卿雪山有如此大的神威，自然成为朝拜之地，每年朝拜者络绎不绝，尤其藏历年“马年”更是盛况空前。因为传说阿尼玛卿雪山属马，每逢农历马年藏区所有的神灵都到阿尼玛卿雪山会集，马年来此转山朝拜，就等于朝拜了所有的神山，具有不可思议的功德。朝拜的人们携

自古，阿尼玛卿雪山就是藏地一座十分威武的神山。

在当地寺院壁画中，阿尼玛卿山神是一位头戴红缨帽，身披白甲，骑乘白马的威武战神。

带简单的行装、灶具、食物，顶风冒雨、跋山涉水、风餐露宿，以顽强的毅力绕山瞻拜一周，才算尽了虔诚膜拜之心意，达到消除罪孽、灵魂升天之目的。绕山一周，徒步一般要走七八天时间，骑马要花五天时间，磕长头行走需要两个多月，沿途条件艰苦，没有顽强的毅力和健康的体魄是难以坚持下去的。

在朝拜途中，朝拜者会遇到许多奇怪的自然现象，如奇异的造型地貌，怪石嶙峋，变幻莫测的气象，清清小溪的水流声，银河落地的瀑布，各类野生动物……相映成趣，这一切似乎是神赐给人们的礼物。

勇敢的登山者。

指引：给去雪山朝圣者

1. 手续：攀登阿尼玛卿雪山须提前一个月向青海省登山协会申请，办理进山证和保险等事宜。

2. 交通：阿尼玛卿登山大本营距果洛藏族自治州州府大武镇85公里左右，山高路险，雨季翻浆严重，车辆要有良好的越野性能。

3. 气候：阿尼玛卿雪山气候条件恶劣，海拔均在4 000米以上，会有不同程度的高原反应，应准备抗缺氧药物及装备，预防感冒。

4. 食宿：雪山路沿线没有食宿点，要自备食物和野营装备，夏季气温在零下5℃至10℃，帐篷要有良好的防水抗风功能。

5. 时间：徒步转山一周需要七八天的时间，如果体能不够，可以通过大武登山协会租用马或牦牛，转山时会有许多神秘莫测的自然现象考验朝圣者的虔诚。

格萨尔王狮龙宫殿·古岭国国都

▸▸ 格萨尔是藏族人民心目中一位富有传奇色彩的英雄人物。

据有关文字记载、民间神话传说及地望分析，达日县城溯黄河上游15公里河南岸的一块平台上，有格萨尔古岭国国都——狮龙宫殿的遗址。公元1044年,格萨尔年仅7岁便运用法力召引天神、龙神、念神为友，修建了狮龙宫殿。12岁时，格萨尔在赛马会上获胜，登上了岭国国王的宝座，从此名扬世界。

修复后的格萨尔王狮龙宫殿位于果洛藏族自治州达日县吉迈镇，距达日县城18公里。整个宫殿的总面积达180平方米，高约40米，玻璃瓦顶上安装了塔尖顶宝幢和铜质镀金祥麟法轮。宫殿内除供奉莲花生大师、自显度母、空行母等佛教神佛人物外，重点是还有格萨尔王和他的30位大将。

值得一看的倒是宫殿四周的山形。格萨尔王狮龙宫殿四周呈现八宝如意图山形，1 000多条岭谷和溪流从四面八方指向这里，组成千瓣莲花形的风水宝地，被认为是一处自然奇观。

格萨尔王狮龙宫殿。

拉加寺·具善吉祥源地

▸▸ 拉加寺原名“扎西功德林”（吉祥广安寺），后改名“甘丹扎西迥尼”（具善吉祥源地），又称“嘉样寺”，系色拉寺属寺，是青海黄河上游沿岸最著名的格鲁派寺院，位于果洛藏族自治州玛沁县东北部黄河北岸的拉加乡阿尼群贡（意为“大鹏展翅”）山下。寺院坐东向西，面临黄河，前有1986年建成的黄河大桥可通西岸，距果洛藏族自治州州府大武镇76公里。

拉加寺由一代名僧阿柔格西（1726 ~ 1803年）于清乾隆三十四年（1769年）建成。阿柔格西采用色拉寺杰巴扎仓教程创办显宗学院，并

拉加寺外观。

逆光中，一对年轻喇嘛的身影。

亲自主持寺务24年，六世班禅大师曾授予他“额尔德尼墨尔根堪布”名号。清乾隆五十八年（1793年）阿柔格西付权于香萨二世罗桑达吉嘉措（1759～1824年），自此，历辈香萨活佛成为拉加寺寺主。

拉加寺每年有正月初一至十五日的祈愿法会、三月初三至十五日的供养法会以及十月底的“五供节”等。属寺有果洛藏族自治州久治县的隆格寺、甘德县的夏日乎寺以及海西蒙古族藏族自治州天峻县的阿汗达勒寺等。拉加寺历代多出高僧，而且多有著述传世。

民间·《格萨尔王》说唱

▶▶《格萨尔王》是世界上最长的一部吟唱英雄史诗，它是以藏地康区岭国部落波澜壮阔的战争生活为背景，以部落首领格萨尔王为原型，由历代无数民间说唱艺人集体创作的一部藏族民间文学巨著，已经整理发掘的有120多部，诗100多万行，逾千万字，内容涉及藏族古代历史、地理、军事、宗教、民俗、医学等诸多方面，是一部神奇的藏族古代社会百科全书。

在过去几百年的时间里，《格萨尔王》一直在民间以说唱的形式口耳相传。《格萨尔王》吟唱艺人被称为“仲堪”，即“说书、讲故事者”，他们大致分为五类：神授艺人、闻知艺人、掘藏艺人、吟诵艺人和圆光艺人。其中，以神授艺人、掘藏艺人和圆光艺人最为神奇。

“神授艺人”藏语称“巴仲”，“仲”是故事、传奇的意思。神授艺人无一例外都不识字，居住在交通不便的草原深处，没有受过教育的经历。他们大多自称童年时做过奇怪的梦，梦的内容多为《格萨尔王》中的故事情节，或史诗中的一位神、英雄给了他们某个谕示，梦醒后他们便不学自会，可以说唱史诗。神授艺人具有神奇的记忆力，能够说唱很多部《格萨尔王》，几乎可以无休无止地说唱下去，数量最多达几百万字，令人匪夷所思。

“掘藏艺人”藏语称为“德尔仲”，“德尔”意为“宝藏、伏藏”。《格萨尔王》掘藏艺人属于“伏藏”的一种，被认为由格萨尔王和他的部将将其英雄故事埋藏在他们意识深处，再由他们来传播。与其他说唱艺人不同，掘藏艺人必须先把脑子里的伏藏说部写下来，然后再照着本子说唱。他们的书写与伏藏经典形式相似，其中有伏藏经典特别的标点符号，文字书面语较多，语言优美、华丽，夹杂深奥的宣讲，读来感觉很特别。

“圆光艺人”藏语称为“扎堪”，意为圆光占卜者。圆光艺人多信奉藏地原始宗教本教，据说他们的眼睛与众不同，可以借助铜镜看到别人看不到的图像或文字。通过这种方法，圆光艺人能从铜镜中抄写《格萨尔王》的说部，如果情境合适，他们可以一天到晚不停地抄写。圆光艺人具有浓郁的神秘色彩，他们的抄本文学水平很高，据称，即使专门研究藏族文学的现代学者，也难以这样即兴地、长时间地、如此快速地编创出这些文采飞扬的韵文来。

《格萨尔王》是藏族艺术的一份神奇瑰宝，对它的研究目前在国内外已经成为一门显学，吸引了人们众多的热情和兴趣。

一位神授说唱艺人。他手里拿的是格萨尔说唱艺人标志性的帽子“仲夏”。据说这帽子有神奇的力量，戴上它格萨尔王的故事便会如淙淙泉水，从说唱者的嘴里流淌出来。

一块门板上的壁画。

年保玉则

秘境中的莲花

围绕年保玉则山的久治县和班玛县，不仅是果洛最偏远的地区，也是青海最东南最遥远的区域。这里有庄严的雪山、静谧的湖泊，有大片郁郁葱葱的原始森林，有散发着神圣、神秘气息的古老寺院，有造型别致、美观耐用的藏家碉楼，更有世世代代居住在这里的人们生动鲜活的生活。

▸▸ 年保玉则山位于果洛藏族自治州久治县索呼日麻乡境内，主峰海拔 5 369 米，是巴颜喀拉山的最高峰，2005 年被正式批准为国家地质公园。年保玉则与四川阿坝县和甘肃玛曲县接壤，地处三省交界处，是这一片藏区广大民众心中至高无上的神山，在当地流传着许多传说。这里鬼斧神工的山岩和晶莹碧绿的湖泊，更使它披上了一层神秘的面纱。

我走遍青海的大美山川，曾经把玉树藏族自治州囊谦县的嘎尔寺比作藏地最美的地方——“人间天堂”；而我要说，年保玉则同样是藏地最美的地方，但我会把它比作“人间仙境”。这两种称谓是有区别的：天堂

年保玉则山。果洛藏族奉其山神为他们的祖先。

就像天堂，里面依然还有生活；而置身仙境，你感受到的只有静谧和空灵。一种无边无际的空，充盈着你无边无际的脑海……

围绕年保玉则山的久治县和班玛县，不仅是果洛最偏远的地区，也是青海最东南最遥远的区域。这里有庄严的雪山、静谧的湖泊，有大片郁郁葱葱的原始森林，有散发着神圣、神秘气息的古老寺院，有造型别致、美观耐用的藏家碉楼，更有世世代代居住在这里的人们生动鲜活的生活。年保玉则和它周围藏区，是黄河上游密林深处高山之中一朵巨大而芬芳的圣洁莲花，等待着人们的觐见和膜拜。

在藏地的神话传说中，神山和圣湖之间常有男女关系。有意思的是，这种关系又颇为复杂。我奇怪藏地先民怎样来判断这其中的差别。为什么他们会说一些神山圣湖已经结了婚，而另一些还没有“领证”？

往事·三果洛的故事

►► 年保玉则山又名“果洛山”。相传，很久以前，年保玉则山上住着一个猎人叫朱拉加。一天，朱拉加正在山里行猎，突然天空乌云密布，一只庞大的黑色恶鹞从明净的湖畔骤然腾起，利爪下攫着一条银白小蛇，小蛇可怜地挣扎扭动。朱拉加见状觉得不忍，拉开弓“嗖”一支利箭射去，正中恶鹞翅膀，恶鹞怪叫一声丢下小蛇逃走了。当晚，朱拉加梦见年保玉则山神的妻子飘至帐中，感谢他救子之恩。另有一日，一个恶魔与年保玉则山神斗法，恶魔化身黑牦牛，山神化为白牦牛，恰巧被朱拉加碰上。只见天空中乌云翻滚，一头鼻中喷火的黑牦牛出现在黑雾中；蓦地，空中又泛起一团白云，一头银光四射金睛闪闪的白牦牛跃起在白云上。两头牦牛在空中恶斗，犄角撞击，电闪雷鸣，震得大地颤抖，朱拉加拉开满弓，瞄准恶魔黑影射出利箭，随即传来一声惨叫，黑牦牛从云端坠落，摔死在山下的鬼湖中。

神山下的草甸里，两个玩耍的孩子。

青稞、湖水和一只放生羊。

集市上的人们。

这一次，年保玉则山神亲自来向朱拉加道谢，并说他的三个女儿明天会分别来与朱拉加见面，请朱拉加挑选一人为妻。临别，山神再三叮咛小伙子：“明天你在湖边等待，我的三位女儿自会前来找你，你不要害怕，她们姊妹都是以各自的化身出现，千万不可失去良机！”

第二天，小伙子在西姆措湖边等呀等呀，一直不见动静，直到日色正午，突然一阵闪电雷鸣过后，大雨倾盆，只见一条金色巨龙，从空中腾云驾雾而来，任凭金龙摇头摆尾，小伙子都无动于衷，最后金龙默默进入湖水中去了。过了一会儿，一阵狂风骤雨，山林欲摧，又见一头狂怒的狮子吼叫着从山上冲下来，小伙子更是神态淡漠，不予理睬，让狮子自由自在地遁入湖中去了。又过了一刻儿，香风香雾弥漫，一条白色花斑小蛇从石壁花丛中飘然落下。朱拉加直奔湖边，待到蛇头刚刚进入湖水，小伙子壮着胆子直趋向前，紧紧抓住蛇尾，霎时，花斑白蛇幻化成一位美貌动人、身材苗条的姑娘站在他面前，原来这是山神的三女儿。这一刻，蓝天白云，风和日丽，整个年保玉则山中的360个大小湖泊，竟化作360名仙女飘然前来祝贺，高唱喜庆的歌曲，翩翩起舞；山神的十万八千盔甲鲜亮的精兵，欢声雷动；山中的1 500条涓涓细流，也变成1 500条彩带，在万里晴空中悠然飘动。年保玉则山神和夫人为年轻的猎人与其小女儿举行了盛大的婚礼。

朱拉加和年保玉则山神女儿结合后，夫妻恩恩爱爱，后来生下三个儿子，分别叫昂欠本、阿什羌本、班玛本，他们个个勤劳朴实，人人勇敢智慧，子孙后代繁衍生息，便形成了今日的上、中、下三果洛部落。后来，有个年哇里卡桦部落想侵吞他们，反而被他们战胜。由此，朱拉加被众人誉为“果洛”，意为“反败为胜的头人”。

人文·神山圣湖的爱情

在藏地的古老传说中，神山与圣湖之间常有爱情发生。

▶▶ 居于青藏高原上的藏族人，对雪山格外崇拜、痴迷。纵观被称“世界屋脊”的青藏高原，到处是雪峰兀立、寒光流泻的景色，大自然的神奇力量引起人们对山的注意，从崇拜中产生出信仰。

在藏地古老的信仰中，每一座山都是有神性的，山是神的化身和神的居住地，人们需要加以敬奉以求得保护。藏地的神山都有自己的名字、性别、血统来源，以及复杂的“社会关系”。一般神山是男性，威武、勇猛、强悍；与之相对，雪域圣湖则多为女性，她们温柔、美丽、多情。

在藏地的神话传说中，神山和圣湖之间常有男女关系。有意思的是，这种关系又颇为复杂。有的神山有不止一个妻子，他们结婚生育，繁衍出一大家子人；有的圣女湖又被多位山神爱慕，他们为此争风吃醋，甚至翻脸动手打起来。还有的神山和圣湖，不是夫妻只是情侣，爱情故事曲折哀婉，就像现在的人一样。

我奇怪藏地先民怎样来判断这其中的差别。为什么他们会说一些神山圣湖已经结了婚，而另一些还没有“领证”？我询问我的藏族朋友，他们也不能给我确切的解释。但他们深信不疑，说就是这样的。

景点·仙境古寺 藏家碉楼

年保玉则·人间仙境

▶▶ 年保玉则，藏语意为“圣洁的松耳石峰”，又称“果洛山”，位于果洛藏族自治州久治县索呼日麻乡境内，距县城 40 公里。年保玉则山长 40 公里，宽 25 公里，由无数海拔 4 000 米以上的山峰组成，山势挺拔、怪石嶙峋，俯瞰而视，形似莲花。年保玉则主峰海拔 5 369 米，是巴颜喀拉山脉的最高峰。山峰与山峰间冰川悬挂，晶莹壮观，冰雪融化后，在山谷中汇成大大小小 160 多个高原湖泊，形成雪山镜湖辉映、自然气象万千的美景。

年保玉则山脚下的草原上，有两个湖泊，一个叫“仙女湖”，一个叫“妖女湖”。仙女湖南北长，东西窄，湖的东南西三面群山环峙，湖水碧波荡漾，湖畔绿草如茵，湖的北面有一条百余米长的细流与妖女湖相通。仙女湖东南立着一块巨石，上面有一条深深的石痕，直通湖内，传说这便是年保玉则山神的小女儿与猎人成婚的地方。石块下筑有一个煨桑池台，四周经幡飘动，香火不断。除仙女湖和妖女湖外，山中还有日尕玛措、玛尔杂湖、玛日当湖等众多湖泊。

置身年保玉则，你会忘掉一切尘世间的烦恼甚至快乐，融入那一片纯净和安详之中。

冰川世界，年保玉则国家地质公园。

静谧的年保玉则山里一座巨大的经幡。

白玉寺·宁玛派古寺

►► 白玉寺位于果洛藏族自治州久治县县城西南，系四川省甘孜州白玉县白玉大寺的子寺，1857 年由白玉大寺活佛拉智到此创建，迄今已有 150 余年历史，是青川甘边界地区规模宏大、影响很广的宁玛派寺院。

重建后的白玉寺占地近千亩，有大经堂、灵塔殿、讲经院、禅修房、僧舍等建筑数以千计。讲经院内有驻美藏胞所赠送的《甘珠尔》和《丹珠尔》大藏经各一套，印刷十分精美。灵塔殿内有白玉乔智及其堪布灵塔各 1 座。白玉乔智灵

白玉寺大经堂。

塔高5米，底方3米，灵塔主体由铜片包裹，四周镶银贴金，饰有珊瑚玛瑙，并嵌珍贵右旋白螺1枚。此塔共用黄金11斤，珊瑚玛瑙20多斤，尤其在灵塔上方置有一银制佛龛，内藏佛牙1枚，极为珍贵，被视为寺宝。灵塔大殿还供有白玉乔智前世的脚印石1块，亦被视为稀世珍宝。此外，寺内还供有金银等造的佛像和塑像近万尊，气势非凡。

白玉寺每年主要的佛教活动有农历正月初八至二月初八的“如来三身”修持会和七八月份为期45天的“结夏”。届时有成千上万名僧侣和信教群众叩拜佛像、敬献哈达，场面十分壮观。

每一扇门上，都绘有寓意深刻的图画；每一扇门里，都藏着玄妙莫测的佛语。

白扎寺·塔林之最

►► 白扎寺在果洛藏族自治州班玛县境内。班玛意为“美丽的八瓣莲花 ”，位于青海省东南部，历史上属果洛“班玛本”的部落居住地。班玛县是果洛州唯一的长江水系流域，境内有玛柯河、多柯河、克柯河等几大河流，均为长江支流大渡河的源流，自然人文风物比较接近毗邻的四川甘孜藏区。

白扎寺又称“江日堂寺”，位于班玛县城东南的江日堂乡，距县城4公里。公元1450年，东查合茨在江日堂一圆形小山（又称闪光铁山）上兴建一寺，命名为“江日堂闪光铁山寺”，属宁玛派。公元1749年，寺院毁于战火。执麦香迥贡巴在“昌尼哈”地区重建该寺，改名为“江日宦觉寺”，属噶陀寺子寺。公元1936年（十六饶迥火鼠年），白扎喇嘛在原址重建寺院，起名“下莫巴白扎多卡寺”，是果洛地区历史最为悠久的噶陀寺院之一。

白扎寺以佛塔多且造型别致而闻名，有青海“塔林之最”的声誉。闪光铁山顶上，矗立着一座亭台式五层佛殿，为著名的“莲花宫殿”。宫殿气势轩昂、兀自威严，远远望去，殿门紧锁，窗棂紧闭，更增

白扎寺以佛塔多且造型别致而闻名。

白扎寺著名的莲花宫殿。

加了一种神秘感。莲花宫殿下方的坡底围满层层叠叠的经石板，以及大大小小的佛塔，气氛肃穆壮观。

阿什姜贾贡寺·最早的觉囊派寺院

►► 阿什姜贾贡寺位于班玛县南江日堂乡的阿什姜村，距班玛县城约 9 公里。阿什姜贾贡寺始建于清康熙五十六年（公元 1717 年），移建附近宁玛派古刹智格果寺而成，距今已有近 300 年的历史，是青海最早的觉囊派寺院，颇具价值。

阿什姜贡贾寺的觉囊派佛塔。

阿什姜贾贡寺的标志性建筑是三座风格鲜明的佛塔。这三座佛塔是典型的藏传佛教觉囊派佛塔，与我们常见的佛塔在外观上有显著不同。常见的佛塔大多是方形石塔基上有个大而圆的塔身，塔身上直接顶着圆锥状的塔瓶。觉囊塔不一样，它的塔基就是佛堂，有几层，圆形的塔身也是殿堂式的，有窗有门；塔身上面不是直接顶着塔瓶，而是一圈像帽檐样突出的棚子；再上面又是一个方形的小塔身，塔身四面各绘有一双“佛眼”；小方塔上方的塔顶高而窄。三座塔分别称作“常性塔”、“度母塔”和“时轮塔”。“佛眼”据说能洞穿人的心灵，消弭灾难，指示善行的方向。

一位正在为寺院作画的画匠。

班玛藏家碉楼·藏于森林中的非遗

▶▶ 班玛的玛柯河是长江支流大渡河的源流，发源于巴颜喀拉山支脉果洛山南部，它孕育了班玛地区 10 多万公顷的原始森林，被列入三江源自然保护区的核心区。玛柯河林区也是我国高寒林区重要的生物种群库，目前林区有野生动物白唇鹿、金钱豹、雪豹、雉鹑、金雕、棕熊、猕猴、小熊猫等几十种国家重点保护野生动物。玛柯河孕育的大片原始森林和翠绿的山间草场，给这片偏居一隅隐在群山中的古老土地带来勃勃生机。

在班玛原始森林边缘地带玛柯河流域附近，散落着极有建筑特色的碉楼式民居。这些藏式碉楼大约有 300 年的历史，由于长期的战争以及部落之间的争斗，安全性和防御性成为这些碉楼式民居的突出特点。它

玛柯原始森林。

深藏在玛柯原始森林中的藏家碉楼。

们一般都建在高的台地或山顶上，建筑材质以石块为主，木料为辅。具体形态为平顶，外形厚重、稳固。一般分为两层或三层，上层堆放粮食，中层住人，下层圈养牲畜，建筑整体高约 10 米，屋面多为平顶，墙体石木交错，隙间夹杂黄土砌制而成。各楼层由独木梯衔接，独木梯由整根原木做成，一面砍平便于平稳，一面凿出梯槽。一层牲畜棚为四梁八柱；二层主要由居室、堂屋、厨房、走廊组成，房与房之间用横木墙体隔开，外墙留有窗户和烟道，碉楼的外沿由柳条编制篱笆墙隔出走廊，廊宽 1 米，并在拐角处设有厕所；三层为经堂及库房，外墙设有瞭望口。

班玛藏家碉楼式民居在藏区建筑中非常稀少罕见，其墙体、门窗、天棚、独木梯均为本色，不刷油漆，建造时由藏族专门的石匠修建，整个过程中不吊线、不绘图，全凭经验，而其壁面能达到光滑平整、不留缝隙，令人赞叹。班玛藏家碉楼在研究古代藏族群体生活习性和藏式建筑工艺方面，具有很高的艺术水准和研究价值，其工艺技术已被列入国家非物质遗产名录。

民间 · 采贝母的一家人

▶▶ 从年保玉则国家地质公园入口处到仙女湖，是一条长长的慢坡，绿草茵茵，鲜花遍野。可可高兴得在草地上打起滚来，伴随着兴奋的笑和尖叫。

我说要带两岁半的儿子来果洛，身边所有人都反对。其实我心里也没底，非常非常没底。可是，藏地是我一直想要让我的孩子领略的地方，我希望这块广袤厚重的高原冻土能够对他一生的精神与气质产生影响。时间或许是早了点，不过机缘既然来了，我没有理由替孩子拒绝。

小家伙对高原的适应性好到让我暗暗吃惊，他的前世轮回中也许真的和藏地有着某种神秘的渊源。可可在滚跑中抓起一把青草来吃，然后把余下的撒到自己头上，我随了他。我们来到仙女湖边，远处是如帷幔般静默矗立的年保玉则山。可可对湖畔闲坐的几个人发生了兴趣。我们过去问候，原来是一户采贝母的藏族人家，夫妻俩和十来岁的儿子，以及妻子的姐姐和妹妹。

仙女湖畔一家从四川阿坝来采贝母的藏民。

这显然是生活殷实家庭和美的一家人，这从他们脸上挂着的笑容以及彼此间轻松的默契上不难看出。他们请我喝香喷喷的酥油茶，吃手抓、糌粑，可可则更喜欢和那男孩子玩在一起。可不是嘛。一路奔波劳顿，赶路的时间多，放松的时间少，小孩子想要亲昵的友情了。

我想去仙女湖边，可可不肯跟我去，说要跟那藏族人家在一起。这可是从来没有过的事，那家人答应替我照看孩子，让我放心。我能放心吗，把一个两岁多的小男孩交给一群陌生人？想了想，我还是把可可留下了，独自走向湖边。

我把两岁半的儿子交给了陌生人。

我边走边回头看他们。可可戴着橘黄色防晒帽的身影越来越小，我心里却涌起一种复杂的感动。那是一家从四川阿坝州开车过来的藏民，他们一边采贝母一边喝茶游玩，要这样待上一个多月，快乐地度过高原最美好的夏季，然后回家。这样的日子，让人觉得好幸福。

这一刻，我想我的孩子也觉得好幸福。

黄河之南，金色大地

黄南

金色大地

同仁，藏语称“热贡”，意为“梦想成真的地方”。公元13世纪后，随着藏传佛教传入同仁地区，青海省黄南藏族自治州同仁县形成了主要为宗教服务的艺术群体和流派，称为“热贡艺术”。

▶▶“黄河九曲十八弯”。九字取意其多，虽然是修辞，黄河仍然不愧于“曲”：黄河从源头到入海口的直线距离为2 160公里，实际上却走了5 464公里，仅黄河干流，行180度大回转的弯道就有3个，90度折角的有4个，余下众多曲曲弯弯者数不胜数，由此足见黄河耿介生猛、桀骜难驯的性格。

黄河的180度大转弯发生在青海、四川和甘肃三省交界处。初生不久的黄河尚没有足够的力量冲破拦截在青海东部和甘肃南部的阿尼玛卿山，它只能依从着山脉南侧而行。进入四川的黄河在阿坝藏族羌族自治州红原县和若尔盖县分别吸纳了白河、黑河为其源流，黄河径流量增加了将近三倍，固执的黄河没有继续向东，而是绕经甘肃玛曲，又紧贴着阿尼玛卿山北侧返回青海，流经海南藏族自治州以后，进入黄南藏族自治州。

宗教事务构成了藏地生活的重要部分。

吐蕃早期，剃度出家者均为贵族子弟。及至后来，佛教成为雪域藏地全体民众的一种信仰，那些立志走上修行之路的僧侣，也大多是从小即有理想、心智聪慧的有为之人，这使得藏传佛教长久以来具有了神圣高贵的气质和令人敬仰的精神品格。

此后，黄河继续不择细流、融汇百川、兼收并蓄，逐渐形成其越来越宽泛、越来越从容的气度。

黄南藏族自治州位于青海省东南部，因辖区大部分在黄河以南而得名。全州总面积 1.79 万平方公里，平均海拔 2 500 ～ 3 700 米，为青海省牧业区向农业区过渡地带，历史悠久，宗教文化荟萃，有藏族、蒙古族、汉族、回族、土族等 17 个民族在这里生活。

往事·政教合一制度

▸▸ 隆务寺是黄南藏族自治州最大的藏传佛教格鲁派寺院，在安多地区，其规模、地位、影响仅次于湟中的塔尔寺和甘南的拉卜楞寺。自明朝至青海解放前，隆务寺在当地行使的政教合一制度，使它的影响更为特殊。

政教合一体制曾是藏地历史上一种特殊的政治制度，它的产生和发展有着复杂而深厚的原因。佛教在吐蕃赞普松赞干布时期传入藏地，到了吐蕃第三十八代赞普赤松德赞时期修建了藏地第一座寺院桑耶寺，才正式完成了佛教在藏地的落地生根。为了鼓励大臣后妃和平民出家，赤松德赞宣布：出家僧人免除差税兵役，生活费用由王室府库供给。到赤松德赞统治后期，僧人领袖堪布被封大金告身、位列人臣之首，不仅如此，赤松德赞还颁令赐给每座寺院 150 户民户、每个僧人 3 名奴隶，僧人阶层成为西藏社会的特权阶层。

赤·热巴巾执政时期，将佛教推到了一个前所未有的鼎盛时代。赤·热巴巾为出家僧侣创造了诸多特权，规定每 7 户人家供养一位僧侣，并制定刑法，“如有人恶视僧人，抉其目；恶指僧人，断其手；恶言僧人，割

其舌；偷盗寺院及僧人财物，罚款八十倍。”相传，为了提高整个僧众的社会地位，赤·热巴巾将自己的发髻系上长丝巾，丝巾下端敷于僧座，令僧众坐在上面。赤·热巴巾时期，佛教寺院在吐蕃社会中成为一个独立的社会实体。许多寺院不仅拥有属民和特权，而且占有土地、牧场和牲畜，这说明佛教僧人已经成为吐蕃社会中享有崇高地位的社会阶层。

从赤松德赞到赤·热巴巾，几位吐蕃赞普对佛教的大力扶持倾斜，从而达到巩固吐蕃王权统治地位、对抗本教势力集团的政治目的。然而，这些做法也激化了吐蕃王族与本教贵族和信众之间的矛盾，最终导致了朗·达玛灭佛和吐蕃王朝的毁灭。此后百余年间，西藏进入“卫藏百年无法”的黑暗时期，整个藏地也失去了统一的政权统治，地方割据势力在争斗中登上政治舞台。

吐蕃灭亡后，西藏地方先后出现了没卢氏、悉朗氏等 11 个割据政权。这些地方势力虽然各霸一方、统辖自己的属民，但新政权仍不是很巩固，需要寻找和创立新的适应封建农奴制度的思想体系。这些大封建主中，有很大一部分是崇佛的吐蕃王室后裔，他们对利用佛教统一民众思想已显得驾轻就熟。于是，在公元 10 世纪后半期，藏地各割据统治者们分别派出人员到多康和印度等地求法学经，并请来高僧大德传法译经，推动了佛法在民间的传播。另一方面，佛法“后弘期”，民间成长起来的佛教徒们也深知，只有依靠政治经济实力雄厚的大封建主的扶持，佛教才能得以生存和发展。因此，藏传佛教各大宗派的形成，又是与地方封建割据势力相伴而生的。

公元 13 世纪初，成吉思汗统一蒙古各部，即蒙古大汗位，发起了征服世界之战，金戈长矛直指青藏高原。

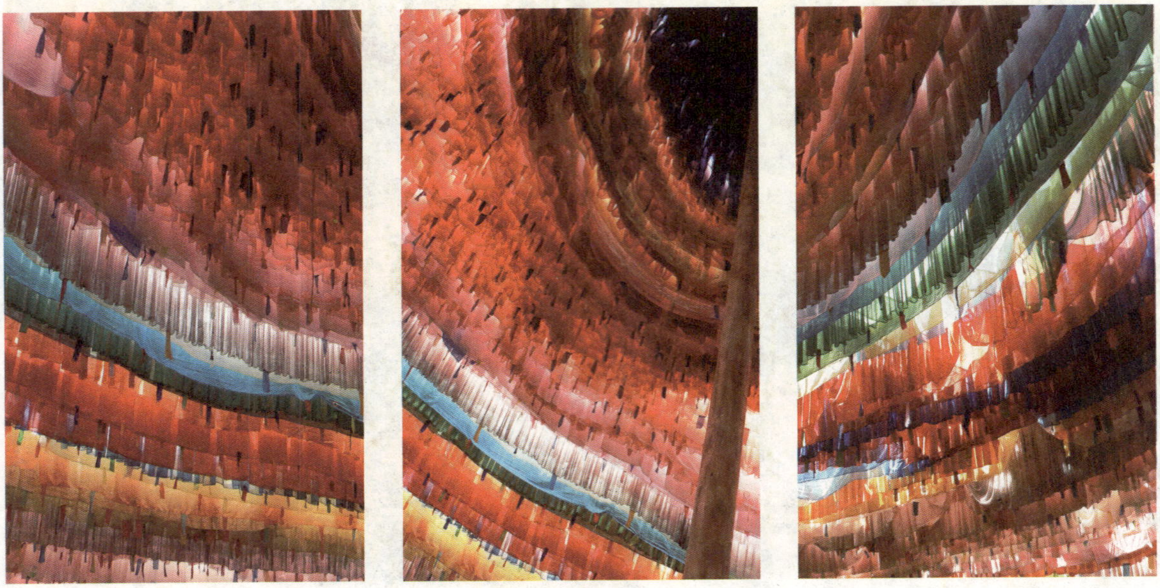

佛教在藏地的传播，经历了一个曲折的过程。

迫于当时形势，西藏萨迦派首先与蒙古人联系，表示归顺，并将佛像和佛经送到蒙古地区，这是佛教传入蒙古的开端。公元1253年，元宪宗蒙哥汗派兵统一藏区，至其弟忽必烈登基，尊萨迦派第五代祖师八思巴为帝师，设吐蕃宣慰司都元帅府，而其首席官员“萨迦本钦”一职，则由国师提名、皇帝任命。自此，佛教上层人士担任藏区宗教和行政首脑的政教合一制度形成，这是在元朝中央政府的直接治理之下进行的，而非独立掌握政权。

随着元朝势力的衰落，萨迦派在藏区的地位也发生动摇。至1354年，帕竹噶举派取代萨迦派，掌握了藏地政权。至明永乐年间，藏区兴起了最后一个、也是势力最强大的教派——格鲁派（黄教）。16世纪中叶，格鲁派形成寺院集团势力，其领袖人物达赖喇嘛的活佛转世系统亦于此时正式建立。格鲁派集团实力膨胀，引发其他教派及地方势力的武力干涉。五世达赖和四世班禅联合蒙古和硕特部首领固始汗，对诸敌对势力进行了毁灭性打击。此时，正值满清积极准备入关的前夜，五世达赖和四世班禅派使向其表示亲近，并请求支持。满清政权对此反应积极，公元1652年，顺治帝邀五世达赖进京，册封其为天下佛教领袖，但并未授其行政权力。

公元1720年，清朝派兵入藏，护送七世达赖到拉萨坐床。随后数年西藏内乱不断，清廷设置驻藏大臣对其实施直接监管。1750年，拉萨发生暴乱，包括驻藏大臣在内的汉人几乎被杀尽。乾隆皇帝在经过反复思量之后，于次年正式授权达赖喇嘛管理西藏地方行政事务。至此，藏传佛教格鲁派正式在藏地实现“政教合一”统治，直至藏地全面解放。

人文·热贡艺术

▶▶ 同仁，藏语称“热贡”，意为“梦想成真的地方”。公元13世纪后，随着藏传佛教传入同仁地区，青海省黄南藏族自治州同仁县形成了主要为宗教服务的艺术群体和流派，称为“热贡艺术”。

“热贡艺术”是一种以工笔重彩佛教绘画和人物雕塑为主，带有极为浓厚的藏传佛教色彩的民族民间传统艺术。它从诞生到现在已有六七百年的悠久历史，在整个青藏地区，特别是藏族佛教艺术领域中，成为一个独具艺术特色的重要流派，影响十分广泛，堪称藏族文化宝库中一颗璀璨的艺术明珠。

“热贡艺术”的发展与藏传佛教在黄南地区的盛行关系极大。大约公元 14 世纪初，藏传佛教的萨迦派、宁玛派便在黄南地区广泛盛行，并且形成了十分强大的宗教势力。它不仅左右这里的政治、经济，而且直接影响到人们的思想文化。当时，随着藏传佛教的兴起和发展，一批西藏等地寺院的画师把宗教绘画艺术带到了这里，而且很快扎根开花。公元 17 世纪中叶以后，由于格鲁派（黄教）势力的迅速崛起，同仁地区出现大量寺院，当地所有人家都有男人在寺中当喇嘛，少则一人多则几人，寺院就成了培养藏族子弟绘画、雕塑的“艺术学校”。

“热贡艺术”是品种多样、技艺高超的综合性艺术。主要为彩绘、彩塑、堆绣、图案等。其中，绘画以卷轴画（唐卡）、壁画为主；雕塑主要包括泥塑、木刻、砖雕、石刻、酥油花等，其中以泥塑鎏金为主；堆绣是用各种色彩艳丽的绸缎剪贴而成，装饰性极强；图案是附于建筑物、室内摆设及日常用具表面的一种装饰艺术，多见于寺院建筑。“热贡艺术”的表现内容多为释迦、菩萨、护法等佛经中的人物故事及藏地神话传说等，也包括一些世俗化的风情，其风格呈现了多种艺术元素，体现了多元文化的集大成：从宗教因素讲，它融合了汉传佛教、藏传佛教、原始本教、萨满教等文化，还有道教、儒家文化的因素。从民族因素来讲，它融合了古代西羌、鲜卑（吐谷浑）、吐蕃、蒙古、汉等几十个民族的文化成分。从地域因素来讲，它不仅有本地吐蕃游猎文化，又有前后藏地文化、康区文化、北方草原文化、中原农耕文化、波斯文化及中亚文化等地域文化成分。从文化类型来讲，它既有纯艺术品种，又有非艺术品种；既有固态文化品种，又有流动文化品种；既有物质文化品种，又有非物质文化品种。各种文化因素在长期的历史进程中，兼收并蓄、融会贯通，逐渐形成了多元一体的文化格局。

历史上，传统的热贡艺术主要在藏传佛教寺院内部创作、传承。自 1958 年宗教改革以后，随着大量艺僧佛徒的还俗，热贡艺术开始流向民间，并在民间传播。热贡艺术的主要创作群体分布在同仁县

过去，传统的热贡艺术主要在藏传佛教寺院内部创作、传承。

一位专心制作泥塑佛像的艺僧。

寺院里精美的建筑。

的上下五屯村、年都乎村、尕赛日村、郭麻日村等村落，又各自形成体系。其中，五屯村以绘画为主，兼事雕塑和堆绣；年都乎村以堆绣为主，兼事雕塑、唐卡和壁画创作；尕赛日村和郭麻日村以唐卡和壁画创作为主。

过去，热贡艺术多以师徒和父子传承。由于历史上的热贡艺术品不追求署名，好多历史精品佳作不知作者，其师承关系只能追溯到近代以来。热贡艺术凭借其精美的设计、艳丽的色彩和精细的线条，不仅在佛教盛行地区流行，而且也越来越受到港澳台地区以及世界各地艺术爱好者们的喜爱。

热贡艺术于 2006 年 6 月被列入首批中国非物质文化遗产名录。

景点·壮观大地 神圣石经

同仁·历史文化名城

▶▶ 同仁县是黄南藏族自治州州府所在地，位于黄南藏族自治州东北部，县城隆务镇距西宁 186 公里，是青海省唯一一座国家级历史文化名城，1997 年被国家文化部命名为“中国民间艺术之乡”。

同仁在历史上是游牧地区。早在后汉时代，这里已是刀箭之地，兵连祸起。在汉朝时期，同仁北部成为汉朝屯田之地。唐中宗时，这里作为金城公主的汤沐邑赐予吐蕃。宋代，同仁是唃厮啰政权的势力范围。元明两代，有中央屯军进入，形成以隆务寺为中心的青海最大的藏传佛教政教合一统治体系，一直延续到清代。1929 年，同仁设县，所在隆务镇。

历史上，同仁曾被羌、汉、吐蕃、蒙古等多个民族占据，使这块地方形成了多民族文化融合、历史悠久、种类繁多、乡情浓郁、流传广泛等特点，倍受世人的关注和青睐。

历史上，隆务寺最早在黄南地区实行“政教合一”的统治。

隆务寺·青南第一大寺

▶▶ 隆务寺是青南地区第一大寺，位于黄南藏族自治州州府所在地隆务镇隆务河畔。“隆务”系藏语，意为“农业区”。隆务寺藏语全称“隆务贡德钦却科尔林”，意思是“隆务大乐法轮洲”。历史上，隆务寺曾有属寺数十座，其规模、地位和影响，在安多地区仅次于湟中的塔尔寺和甘南的拉卜楞寺。

隆务寺始建于公元1301年，最早是藏传佛教萨迦派寺院。1426年前后，当地名僧三旦仁钦与其胞弟罗哲僧格维修并扩建了该寺。三旦仁钦的先祖拉杰扎那哇本出生于西藏，是一位专修明咒的瑜伽师。早年，他受大元帝师八思巴的差遣来到隆务，其子隆钦多代本为隆务土官，三旦仁钦为其长子。

隆务寺大经堂里正在做功课的喇嘛们。

三旦仁钦自幼出家，曾拜宗喀巴大师的启蒙老师顿珠仁钦为师。其后，三旦仁钦以当地萨吉达百户为施主，正式建成隆务寺。三旦仁钦的胞弟罗哲僧格，是一位佛学造诣极深的高僧，被明朝皇帝封为“弘修妙悟”国师，寺院获御赐“西域胜境”匾额。从此，隆务家族声名大振，在隆务河流域行使区域性的“政教合一”统治。

其后，隆务家族中又有5人得到国师封号。明万历年间，格鲁派在青海地区已很有影响，隆务寺遂改宗成为格鲁派寺院。

郭麻日佛塔·安多最大的佛塔

▶▶ 郭麻日佛塔位于同仁县城北5公里处郭麻日寺内。

郭麻日佛塔，安多藏区最大的佛塔。

一位僧人站在郭麻日佛塔顶层向远处眺望。

对于佛塔，藏族群众有着异乎寻常的感情，有一首歌是这样赞美佛塔的：“你是天上的繁星、布满星空，当天空光芒万丈，你雄伟的身影照亮虔诚的心，当天空乌云密布，你洁白的身影把和平洒向人间。”

郭麻日佛塔又称“时轮大解脱塔”，1994 年由郭麻日寺住持主持设计，历时 5 年建成，塔高 33 米，塔身分五层，是安多藏区最高最大的佛塔，也是唯一一座殿室式佛塔。佛塔占地 1 100 平方米，基座是一圈转经长廊，塔内沿盘旋式阶梯逐层登高可至塔顶。塔的外壁上塑有观世音等菩萨像和 35 座般若佛像，塔心以十世班禅的袈裟等衣物及生活用具装供。

郭麻日佛塔有一种令人肃然起敬的美，站在它脚下，你会不由地感叹人的渺小和时光的沧桑。

藏乡“六月会”·供奉夏琼神

▶▶“六月会”是流传于黄南同仁一带藏族地区的一种具有独特风格的民间习俗活动，已有 400 多年的历史。传说很早以前，同仁地区有许多毒蛇猛兽危害人类，后来从印度飞来一只大鹏鸟，降服了这些毒蛇猛兽，最后落在了“四合吉村”附近的西山上，藏语把大鹏鸟叫作“夏琼”，也就是传说中的夏琼神，后来为了供奉此神，定于每年农历的六月十六举办“六月会”。

“六月会”主要活动有祭神、上口扦、上背扦、跳舞、爬龙杆、打龙鼓等，最后是法师的“开山”。这一民间活动蕴含着宗教、历史、民俗、风情等丰富的文化内容，充满了神奇与欢乐。“六月会”开始时，先由村里的法师带领神轿一班人进入每家每户做法事。神轿里供奉的是夏琼神，为的是祛灾避邪，保护全村家家户户人畜平安、五谷丰登。次日清晨，每家每户做供品上给夏琼神等。之后，男人们在法师的带领下，排着长队到山上去插“松布泽”，即插旗杆，再供上炒面等供品，点火煨桑，祭祀场面隆重而神圣。

热贡“六月会”上的群舞。

集会上一个盛装的藏族小女孩。

据说，这些“於菟”必须从屋顶而不能从街门进入各家的原因，是民众怕游离于街巷的疫鬼会趁机溜入宅院作祟所致。但如果“於菟”愿从宅院大门出去，倒看作是把疫鬼带离家宅而无异议。

煨桑祈祷之后，人们回到庙里，开始跳舞。“六月会”的舞蹈有七八种，以神舞“拉什堆”、军舞“莫合堆”和龙舞“勒什堆”三种为主，还有“干”、“高跷”、面具“阿扎浪”等等。大家载歌载舞，场面非常壮观，活动一直持续三天。

这其中，最具特色的是“上口扦”、“上背扦”和“开山”。“上口扦”是法师为自愿的年轻人在左右腮帮扎入钢针，也称为“锁口”，据说此举可防止病从口入。“上背扦”是将 10 ~ 20 根钢针扎在脊背上，舞者赤裸上身，右手持鼓，左手击鼓，边敲边舞，直到钢针自动全部脱落为止。令人称奇的是上扦者毫无痛苦之感，个个神情坦然。上扦处不但滴血不流，也不会留下疤痕。“开山”是法师用刀划破自己的头顶，把鲜血撒向四面八方，这是一种古朴奇特的祭天方式。

在同仁地区，“六月会”由各村轮流举办，节日盛况空前。2006 年 6 月，热贡“六月会”被列入首批中国非物质文化遗产名录。

土族“跳於菟”· 遥远古风

▶▶《辞海》中称：“於菟（wū tú），虎的别称”。“跳於菟”是仅存于青海同仁县年都乎村土族中的一种古老的传统民俗仪式，每年农历十一月二十日举行。

节日的清晨，由土族各部落推选出来的 7 名男青年，集合于山神庙前，在严冬凛冽的寒风中脱去衣裤，图画虎豹斑纹于裸露的身体和四肢，并把头发撮撮扎起，装扮成“於菟”的愤怒像。他们双手各持顶端贴有福旗的荆条棍，在巫师“拉瓦”的主持下，通过诵读经文、跪拜二郎神与山神，然后由拉瓦一一灌酒，使虎魂附体于“於菟”。此时，这些不能再说话的“於菟”，在民众的心目中已从原有的人格转为现有的神格，获得了驱鬼逐疫的能力。

随着一阵铁铳与鞭炮的炸响声，五名小“於菟”直奔山下村寨。巫师“拉瓦”在寺院住持陪同下，率领两个大“於菟”,边击锣鼓山边以缓步蹦跳姿态走街串巷,以荡涤游离于各家宅院之外的疫鬼。另外五名小“於菟”则早已或翻墙入院，或蹦跳于各户屋顶之上，进行驱魔逐祟。他们每到一家，在各屋蹦跳一番以示驱鬼逐邪后，便吃掉或口叼户主事先准备好的生、熟肉块，再继续从屋顶进入另一家院落。

据说，这些“於菟”必须从屋顶而不能从街门进入各家的原因，是民众怕游离于街巷的疫鬼会趁机溜入宅院作祟所致。但如果“於菟”愿从宅院大门出去，倒看作是把疫鬼带离家宅而无异议。在仪式过程中，无论大小“於菟”，都将接受群众套往荆条棍上的圈饼，使之获得灵气。此外，一些患病者还主动仰卧于“於菟”的必经之路上，等待“於菟”从身上跨过，以带走病魔获得痊愈。

经过大半天的驱魔逐疫后，大小“於菟”伴着逐邪胜利的鞭炮声，冲向村外河边进行“洗祟”，即凿开冰层以冰水洗去身上的虎豹斑纹，除去从各户带来的邪祟、秽气，恢复原有的人格。“拉瓦”则在住持的锣声中诵经焚纸，表示已将妖魔彻底消灭。回村后，由“拉瓦”将附有灵气的圈饼分赠予各户，使全村民众食之而获吉祥、康宁。

从青海同仁土族的“跳於菟”驱傩仪礼现象中，可明显看到其中所包含藏传佛教、道教和原始多神崇拜的遗迹。“跳於菟”民俗现象，是多民族、多种宗教相互融合的复合文化形态，是研究我国古代民族与民俗文化的宝贵遗产。

年都乎村土族跳“於菟”仪式。

坎布拉国家森林公园・丹霞奇峰

▶▶ 坎布拉国家森林公园坐落在黄南藏族自治州尖扎县境内，距离西宁 131 公里，是一处群山环抱、林海莽莽、奇花异草、景色秀雅的风光游览区。

坎布拉丹霞地貌由红色沙砾岩构成，岩体表面丹红如霞，奇峰、方山、洞穴、峭壁为主要地貌特征，山体如柱如塔、似壁似堡、似人如兽，各种造型栩栩如生，形态千奇百怪，有鬼斧神工之妙。坎布拉地区有 18 座奇山险峰，阿琼南崇峰、宫保峰、德杰峰、内宝宗峰、大雁峰、尼姑峰、山羊峰、牦牛峰等，这些山峰的命名大都带有浓厚的宗教色彩。在 18 座山峰中，阿琼南宗峰和内宝宗峰最为闻名。德杰峰在阳光照耀下，远远望去，犹如拉萨布达拉宫之盛景；位于德洪村附近的“仙女聚会”，是由数十个拔地而起，形态各异的圆锥形山体组成，上面有奇花异草点缀，四周地形隆起，犹如“仙女”们在翩翩起舞，景色奇特、秀美，如入仙境，让人叹为观止；强起岗位于风景区的西部，是由大小数十座峭壁如削的塔状山峰组成，在最佳景点观赏，似群山起舞，林海莽莽，气象万千，给人以气势磅礴，蔚为大观之感。阿琼南宗峰四周为陡岩峭壁，只有一条石阶小径通往峰顶，这条小径大部分是在悬崖上人工开凿而成的。峰顶有一座古刹，数间小石窟，窟内陈列佛像，终年香火不断。内宝宗峰是一个四四方方的独立山峰，上有珍奇花草，峰顶有天池、泉水。

坎布拉国家森林公园。

坎布拉林区的气候凉爽湿润，雨量较为充沛，是植物生长繁殖的福地。桦树、青海云杉、油松是林区内主要的树种，海棠、银露梅、探春等数十种的灌木树种和荷花菊、点地梅等草本植物点缀着秀丽苍翠的山谷。此外，风景区内还栖息着鹿、麝、盘羊、锦鸡等珍禽异兽。

坎布拉地区的宗教亦很昌盛，风景区内共有 4 座寺院。

和日石经墙。

和日石经墙·石书奇观

▶▶ 和日石经墙位于黄南藏族自治州泽库县和日寺后山上。和日寺又称“切更寺”，是藏传佛教宁玛派寺院。和日寺面向美丽如画的巴滩草原，背靠连绵起伏的智合加山。寺院后山上有四堵大型石经墙，俗称“和日石经墙”，是迄今为止我国发现的规模最大的石刻经书，为青海省重点文物保护单位。

石经墙高3米，厚2.5米，长200米，加上另外三堆石经，总长度近300米，全部用刻有经文的大小石板砌成。经文内容是藏传佛教名著《甘珠尔》、《丹珠尔》和《大般若经》等，还有千余幅佛教故事石刻画。经文字数在2亿字以上，石刻工程浩繁巨大，充分显示了藏民族吃苦耐劳的精神和聪明智慧，是海内外罕见的人文景观，被誉为世界“石书奇观”。

圣湖仙女洞·高原喀斯特

▶▶ 圣湖仙女洞位于黄南藏族自治州最南端的河南县境内，是青藏高原上十分罕见的一处喀斯特地貌景观。“圣湖”是一个面积约5 000平方米的沼泽湖泊，当地群众称为“拉毛兰木措”，意即仙女湖。湖中有三眼清泉终年喷涌，晶莹透亮、明澈如玉，泉水清澈凛冽、汇而成湖、出而漫流，形成湖周围绿草如茵、风景秀丽的沼泽湿地。

早在清康熙十八年（1679年）九月，一世嘉木样应察罕丹津之请由藏东返创建拉卜楞寺时，与赶来迎接的僧俗一起，为仙女湖诵经祈祷，由此更增加了仙女湖的宗教色彩。自那以后，世代相传，仙女湖成为当地群众所崇信的圣湖。时至今日，过往群众大都驻马临湖瞻仰，或向湖中央投放硬币，或向湖边三脚式幡幢上敬献哈达，以示虔敬、以释心愿。每年4月，附近群众都来这里诵经、膜拜，平时遇有病痛灾祸，也来这里磕头、煨桑，祈祷神灵降福祛灾。

在圣湖西北面有一个天然的大岩洞，幽深奇特、神秘莫测，人称“仙女洞”。洞内峭壁嶙峋、怪石林立、迂回曲折、流水潺潺。洞顶一簇簇钟乳石似宫灯吊挂，平地堆涌的石笋如宫柱、如人物、如猛兽，又似华丽的家具摆设，令人目不暇接。最有趣的是被称为“仙女舞厅”的洞室，游人来回踱步，会发出美妙的声音；人在里面独唱，会有众人和声的效果，是当地一个独特的自然景观。

民间·画师扎西喇嘛

▶▶ 不是第一次来黄南。那天，去隆务寺。天空下着细雨，寺院里冷冷清清没什么人，就忽然不想按照寻常的路线一间间经堂地看，只想随意在寺院里走走，感受这置身其中的清凄感觉。

在一条上坡的小路上，我遇见迎面而来的扎西喇嘛。直觉告诉我，这个裹着一袭绛红色袈裟的年轻喇嘛跟我一样也正没有目的地闲逛。因为，他不像其他喇嘛那样神态端庄、行色匆匆。他看上去有些无所事事，似乎正陷入一种自我遐想的幻境之中。

扎西喇嘛走过我身旁时我叫住了他。我冲他点头施礼，说：“师傅，您可以告诉我这条路通向什么地方吗？”

“它通向寺院的转经路。”扎西喇嘛用裸露在袈裟外面的手臂将他的回答引向身后的山上。我看见那里，有一些信徒正走在高高低低的山路上。

黄南李家峡水库。

我向扎西喇嘛致谢，扎西喇嘛却不急着走，反而停下来看着我，仿佛他早就知道会在这里遇见我，并且期盼着我的提问似的。于是我提出请求，问扎西喇嘛可不可以带我在寺院里四处走走看看，做我的向导。

扎西喇嘛把袈裟抖落又重新披上，热切地说："好啊。"

接下来的时间里，我得知他叫扎西，20岁，是一位画师，难怪他在别的喇嘛诵经的时候有"闲逛"的自由。扎西喇嘛带我去了一些不对普通游人开放的殿堂，我得以见识了许多珍奇的宝贝，听到许多在旅游手册上看不到的故事。

我请扎西喇嘛带我去看看他的作品，扎西喇嘛先是羞涩，然后领我到一处廊亭下的一面壁画前，壁画是一位威严的护法。扎西喇嘛的技法自然还不甚圆熟，尤其看得出作画时的心性还需沉潜。这不是一朝一夕的修炼，他还年轻。

在寺院转了一阵儿，我怕耽误扎西喇嘛，遂向他道别。扎西喇嘛却反邀请我，问我愿不愿意去他的住处坐坐。我很意外，想喇嘛的禅房会不会不允许俗人去。扎西喇嘛说是可以的，没有问题。我于是既惊且喜，跟随扎西喇嘛来到寺院的后山上。

后山上集中建着许多排僧房，每一排隔出一些门，每一扇门里是一个类似四合院的小院子，里面住着七八个喇嘛，一人一间屋子。扎西喇嘛的住处是一间十五六平方米的房子，土坯原木衬里，干净而整洁，与我想象的不一样。扎西请我坐下，洗了一只玻璃杯沏上茶，又用盘子装了些油炸面果端来。扎西喇嘛还给我看他的画稿和一册藏文版的壁画技法图书。藏地壁画有一定程式，很像中国古代的九宫格画法，细部又有工笔技巧和色彩搭配，突出中心主体。扎西又拿出一本相册，里面是他和许多外国人及内地游客的合影。热贡艺术蜚声海外，早些年到这里的外国旅行者比中国游客还多。扎西喇嘛是一个画师，又热情、好奇，认识不少国内外朋友。

“朋友”是扎西喇嘛特别爱提到的一个词，感觉上他生活中很大一部分精神支撑来自那些遥远的友谊。扎西喇嘛去过北京、上海、广州等大城市，对内地的生活充满向往。就像我一趟趟离开都市“逃”往藏地，扎西喇嘛也一有机会就往内地跑。

然而，这样的经历对扎西喇嘛不能说全是好处。我们对各自生存的环境早已构成依赖，即使它贫瘠或者拥挤、空气清新或者乌烟瘴气。就像我是都市的孩子，即使我终日浪迹天涯；而扎西永远属于草原，无论他如何向往城市。

在扎西喇嘛的房里坐了不短的时间，雨也停了，我起身告辞。扎西喇嘛拿了一部随身听出来送我，我以为是藏地民歌，要过耳机来听，结果竟是内地的流行曲，大多是爱情主题。我问扎西喇嘛能不能听懂这些歌曲，扎西喇嘛说有的可以，有的不行。

我问：“那么，你对爱情怎么看？你懂‘爱情’这个词吗？”

扎西喇嘛点头表示理解，却说：“爱情不好，女人不好！”

我惊得大笑，说：“天呐，谁告诉你的？”

扎西喇嘛说是他师父说的。扎西说：“女人是老虎！”

我又大笑，问这又是谁说的？

扎西喇嘛说：“歌曲里唱的。”

寺院里，步履匆匆的喇嘛。

一次，扎西喇嘛来到北京。我带他去动物园，扎西喇嘛对野生动物特别感兴趣。

海南

高原古城　黄河至清

贵德地处黄河谷地，上有龙羊峡守关，下有松巴峡锁户，四面环山、平川开阔，土地肥沃、树木茂盛，素有高原“小江南”之称。尤为特别的是，历来黄河给人的印象都是浊浪滔滔、泥流滚滚，而贵德的黄河却令人惊异的清澈澄明、碧绿如蓝，所以有“天下黄河贵德清”的赞誉。

▶▶ 海南藏族自治州是黄河离开河源后在青海省内流经的一个州。这里已经到了青藏高原向黄土高原的过渡地带，由于青藏高原和黄土高原两大块地形单元高度相差悬殊，加之年轻的青藏高原仍在继续上升，使得这一区域内的黄河在一连串巨大的落差中，凭借着神奇的自然力驱使，劈山裂石、汹涌澎湃，形成黄河干流上最密集的一系列大峡谷区。峡谷与峡谷之间，黄河冲流出宽平的河谷盆地。这些地域土地肥沃、气候温和、浇灌便利，是青海高原主要的粮油瓜果之乡。

海南藏族自治州旅游资源中，青海湖、倒淌河等已在本书青海湖区一章中作了介绍；除此而外，贵德县是黄河流域的一个旅游文化重镇。历史上，文明的发展和传承总是和城市的建立分不开。贵德古城始建于明

天下黄河贵德清。

朝初年，至今已有600多年历史，现城墙基本保存完好，城内建筑群也多为明万历年间修建，经清道光、光绪两朝的重修，呈现出一座融汉藏风格于一体的高原古城风貌。

贵德地处黄河谷地，县城河阴镇距西宁116公里，上有龙羊峡守关，下有松巴峡锁户，四面环山、平川开阔，土地肥沃、树木茂盛，素有高原“小江南”之称。尤为特别的是，历来黄河给人的印象都是浊浪滔滔、泥流滚滚，而贵德的黄河却令人惊异的清澈澄明、碧绿如蓝，所以有“天下黄河贵德清”的赞誉。

往事·物华天宝 黄河奇石

黄河发源于青海省巴颜喀拉山的北麓，海拔4 500米的约古宗列盆地，流经青海、四川、甘肃、宁夏、内蒙古、陕西、山西、河南、山东等九个省及自治区。亿万年时光穿越，千万里河水流淌，黄河切入崇山峻岭，沿途岩石坠入河道中，经河水的搬运冲击，形成了众多色彩艳丽、形态动人的黄河卵石，被称为“黄河奇石”、“黄河石”。

黄河石主要产于黄河上游的河道里。在黄河的不同段，黄河石的品质各异，包括火成岩、沉积岩、变质岩等不同质地，依山石的岩质、矿物成分及自然条件各异，形成了不同类型的、丰富多趣的黄河奇石，大者如鼓，小者如拳，质地坚硬，色彩多为间色或复色，色调沉稳古雅，饱含历经沧桑的苍凉雄浑之气。

黄河石是天然形成的具有观赏、玩味、陈列和收藏价值的人间奇品，凝聚了天地之灵气、时空之精华。黄河石最大特色是“类多、色多、形多”，已发现的有收藏价值和经济价值的黄河石有图案石、形状石、色彩石、生物化石等四大类，具体分为画面石、景观石、彩色石、抽象石、文字石等。黄河石的观赏价值主要在于其石表色彩花纹的组合变化，许多石纹能形成天然画面，诸如山水、花鸟、人物、动物，乃至文字符号，无奇不有。

一块巨大的黄河奇石。

人文·雨后山顶的静谧

▶▶ 我在贵德时，一天，当地驻军指导员，我的朋友王公民颇为神秘地说带我去“一个好地方”。我问：“什么地方？”王公民说：“去了你就知道了。”

我们驱车出贵德县城，往西南方向的山里走了大约两个小时，来到一片绿草茂盛、鲜花遍野的山坳。这里比一望无际的草原牧场又别有一番幽静的情调，坐在山坡上，远近的山谷尽收眼底。山脚下，孤零零地矗立着一片院落，在周围浓郁的绿色中显得有些寂寞的样子。我用望远镜向那里聚焦，却意外地在高低参差的土垒院墙上发现了两颗好奇的脑袋——原来，对方也在向我们张望。偷窥者一下子成为被窥者，我不禁哑然失笑。想必这里山高谷深、人迹罕至，忽然有陌生人来，不免惊吓了他们。

趴在墙头上的人观察了一会儿，看我们不过是傻傻地坐在草丛里东张西望，便悄然隐去了。他们一定觉得我们很无聊，不知道我们坐在那里看什么。我原想去采访那户人家，忽然心生了懒惰，竟觉得，此时此刻与其去和人说话，还不如就这样呆坐着。

不一会儿，远远的山道上又出现一位身着袈裟的喇嘛。他背着一个布袋，步履有些匆匆，似乎为了什么事情而急于赶路，或者，是怕天边的那几块乌云压过来。

我指指远方，说："看那个喇嘛。"

坐在我身边的拉加才让突然说："那是一位女阿尼！"拉加才让是县政府一位负责宗教事务的藏族男青年，他的汉语不太好，人又非常含蓄、内向，所以一直沉默着。因为遥远，我即使用望远镜也无法辨认那位喇嘛的性别。我问拉加才让为什么说"他"是一位女阿尼，拉加才让说从她走路的姿态上可以看出。女性走路，自有一份男人比不了的柔顺和轻盈。

一个女阿尼，在一个将雨的午后独自行走于山野间。她从何处来，她往何处去，这一路上，她看见了什么，遇到过什么，我不免又陷入了对人的揣测和牵挂之中。这是我常常爱做的事情。

在山坡上坐久了，凉气开始从四周拢来。一会儿浓重的乌云将太阳不留痕迹地完全遮住，使大地变得一片阴冷；一会儿又随意扯出一道口子，允许太阳用几束迷蒙的光柱向世界报告着它的存在。然而，即使在这样的时刻，乌云也会猝不及防地洒下一阵儿雨点，以表示对太阳的"藐视"。

尽管天空落着细雨，我们仍然决定到山顶去看一看。高原原本海拔就高、空气稀薄，在平地上走路都要小心翼翼，步伐稍微快一些就会气喘吁吁，更何况爬山。我刚走几步就感到难受，上气不接下气，胸腔压抑得仿佛已经容纳不下那颗小小的心脏，它就要跳出来了。可是拉加才让却似闲庭信步，优哉游哉。

山野间，一处不知建于什么年代的石砌关隘。石花凭借岁月的力量已经在石块上牢牢附着，与丛丛野花一道为荒凉添上些许生趣的暖意。

每一次爬山，我都后悔；而每一次站到山顶的感觉，都不会让我后悔。这次尤其如此。山顶上是一片从未被人动过的草坪，开阔而平整。环顾四周，像飞临豁然开朗的仙境，脚下的土地虽然不是最高峰，但远处的雪山已经可以平视了。雪山像一瓣瓣洁白的莲花盛开在周围，我置身绿草如茵的山巅，如同坐在莲花的蕊间。心里，便有了佛的感觉。

景点 · 阁庙生辉 温泉水暖

玉皇阁 · 明清故楼

▶▶ 贵德县文庙和玉皇阁是贵德县现存明清古建筑群最具代表性的建筑。这处古建筑群位于贵德县河阴镇。据史料记载，明万历十七年（1589 年），为巩固统治、教化民风，保佑“皇图永固，时岁享昌”，乃“恭择城中场地，创修玉皇圣阁”，历时 4 年竣工。清道光十七年（1837 年），玉皇阁重建。清同治六年（1867 年），玉皇阁毁于战乱，现存古建筑群是光绪年间依次重建的。

该建筑群占地面积 61 亩，建筑面积 4 915 平方米，是一处庙观相互毗邻，集儒、道、佛为一体，捐弃门户之见，并存相依，布局独特的古建筑精品。整体建筑采用中国传统的中轴线左右对称的形式，单体建筑以甘肃、青海两地做法为主，富丽堂皇，布局国内罕见，极具历史文物价值和建筑艺术价值。

文庙包括棂星门、泮池、乡贤名宦祠、七十二贤祠、大成殿等 12 个单体建筑。其中，大成殿是供奉中华民族伟大先哲孔子之神位，历来为文人祭祀和集会的场所。

除玉皇阁和文庙外，贵德明清古建筑群还包括供奉着关羽、岳飞和马祖三尊神的关岳庙和仍保留有清光绪时期壁画的城隍庙等。

贵德玉皇阁。

贡巴寺 · 闻思兴隆院

▶▶ 在贵德县，贡巴寺是一座影响和规模最大，历史最悠久的古刹名寺。

贡巴寺坐落在贵德县城东南 3 公里处的小泉山下，寺院四周村庄密布、阡陌纵横，清溪长流、粮果并作，一派农区川水景观。藏语称“贡巴扎仓闻思兴隆洲”。为当地贡巴、麻巴二村寺院。

相传在元末明初，二村就已经各有一座小寺。当时，这两座小寺均实行萨迦派教规，允许僧人娶

贡巴寺是一座影响和规模大，历史悠久的古刹名寺。

妻生子，每逢宗教节日，僧侣都聚到寺里参加佛事活动，其余时间则各自回家从事农业生产。约在明宣德年间（1426 ~ 1435 年），出生于贡巴村的贡格噶居巴从西藏扎什伦布寺学成归来，在他的积极倡导下，贡巴、麻巴二寺并为一寺建成大经堂，正式命名为“贡哇扎仓特三木达杰林”,即贡巴寺。贡格噶居巴传有三世,后未转世。清康熙四十二年(1703 年），由贡巴村人参直合一世接管寺务。参直合一世根敦顿珠曾学经于西藏哲蚌寺，曾任大昭寺金瓶掣签时的发布堪布，故称“参直合”。

根敦顿珠接管贡巴寺后，一度扩建寺院，添置佛像法器，改贡巴寺为格鲁派寺院。公元 1734 年，参直合一世根敦顿珠出任塔尔寺第二十四任法台。自此，参直合成为塔尔寺的一个活佛系统，前四世均出任塔尔寺法台，贡巴寺遂成为塔尔寺的属寺。

在活佛禅房外好奇观望的一个小喇嘛，他叫格登。

3 年后，我在塔尔寺又见过格登，他已经长大了。

长佛寺・会长高的佛

▶▶ 贵德的寺院不如其他一些地方的寺院建筑那么宏伟、阔大，但身临其境，反而会有一种因朴素而生的肃然与庄严，长佛寺就是这样一座寺院。

长佛寺坐落在贵德县河东乡查达村东南 1 公里的山坳里，距今已有 680 多年的历史。寺内大殿塑像是少年期弥勒佛，小殿是中年期弥勒佛。相传，建寺前，该地有一块自然形成的椭圆形白色花岗岩巨石，每天旭日从东方升起时，光芒照射在白石上会闪闪发光。此石正面有一颗由石脉纹形成的形状像藏经文中的“阿前”的字样，旁边另有两处形状像藏经文的字样。当地有几位法缘较深的牧民，多次在早晨从遥远处看见一位身着袈裟的童年佛僧在白石周围的光环中嬉戏玩耍的影子，当人接近时，那影子就会融入白石之中。因为此白石奇特，当时西藏热贡寺杰尕旦活佛来此处坐禅修经并解释道，此石乃弥勒佛少年时的化身，遇吉日良辰就会有显形现象。在当地信教群众的请求下，大师出资以白石为内藏塑造了一尊弥勒佛像，并建造了寺院，故该寺也称“白佛寺”。

长佛寺不但来历神奇，其后的传说也很神奇。相传，寺院原计划只修二层的佛殿，工序是先塑像后造殿。当佛殿建至两层时，原先塑好的佛像突然长高，佛殿被迫加高一层，后佛像又继续长高，木工没有办法，情急之下用特制的一双木鞋子在佛像头上打了一下，佛像这才不长了。“长佛寺”的名称由此而来。贵德地区的藏族群众对此佛特别信奉，敬若神明，许多汉族信徒也到这里拜佛求子。

在安多藏族人心目中，珍珠寺的地位颇为殊胜。

寺院内，会有一种因朴素而生的肃然与庄严。

在寺院转经朝拜时稍事休息的老年信徒。

珍珠寺·觉觉拉康

►► 珍珠寺位于贵德县城东 2.5 公里处河东乡，藏语称“觉觉拉康”，“觉觉”系汉语“珍珠”的变音。据《安多政教史》记载，当年萨班·贡噶坚赞应成吉思汗孙子阔端王之邀赴凉州，回归途中朝拜了乜纳塔，并在珍珠寺现址以阔端所赠的一驮珍珠为资修建了释迦牟尼殿，塑造了释迦牟尼像，珍珠寺之名由此而得。

另有一种传说：在遥远的年代，一位高僧用一峰骆驼驮着珍珠千里迢迢返回西藏，在一个美丽的地方骆驼跪卧不起，高僧环顾四周，认定这就是一块风水宝地，珍珠寺便在这里诞生了。

珍珠寺内有正殿、观音殿各1座，厢房30余间，正殿殿脊覆以琉璃瓦，饰以镏金宝塔，内供三世佛巨型塑像，用料金贵，造型优美。和山门内两侧的四大金刚立像，都出自造诣高超的热贡艺术家之手，具有极高的观赏价值。

历史上，珍珠寺无僧侣、寺主，历来由贡巴寺代管，但珍珠寺在信徒中地位殊胜。安多地区的朝圣者流传：前往拉萨朝拜释迦牟尼佛前，须先到珍珠寺朝拜。因为他们坚信，珍珠寺主供的释迦牟尼佛像与拉萨大昭寺的觉卧佛像齐名，系藏地108尊释迦牟尼佛像之一。

扎仓温泉。

扎仓温泉・平安幸福泉

▸▸ 扎仓温泉位于龙羊峡外口南面的山沟中，距贵德县城10多公里。藏族群众称扎仓温泉为“德仁吉曲库”，意思是平安、幸福的热水泉。当地人也称其为热水沟。相传，后羿为民除害射落了九个太阳，可他们并不甘心，就钻到地下去，分散在古老的九州大地，在土里发挥他们的威力。跑到雍州地界的那个太阳便钻到贵德的地底下，所以地下水经常沸滚，涌出地面，便形成了温泉。

多吉在草原深处与央金结合，骚动的草原就平静了下来。在牧区就是这样，人们崇拜力量、崇拜生命的意志力。

当地三面高出，危岩叠嶂。山石焦黑，植物生长稀少。山脚下的深沟石隙中，喷出热水，汇成温泉。水面热气蒸腾，手不能靠近。将鸡蛋放入器皿，置泉水中约20分钟即熟。离泉口约200米处，可以沐浴。据说，这里的温泉可以治疗多种关节病、皮肤病和心脏病。隆冬时节，人们从青海当地，甘肃、四川等毗邻地区来温泉疗养、治病，他们在附近搭起帐篷，白天泡在温泉中聊天、逗趣，晚上就睡在帐篷里，享受地热暖烘烘的惬意。

地火燃天的丹霞山。

丹霞地貌·地火燃天

▸▸“丹霞”，一个美艳的地理名词。它是指红色沙岩经长期风化剥离和流水侵蚀，形成孤立的山峰和陡峭的奇岩怪石，是巨厚红色沙砾岩层中垂直发育的红色山丘，主要形成于侏罗纪至第三纪的水平或缓倾的红色地层中，大多出现在南方。

在青海黄河流域，这种难得的地貌也可见到。若在傍晚，夕阳燃烧的余烬携带一片晚霞飞落到山顶，为这个本就羞红了脸的新娘披上一层光芒，那迷蒙的红色烟雨缓缓升起。远远望去，丹霞山映衬着庄严屹立的丹霞林，像熊熊的烈火义无反顾地一路烧下去，直烧到天边，好像要与那晚霞融为一体，壮丽与秀美结合得浑然天成，令人叹为观止。

民间·等待随风而逝的爱情

▸▸ 多吉是一个非常英俊潇洒的汉子，他的脸庞棱角分明、骨骼突出，沉默的嘴角和深邃的目光使他看上去忧郁而深沉。

令我吃惊的是，多吉宽大厚重的羊皮大衣里竟然还安稳地揣着一个胖乎乎的小女婴。

草原上最优秀的男人

▸▸ 那晚，我破例喝了点酒。牧民自酿的青稞酒有一种淡薄而持久的魅力，使得帐篷底下的每一个人都进入到一种微醺的轻松和惆怅之中。

我们因此变得亲密无间，就像是一家人一样。

高原夜晚的天空格外清澈、透明，缀满天幕的星斗近得仿佛伸手可及。我和多吉坐在夜里，周围是风，我们一张嘴，带着酒气的故事就散成了一些飞舞的话语，如繁星一般在夜风中闪烁不止。

多吉无疑是藏区最优秀的男人。在藏区，判断一个男人是否优秀有两个条件：一个是他的体魄，另一个是他的骑技。多吉生得高大而不笨拙、魁梧而不彪悍、威严而不鲁莽，是一个一眼看上去就让人放心的男人。多吉的骑技在牧区也是出了名的，他能够在50米以外的地方将石索不偏不倚打在撒野的牦牛肩膀上。只有打在这个部位，才会使牦牛既感到威慑般的疼痛，又不会伤到它的筋骨和内脏。

当时，草原上所有姑娘都在想，如果能够做多吉的妻子，那将是多么令人羡慕的事情啊！

但是，在藏区，判断一个男人是不是一个好丈夫，还有一个重要的条件，就是看他家的畜栏里有多少条“腿子”。对于在高原生活的牧民来说，牲畜的多少是最直接的财富证明。不幸的是，多吉家的牦牛和藏羊并不多。多吉的父亲很早就去世了，母亲一个人带着四个孩子，日子过得十分艰苦，他们家的畜栏里的“腿子”在村子里可以说是最少的。

高原上的时光过得飞快，转眼间，多吉已经28岁了，却仍然没有成家。并非牧区的姑娘都是嫌贫爱富

传统的草原生活总是一成不变的。

的女人，只是多吉不肯。多吉是一个有自尊的男人，他绝不希望姑娘跟了自己吃苦受穷；而且，多吉是长子，他必须分担家里的负担，他必须使畜栏里的“腿子”尽量地多起来。这样，弟弟将来娶媳妇的聘礼和妹妹出嫁的嫁妆就可以丰厚一些了。

一想到这些，年轻的多吉就克制住了心底里有关姑娘的事情，他因此变得越发沉默，也越发动人了起来。

央金是牧区最美丽的姑娘，所有的男人都愿意倾尽所有的财产将她娶回自己的帐房。青年旺堆曾经以为自己是那个最幸运的人，因为，再过一个夏天，央金就将成为他的妻子了。届时，他们两家将举行一个盛大的婚礼，让牧区最富裕的青年和最美丽的姑娘结为最幸福的一对。

然而，就在那个夏天将要结束的时候，央金遇见了多吉。

央金遇见多吉的时候，多吉正一动不动地稳坐在一匹牦牛上。坠落的夕阳恰巧还来得及把它今日里最后一抹余晖投在多吉的背面，使多吉突出鲜明的面部勾勒出一副镶着金边的优美的轮廓。这样，从央金的角度看过去，多吉就像一只盘踞在乌黑岩石上的金色雄鹰，这只雄鹰紧敛着双翅，凝视远方，似有无限飞翔的欲望。

这样，从央金的角度看过去，多吉就像一只盘踞在乌黑岩石上的金色雄鹰。

多年以后，连央金也说不清楚，决定自己命运的那一刻，到底是多吉打动了自己，还是坠落的夕阳打动了自己。总之，央金在一个夜晚独自出走的事情确实在牧区引起了一场不小的骚动。央金的父亲和旺堆的兄弟找到了多吉的家里，他们非常愤怒，不但用刀砍断了多吉家帐篷的木桩和绳索，使多吉的家成为一片坍塌的废墟；而且，他们还打了多吉。

他们是那样的愤怒，以至于他们的愤怒激怒了多吉。原本，多吉是没有要央金的意思，所以即使央金在一个夜晚独自跑到他的帐篷里，多吉也没有碰央金一下。我们都知道多吉是何等的自尊。但是，当这种自尊被人像摧毁一顶破牦牛帐篷一样毫无顾忌地摧毁的时候，它在粉碎的刹那爆发出的能量却是可怕的。

多吉在草原深处与央金结合，骚动的草原就平静了下来。

多吉从被打倒的地上爬起来，他冷静地看了看溃散成一地的家，一瘸一拐地走到站在一旁泪流满面的央金面前，忽然将央金拦腰抱起，转身跃上一匹马，两脚使劲一磕马肚，受了刺激的马惊叫着，像箭一样射向了草原深处。

多吉在草原深处与央金结合，骚动的草原就平静了下来。在牧区就是这样，人们崇拜力量、崇拜生命的意志力。因为，千百年来，他们就是靠着这种生命力才得以在这片土地上生存下来的。

多吉用他的行动证明了他不愧是牧区最优秀的男人。

外面的世界很精彩

▸▸ 多吉说，他和央金曾经一起度过了好几年美好的时光。他们有了自己的孩子，而且还不止一个，畜栏里的牦牛和羊也逐渐多了起来，他们像神仙下凡一样，无忧无虑地享受着劳动的快乐和生活的趣味。

然而，就是从那个康巴汉子来到牧区以后，央金就变得和以前不一样了。

通常，牧区人的生活是简单而自足的。除了砖茶和盐巴等生活必需品需要到外地购买，他们几乎还过着自给自足的封闭生活。每年的秋冬季节，牧区的男人们赶着肥硕的牦牛和羊翻过雪山去遥远的农区市场。他们卖掉牲畜后，再用这些钱去买牧民们喜爱的砖茶和盐巴，以及家里的女人们叮嘱过的一些东西。然后，又骑着牦牛翻过雪山，回到他们在草原深处的家。

这样来回走一趟，要一两个月时间，除非像砖茶和盐巴这样特别坚固的东西，男人们是无法将新鲜而丰富的外面世界的任何信息带回家里的。年复一年，藏区牧民的日子就这样流淌着。

有一年的夏天，牧区来了一个携带丰富物品的康巴汉子。他在草地上摆出很多有意思的东西，都是牧民们从来没有见过的。这些东西尤其引起了女人和孩子们的兴趣，令她们感到新奇、爱不释手。多吉非常宠爱央金，他不但慷慨地给央金买下了她想要的一切，而且还把康巴汉子请到了家里。

晚饭时，两个男人喝了很多青稞酒。他们喝了

牧区的孩子和牦牛。

那么多酒，以至于多吉真诚地挽留下已经醉倒了的康巴汉子，在他们的帐篷里住了一夜。

秋天的时候，康巴汉子又来到牧区。这一次，他没有见到多吉，因为多吉和男人们结伴到市场卖牲畜去了。

等多吉回来时，康巴汉子已经走了很长时间了。

康巴汉子走后的很长时间里，央金仍然经常提起他，央金请求多吉带她到外面的世界去，央金说：“我相信外面的世界一定有什么是值得我们去的。”

多吉并不认为这是一个好主意。多吉是一个纯正的牧民，他对草场的热爱和眷恋，就像一个纯正的农民对土地的热爱和眷恋。多吉不能想象，草场和牲畜离开了他的照料将会变得怎样不堪入目；同时，他也不能想象自己离开了草场和牲畜将怎样生活。

而生活的危机又总是从一些无法预料的细微之处开始的，多吉和央金的生活就这样无法预料地出现了危机。

有时候，多吉在草原上遇到旺堆，两个男人还会聊上几句。

又一年的夏天，康巴汉子像多吉预料的一样，又来到了牧区。这一次，多吉可没有再请康巴汉子喝酒，而是给了他一顿好揍。多吉把康巴汉子打得那样狠，以至于善良而性烈的央金一气之下，随着康巴汉子一起逃跑了。

过了好久，央金又回到牧区，因为她实在想念多吉和孩子们。他们的日子又像从前一样过着。

但是，生活像一条河，逝水东流，流走的就再也不可能回来了。

多吉发现，他和央金的生活再也不可能像从前一样了。央金总是逃跑。每一次逃跑后又总是在多吉几乎绝望的时候回来。有一次，央金甚至还带回来一个小女孩。多吉低头看了看怀中已经熟睡的孩子安详的脸蛋，说：“她是个美丽的小姑娘，不是吗？”

我从未见过哪个男人像多吉一样爱一个孩子。多吉无论走到哪里，都把小女孩揣在自己的羊皮大衣里，让她紧紧贴着自己的胸口，让她的泪水和涎水在笑声和鼾声中糊了自己一身。多吉有些不明白，外面的世界究竟有什么好呢，竟然使温顺的央金一次一次地逃往那里。

多吉的不明白就像旺堆的不明白。有时候，多吉在草原上遇到旺堆，两个男人还会聊上几句。

旺堆至今也不明白，当初的那个多吉有什么好呢，竟使美丽的央金越过财富奔向他的怀抱。

མདོ་དབུས་ལམ་ཁ།

ཚེ་སྲོག་སྦྱོང་ཚོར།

བས་མཐར་སྐྱོད་པ།

青藏一线：生命感悟 极地体验

ཚྭ་འདམ་གཞུང་།

གར་མོ།

ཀྱ་ནུ་རི་བོ།

འབྲི་ཆུའི་འབྱུང་ཁུངས།

“青藏一线”具有独特而壮观的气度。

▶▶“青藏一线”与青海其他人文风光线路都有不同。柴达木盆地壮观的戈壁景象、诺木洪考古遗址、吐蕃墓葬群、雅丹地貌魔鬼城、晶莹的察尔汗盐湖、光亮的万丈盐桥……在这里，你将感受到更多自然地理呈现出的“大地哲学”，体验到那种恢宏、辽远的大气磅礴。

格尔木是世界上辖区最大的城市，称为“天下第一城”。从格尔木上青藏线，便是走上了一条寂寞而充满生命感悟的道路。这里海拔上升很快，气候恶劣，有着最严酷的生存环境，却也到处是旷世美景。一步天堑昆仑桥、昆仑神泉、玉虚峰、玉珠峰、西王母瑶池等等，是中国昆仑神话的源泉所在。

翻过昆仑山再上唐古拉山，沿途经过沱沱河可达长江源头区域。这里冰峰林立、寒光凛冽，一派亦幻亦真的晶莹世界。亲身走过这些地方，能令人生得到洗礼、如获重生。

柴达木

浩瀚戈壁　无垠旷野

柴达木盆地的辽阔草原、茫茫戈壁，曾是古代西羌的游牧乐土、吐谷浑古国的中兴之地、吐蕃政权的广袤疆野、蒙古部族统治高原的发轫所在。同时，这里还是古代丝绸之路“青海道”的重要通衢。

►►“柴达木”是蒙古语“盐泽”的意思。柴达木盆地位于青海北部，北依祁连山，西缘阿尔金山，南屏昆仑山和唐古拉山系，海拔 2 600～3 000 米，为中国四大盆地之一，是中国海拔最高的盆地。

亿万年前，柴达木盆地曾是一片汪洋大海。欧亚板块的漂移和喜马拉雅山脉

广袤浩瀚的柴达木盆地。

的隆起，造就了这块群山环绕下的高原盆地。柴达木盆地的辽阔草原、茫茫戈壁，曾是古代西羌的游牧乐土、吐谷浑古国的中兴之地、吐蕃政权的广袤疆野、蒙古部族统治高原的发轫所在。同时，这里还是古代丝绸之路“青海道”的重要通衢。

柴达木盆地素有“聚宝盆”之誉。盆地内地势平坦，光热水土条件好，野生动植物资源丰富；盐湖、石油、天然气、有色贵稀金属及非金属矿产储量大、矿种众多，品位和组合利用价值高，为国内少有。

往事·厚土下的历史

吐蕃墓葬群·“中国的金字塔”

▶▶ 位于都兰县热水乡的扎马日村的血渭草原，属于我国唐代早期的大型吐蕃墓葬，被称为中国的金字塔，为全国重点文物保护单位。

吐蕃墓葬群共计 2 200 余座，多呈方形，其中最大的一座墓葬被当地藏族群众叫作“九层妖楼”，是墓葬群中的典型。大墓依山面水，坐北朝南，北部与山体相连，南部凸出山外，长 55 米，南面宽 65 米，北面宽 55 米，高 12 米。墓堆上层封土压在下层封土之上，为等腰梯形。下面还有三层呈阶梯状石墙，每层高 1 米、宽 3 米，牢牢围固着大墓。墓南有多处陪葬坑和陪葬遗迹，这种独特的构造和风格，是至今我国考古发掘中绝无仅有的。

吐蕃墓葬群中，随葬品品种繁多，色彩绚丽，世所罕见。出土文物有皮靴、金饰品、木碗、木碟、木鸟兽、陶罐、古藏文木牍、彩绘木片和一批锦、绫、绢、刺绣等丝绸织品。其丝绸质地良好，图案清晰，色彩斑斓，是不可多得的稀世珍品。丝绸品图案中有珍禽异兽、花草树木、人物车马等。其中的佛像、人物狩猎、西域人图像、织锦袜等，系我国首次发现。

吐蕃墓葬群的发掘对研究吐蕃文明史、中西文化交流以及唐蕃古道上柴达木的历史均有非常重要的价值，是柴达木盆地古文化中的瑰宝。

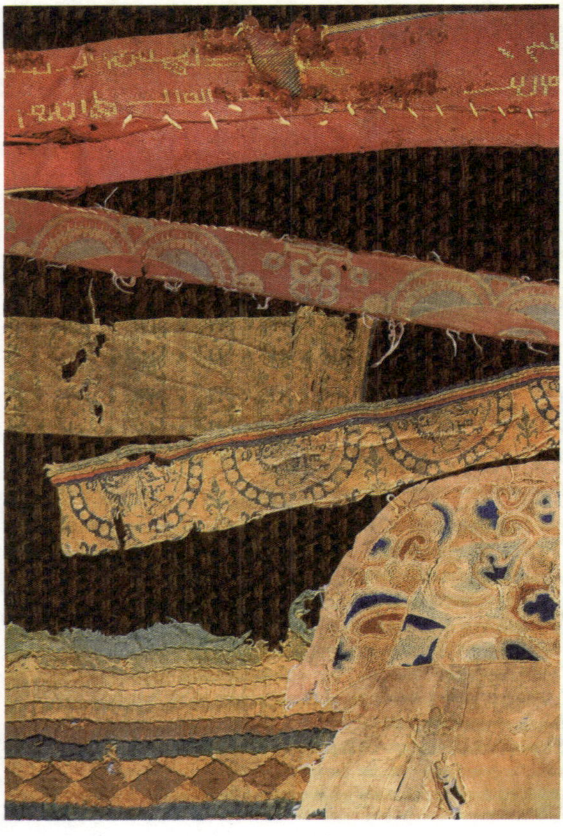

诺木洪古文化遗址·青铜时代的记忆

▶▶ “诺木洪文化”相当于中原地区青铜器时代晚期文化，是青海高原特殊环境下发展起来的土著文化，主要分布于柴达木盆地东南部的诺木洪、塔里他里哈、巴隆他温陶亥、香日德、上柴克、下柴克、察汉乌苏夏日哈、可儿沟等 20 余处，面积 5 万多平方米。

都兰吐蕃墓葬群出土的文物。

遗址上，一群搬来筑巢安家的山雀。

诺木洪文化遗存主要是房子、土坯围墙、牲畜圈栏和木棺墓葬及大量出土文物。这些出土文物主要有各种石制、骨制的生产工具，陶制的生活用具，铜制的斧、刀、镞、钺等形器，以及炼铜的用具残片与铜渣等。此外，还有许多毛织品，原料为绵羊毛，有的还经过染色加工成线，织成毛布。

出土文物中，还有骨笛、骨哨、陶牦牛等。这些文物曾在青海省博物馆内展出。考古专家从诺木洪文化遗址出土文物分析，当时诺木洪先民们已经过着定居的生活，农业、畜牧业、手工业及狩猎业均有相当规模的发展。

诺木洪遗址对研究我国古代羌人和吐谷浑的历史与文化演进有着重要价值。

人文·雅丹魔鬼城

▶▶“雅丹”是维吾尔语，意为“有陡壁的土丘”。雅丹地貌是由于亿万年的地质变迁，因褶皱而隆起和因断裂破碎的裸露地层在强风的长期作用下形成的多种残丘和槽形低地，久而久之，由出现不连接的许多土墩所形成。

柴达木雅丹地貌区东到马海，西至芒崖，南接台吉乃尔湖，北到冷湖，面积2万多平方公里，是亚洲最大的雅丹地貌群。青（海）新（疆）公路和敦（煌）格（尔木）公路穿越其间，这两条公路也是在古丝绸之路基础上修起来的，经柴达木盆地去甘肃的敦煌、新疆的若羌和喀什都经过这里。

从大柴旦出发，沿着315国道西行，渐渐进入人烟绝迹的柴达木“魔鬼城”。千万年来，风在这里肆虐着，随心所欲地将大地雕刻成它的艺术品。远望是无边无际的盐碱滩，高高低低的土丘，大者似无数古堡、连营千里，小者如骏马奔腾、骆驼逶迤，有的仿佛群鲸戏海、千帆竞发，还有的像蘑菇、立柱、碉堡、麦垛，形

广袤神秘的雅丹魔鬼城。

状千奇百怪、千姿百态。走进魔鬼城，那形状奇特的残垣断壁、危楼斜宫，立即把人们带入一个神秘的幻境，感叹大自然的鬼斧神工。穿行在魔鬼城的曲径幽巷里，人会不由得胆怯起来，感觉四面那怪如棺椁的土屋里，似有幽幽的魔鬼眼睛在盯着你，使你毛骨悚然。偶尔，还会从身后传来悠悠细长的"鬼"叫声，此时你感觉走进了迷魂阵，如掉进鬼宫一般，使人晕头转向，东西难辨。

那夜里，诗人的世界只有处身的戈壁和他想念的"姐姐"，这让他忧伤。

景点·无语的低诉

托素湖和可鲁克湖·守望的情人湖

▶▶ 托素湖和可鲁克湖位于德令哈市西南50公里的怀头他拉草原上。"托素湖"，蒙古语意为"酥油之湖"，它是一个内陆咸水湖，面积193平方公里。湖中生物稀少，湖岸开阔，无遮无拦。晴天，远远望去，水天一色，烟波浩渺，十分壮观。若是天气变幻，则湖水浪涛汹涌，拍岸有声，惊心动魄。

可鲁克湖是一个淡水湖，面积57平方公里，蒙古语意为"水草茂美的地方"。可鲁克湖秀美平和，温婉宁静，波澜不惊，在高原耀眼的阳光下，映衬出连绵的雪峰和大块云朵，绮丽的光线折射出迷离的影像。湖边，芦苇密密匝匝，风过处随微波一阵阵荡漾。湖面上间或有水鸟掠过，偶尔还看得见美丽洁白的天鹅。

托素湖和可鲁克湖之间有巴音河相连。巴音河像一条绸缎丝带，将两湖绾结在一起，所以当地人又称它们为“情人湖”。说来也是传神，两湖相距如此之近，又有河道贯通，却一咸一淡，风格迥异，令人不禁赞叹称奇。托素湖和可鲁克湖，一个像英俊伟岸的男子，一个似柔美娇羞的少女，两相偎依，情意绵绵。在柴达木粗犷荒凉的大地上，它们堪称一对神仙情侣、人间美眷。

如伟岸男子的托素湖。

贝壳梁 海虾山・远古的低语

▶▶ 这是一道全部由贝壳和沙渍堆砌而成的山梁。贝壳梁长约 2 公里，底宽 70 米。贝壳梁的贝壳最大如铜钱般大小，多数只有指甲盖大，纹理较浅，层层叠叠。

贝壳梁是柴达木盆地演变中的宏伟篇章，地质学家认为，远古的柴达木是一片汪洋大海，在漫长的地质时期由海变成了湖，剧烈的造山运动在造就南昆仑、北祁连、西阿尔金山的过程中，使众水向盆地中心汇聚，后经过无数次地质变化，湖水枯竭，贝类转向中心水洼，挤往这一最低处，形成今天的壮观景象。古贝壳地层堪称科研瑰宝，是研究柴达木盆地以及塔里木、准噶尔等内陆盆地数万年以来的气候变迁、盐湖演变，乃至预测今后气候变化趋势的宝贵地质历史资料。

似少女般的可鲁克湖。

海虾山位于贝壳梁不远的江门沟。山上全是青黑色的海虾化石，成千上万密密麻麻的海虾，完整地镶嵌在岩石之中，似奇特的浮雕。它们的质壳清晰可辨，躯体上似乎还有油渍渗出，令人叹为观止。

千万年形成的贝壳梁。

民间・今夜我在德令哈

▶▶ 德令哈——青海海西蒙古族藏族自治州首府。虽然如此，终究是柴达木广袤戈壁上的一个小城，原本也无大的特色。它之所以被人记住，更多是因为一个孤独的诗人在一个深夜以这个城市为名写下的一首诗。

那夜里，诗人的世界只有处身的戈壁和他想念的“姐姐”，这让他忧伤。或者，因为忧伤，他想到的只是“姐姐”。而不久以后，诗人却抛弃了他的“姐姐”，将自己的颅骨安放在冰凉的铁轨上，带着惊人的速度永远地离开了。

于是，诗便成了永恒——

姐姐，今夜我在德令哈

姐姐，今夜我在德令哈，夜色笼罩。
姐姐，我今夜只有戈壁。

草原尽头我两手空空，
悲痛时握不住一颗泪滴。
姐姐，今夜我在德令哈。
这是雨水中一座荒凉的城。

除了那些路过的和居住的，
德令哈……今夜，
这是唯一的，最后的，抒情。
这是唯一的，最后的，草原。

我把石头还给石头，
让胜利的胜利。
今夜青稞只属于他自己，
一切都在生长。
今夜我只有美丽的戈壁　空空。
姐姐，今夜我不关心人类，我只想你。

——诗人·海子

海子的一首诗，让人们记住了德令哈。

高原上，逐渐沙化的大地。

格尔木

天下第一城

在“坐着火车去拉萨”成为时尚口号的今天，我依然想用更多的笔墨说一说青藏公路。这不只因为过去人们熟知的“青藏线”，指的即是青藏公路109国道，更因为在过去那个时代里，曾有无数默默无闻的人，为这条道路奉献了青春和热血，甚至生命。

▶▶“格尔木”为蒙古语，意思是“河流密集之地”。半个世纪以前，这里是一片杂草丛生、野兽出没、荒无人烟的地方。1957年，随着青藏公路的建成和柴达木盆地的大规模开发，全国各地数以万计的建设者来到这里。地图上，“格尔木”作为一个城市的名字出现了。

格尔木位于柴达木盆地南端，南临昆仑山脉，北接察尔汗盐湖，海拔2 780米，辖区面积12.45万平方公里，总人口20多万，是世界上辖区面积最大的城市，堪称“天下第一城”。

格尔木居于西藏、新疆、甘肃北部和青海东部中间的位置，依托柴达木盆地丰富的盐湖、石油、天然气资源，建立富有特色的现代化工业生产系统，成了青海第二大工业城市，是青海西部经济、科技、文化、交通的中心和战略重镇。

格尔木市区。

往事·寻找“噶尔穆”

注定的，历史上曾经无数的惊天动地、灿烂辉煌，都将被时间之河淘洗得一干二净；而有一些人与事，也将注定被时间之手如沙里淘金般保留和记忆，从而成为永恒。对于格尔木，慕生忠将军的名字便是一个永恒的记忆。

格尔木是青海第二大城市，是连接西北与西藏的关键枢纽。可是，五六十年前，这里还是一片茫茫荒野。1953 年 5 月，时任西藏工委组织部长兼西藏运输总队政治委员的慕生忠，率领运输部队艰难地行走在荒无人烟的戈壁中，寻找着一个叫“噶尔穆”的地方。此前，慕生忠率运输部队从黄河源路线进藏，因为道路泥泞艰险，损失了许多人员和牲口。此次二次进藏，运输队决定开辟一条新的线路。当地传说，从香日德向西约 600 里，有个名叫“噶尔穆”的平川，从那里往南走，穿过昆仑山和唐古拉山，就能去到拉萨。

一路上，运输队员们走走停停，不断打听着哪里是噶尔穆。但是，沿途几乎难见人影，少有的游走牧民也不能给他们提供有价值的信息。一天傍晚，队伍走到一个地方，突然看见一片芦苇，许多黄羊和野马在追逐着。大家聚拢在一起争论，这里到底是不是那个“噶尔穆”？政委慕生忠开始一言不发，后来，他猛然站起扔掉手中的烟头，甩下一句铿锵有力的话：“别找了！我们的帐篷驻在哪里，哪里就是噶尔穆！”然后，转身走出帐篷。

将军楼。慕生忠曾经生活战斗过的地方。走进将军楼，走进那段艰苦创业的历史，在那被风沙侵蚀的青砖上，找到了扎根高原的坚毅。

市里一家生意兴隆的小餐馆。

第二天，队员们醒来，看到帐篷外面砂石地上插着一块牌子，上面写着三个大字——“噶尔穆”。这个由 6 顶帐篷划定的地方，就是后来格尔木市的雏形。1953 年 10 月，西藏运输总队格尔木站正式成立，尽管只有十多名驻站工作人员，但人类的意志力，终于第一次顽强地扎根在了这一块荒凉沉寂的土地上。

新的进藏路线被连绵雪原阻挡。运输队集中了全国近 3 万峰骆驼向西藏运送粮食，可是，一路上，骆驼不断因严酷的气候和食草缺乏而死亡，驮运的粮食只好抛弃在路边。等到达拉萨时，他们带的粮食所剩无几，骆驼几乎全部损失。再次进藏的艰难经历终于让慕生忠明白，靠原始的运输方式来保障西藏的供给决非长久之计。于是，他的脑海里萌生了一个大胆的想法——在青藏高原修建公路。

1954 年 5 月 11 日，慕生忠带领 19 名干部和

1 200 多名战士、民工出发了。这是一场今天的人们几乎无法想象的艰苦战役。筑路队伍在格尔木河畔、昆仑山口、楚玛尔河拉开战场。他们边修路边通车。1954 年 7 月 30 日，公路修到了可可西里；8 月中旬，公路成功翻越风火山，向沱沱河延伸；10 月 20 日，筑路大军战胜了海拔 5 300 多米的唐古拉山；11 月 11 日，公路修到了藏北重镇黑河。1954 年 12 月 15 日，慕生忠率领 2 000 多名筑路英雄，100 辆大卡车，跨越当雄草原，穿过羊八井石峡，胜利抵达青藏公路的终点——拉萨市。

7 个月零 4 天的时间，25 座被切断的雪山，1 283 公里的高原公路，慕生忠和他的队伍创造了新中国公路建设史上的奇迹。

人文 · 天路

青藏铁路 · 世界铁路之最

▶▶ 青藏铁路的全线铺设开通，标志着西藏高原不通火车的历史宣告结束。

青藏铁路是世界上海拔最高、线路最长的高原铁路，从青海省省会西宁到西藏自治区的首府拉萨，全程 1 956 公里，途径最高点海拔 5 072 米。

早在 1984 年 5 月 1 日，青藏铁路一期工程西宁—格尔木段 814 公里已正式运营。2005 年 10 月 15 日，青藏铁路二期工程格尔木—拉萨段全线铺通，线路长 1 142 公里，从格尔木出发，经纳赤台、五道梁、沱沱河，翻越唐古拉山进入西藏自治区，再经安多、那曲、当雄、羊八井，最终抵达拉萨，沿途共建桥梁 681 座，涵洞 1 966 座，车站 34 个，列车设计时速 140 公里，并于 2006 年 7 月 1 日试运营。

穿越高原，行走在茫茫雪山之间的青藏铁路，仿佛是一个奇迹。

青藏铁路是世界上难度最大的铁路工程。仅在二期工程 1 142 公里的长度内，海拔超过 4 000 米路段就达 960 公里，常年冻土区 550 公里以上，另有部分岛状冻土、深季节冻土、沼泽湿地和斜坡湿地等。实际建设中，工程还面临着高寒缺氧、生态脆弱的严峻挑战，技术难度极大。科学家经过多年的研究试验，突破了高海拔冻土地区施工的所有技术难题，为青藏铁路的建设提供了可靠的科学保障。

目前，铁路部门已开通了北京—拉萨、成都（重庆）—拉萨、西宁（兰州）—拉萨、上海（广州）—拉萨、广州—拉萨等 5 条进藏列车线路。

日落盐湖。

青藏公路·藏地“生命线”

►► 在“坐着火车去拉萨”成为时尚口号的今天，我依然想用更多的笔墨说一说青藏公路。这不只因为过去人们熟知的“青藏线”，指的即是青藏公路109国道——特别是格尔木—拉萨这一段，更是因为在过去那个时代里，曾有无数默默无闻的人，为这条道路奉献了青春和热血，甚至生命。

青藏公路1954年12月25日通车，为国家二级公路干线，路基宽10米，坡度小于7%，最小半径125米，最大行车速度60公里／小时。青藏公路虽然海拔高，但登上昆仑山后高原面系古老的湖盆地貌类型，起伏平缓，可谓一马平川。

1975年，青藏公路改建工程启动。它是世界上尚无先例的高寒冻土区铺设黑色路面工程，也是中国公路史上规模最大的工程。1985年8月，青藏公路全线黑色路面铺筑工程基本竣工，大大提高了运输效率和经济效益，行车密度明显提高，最高车流量每昼夜达3 000多辆。过去50年间，全国支援西藏的80%生活物质和100%的油料等建设物质都从青藏公路运往拉萨，青藏公路堪称西藏建设和边疆安全的“生命线”。

景点·戈壁幻景 人间奇迹

察尔汗盐湖·蜃楼幻景

►► 察尔汗盐湖是我国最大的盐湖，在格尔木市以北40公里，面积5 860平方公里。湖内钾、镁、锂、钠、硼等盐类储量600亿吨，居全国之首，有“盐湖之王”之称。

察尔汗盐湖由大小不等的九个盐湖组成，在阳光照耀下呈现出各种不同的颜色，湖中的干盐滩上，有各种式样的盐花。这些色彩斑斓的结晶盐，红、黄、蓝、紫、白各色俱全，有雪花、珍珠、蘑菇、钟乳、玻璃、花环等各种形态。单个形体则更有趣，似珊瑚、似宝塔、如星斗、如象牙、如盛开的宝石花……晶莹透亮，千姿百态。

当然，如果足够幸运，你也可能在盐湖的尽头处看见海市蜃楼的奇观：一排排白杨树林带中，车水马龙，熙熙攘攘；亭台楼阁，云山水影；田园村落，炊烟袅袅；浮光掠影，不断变幻……

青藏公路，世界上海拔最高的公路。

万丈盐桥。这里的桥是用盐做的。

万丈盐桥·高原奇迹

►► 听名字十分奇特，可“万丈盐桥”既无桥墩又无栏杆，没有用一根钢材、一方木料、一袋水泥，竟全是用盐修筑的。这个桥，它是咸的。

变幻无穷的盐花造型。

盐桥位于柴达木盆地南部察尔汗盐湖上，全长32公里，南距格尔木60公里。因其像一座浮桥铺在浓重卤水结晶之上，横跨整个察尔汗盐湖，所以被称为“万丈盐桥”。

万丈盐桥是柴达木盆地的一大奇观，也是举世罕见的一种路桥。整个路面平整光滑，坦荡如砥，看上去，几乎同城市里的柏油马路毫无两样，平整宽阔、笔直通达。盐桥的承载能力每平方米可达600吨，比任何现代化桥梁都要强，可承受数十吨重的大卡车飞驰而过，实为世界桥梁史和交通史上的一大奇迹。

盐桥的养护方法十分奇特。平时，一旦路面出现坑洼，养路工人从附近的盐盖上砸一些盐粒，然后从路边挖好的盐水坑里舀一勺浓浓的卤水，往上一浇，盐粒很快融化，并凝结在路面上，坑洼处便完好如初。

胡杨林 · 沙漠活化石

▶▶ 在格尔木西南的旷野上，生长着一大片壮观的胡杨林。胡杨林被称为“沙漠活化石”，其寿命十分漫长，且坚韧顽强，适应沙漠严酷的生存环境，有“生千年，死千年，屹立不倒又千年”的描述，表现出极为高贵的精神品格，孤独寂寞而昂然挺立。格尔木胡杨林是新疆和内蒙古之外我国最大的一片沙漠胡杨林区，放眼望去，令人无法不为之震撼。

我真的很感谢这些高原兵，感谢他们在“生命的禁区”里向我们展示了一道全新的、壮丽的生命风景。

民间 · 高原风景线

▶▶ 走青藏线，认识了一个叫吴兴富的高原兵。他从入伍起就在青藏线上的泵站驻守，已经整整11个年头了。谈起高原，吴兴富竟然没有太多的苦诉。吴兴富告诉了我许多关于高原的种种恶劣，使我忍不住一再发出惊叹，然而他的口气里却丝毫没有怨天尤人的情绪。在吴兴富看来，既然当兵便应该坦然地面对任何生存环境——“不然，怎么叫‘兵’呢。”仿佛他对“兵”的理解本来就比高原还高，比高原还苦。

相反，吴兴富给我讲得更多的，是那些战友们的感人事情。吴兴富告诉我，曾经有一次，一辆到拉萨的运输车中途抛锚在路上。开车的小战士几天几夜没吃东西，最后饥寒交迫昏倒在驾驶室里，而他身后的车厢里满载的全是食品和罐头。显然吴兴富一直为这个战士感动着，他不由自主地挺直了脊背，脸红红的。他说："我的确很佩服这样的人。"

我向吴兴富说出我的疑问："你们这是为了什么？是无可奈何之下的忍耐和奉献吗？"令我吃惊的是，吴兴富给了我一个否定的回答。他告诉我，大多数高原兵是有着很强烈的责任感的——如果换其他人在这里，他相信也会这样。高原，会使人变得高尚。尤其是那些农村兵，原本在家里的生活条件就很苦，对于在军队里获得的一切已经很满足了，因此他们都想报答。坦白地说，他们认为努力地干，能够立功或者提干，是件很荣耀的事。

沙漠胡杨林。胡杨素有"生千年，死千年，屹立不倒又千年"的悲壮赞誉。

我真的要对吴兴富说声"谢谢"。至少他使我相信了，在高原，"忍耐"并不是高原官兵们对抗命运的唯一盾牌。他们心中自有一架人格的天平，高原有多高，境界就有多高。即使那些农村孩子是因为想立功或是想提干才留在高原的，那也是极其可爱、极其纯洁的啊。人类趋从真善美的本性难道不是最值得敬佩的吗！

我真的很感谢这些高原兵，感谢他们在"生命的禁区"里向我们展示了一道全新的、壮丽的生命风景。

在青藏高原的一个兵站里，我看到一盆盛开的金钟花，花盆的外面用红笔写着两个字：

"鲜 艳"

那两个字让我看了好久。

高原兵站中的官兵最珍爱的就是鲜花。

谁都知道，青藏线的官兵最喜欢养花草。在这样冰天雪地的世界之巅，任何生命的存在都是一种奇迹、一道风景、一件最值得骄傲的艺术作品。在每个兵站里，你都能看到一两盆鲜花，有时可能只是一盘蒜苗，甚至是一株草。那些平日大大咧咧的男兵们伺候起它们来如同对待掌上明珠。在高原兵的眼里，花草的存在已经远远超出了其植物学上的意义，而升华成为一种文化、一种精神、一种寄托。

在这里，生命成为一种奢侈，因而也成为一种追求。

高原兵们希望自己不是孤独的。

他们的确不是孤独的。

昆仑山

巍峨千里 神话圣地

《山海经》中记述过几十座山，昆仑山雄踞冠首。据载，昆仑山是天帝——黄帝的都城，被天帝所统治。黄帝派去管理昆仑山的神叫陆吾，半人半兽形，人的面孔，虎身虎爪，长了九条尾巴。而民间神话中，昆仑山上的主角是穆王，他乘坐八匹马拉的车子与西王母相会。

▸▸ 昆仑山脉从帕米尔高原发起，自西向东横亘亚洲腹地，莽莽 2 500 公里，被称为“亚洲脊柱”。昆仑山在青海境内长 1 200 公里，宽 60 ～ 120 公里，平均海拔 4 500 米，最高峰布喀达坂峰海拔 6 860 米，是青海省内的海拔最高点。

古人尊昆仑山为“万山之宗”、“龙脉之祖”。昆仑山气势磅礴，景色秀美，兼有绚丽多彩的昆仑神话，从盘古开天地到黄帝定乾坤；从西王圣母蟠桃会到姜子牙登坛封神榜；从齐天大圣到二郎神，形成了完整的昆仑神话系统，融入了儒家文化、道家文化、佛教文化和中华五千年的古老文明，是华夏民族之宗脉。

往事·天子西巡昆仑山

▶▶ 昆仑山是中国古代最有名的山，在古代神话中的地位，类似于希腊神话里的奥林匹斯山。

《山海经》中记述过几十座山，昆仑山雄踞冠首。据载，昆仑山是天帝——黄帝的都城，被天帝所统治。黄帝派去管理昆仑山的神叫陆吾，半人半兽形，人的面孔，虎身虎爪，长了九条尾巴。而民间神话中，昆仑山上的主角是穆王，他乘坐八匹马拉的车子与西王母相会。周代穆王继位时已经50岁了，在位55年而崩，是古代的长寿帝王。也许正因为他长寿，后世便有周穆王游行四海，见到了西王母，并与之一同成仙而去的传说。

穆王西巡的内容非常丰富，传说穆王遇偃师求见。偃师是一位能工巧匠，他所做的人跟真人一样，能唱能舞，受到穆王的称赞，便把他带回了皇宫。还有人向穆王献上一尺长的玉刀，切玉如泥，有人向他敬献晶莹剔透的夜光杯。又传说连雨三月，穆王吹起了笛子将雨止住……当然，这些传说中的主角已不是历史上的那位周穆王，而是一位奇遇奇事不断地被神化了的帝王。穆王最大的奇遇就是与西王母的会见。他对西王母毕恭毕敬，手执白圭和玄璧，献上彩色丝带300条。西王母设宴款待，双方用歌对答。穆王离开后，走到弇(yǎn，音“演”)山之上，把这段会面的事用铭文刻在那里，并改名为“西王母之山”。

后人在此基础上，进一步把穆天子仙化，说他与西王母吃一种黑枣，这种枣100年才结一次，有二尺长。又说他与西王母欢歌以后，升云而去；或西王母亲自到穆王之宫，一同升云而去。

“亚洲脊柱”昆仑山脉。

亘古万代的昆仑冰川。

人文·最后的天堂

▶▶“可可西里”为蒙古族语，意思是“美丽的少女”。可可西里位于青藏高原西北部，昆仑山以南、唐古拉山以北，为两山脉之间一片宽200～300公里的极地山地。可可西里平均海拔5 000米以上，气候寒冷、干燥，空气稀薄、植被稀疏。即使夏季，气温通常都在零摄氏度以下。六月天里，地面平均雪深也有六七厘米。可可西里自然条件恶劣，人类无法长期居住，它因此被称为“人类生存禁区”，是青藏高原上面积最大的高寒“无人区”。

人类的无法驻足，并不表明这里就是一片荒凉的死寂，没有生命。相反，恰恰因为人类的极少干预，可可西里成为目前世界上原始生态环境保存最完整的地区之一。在广袤的可可西里，生活着230多种野生动物，其中属国家重点保护的一、二级野生动物，如野牦牛、藏羚羊、野驴、白唇鹿、棕熊等，就达20余种。

广袤宁静的可可西里，这里曾经是野生动物们恣意生活的天堂。

可可西里不但是野生动物的天堂，还是自然植物的王国。这里有雪灵芝、红景天等 250 多种高原珍稀植物，还有紫花针茅等许多顽强生长的高寒垫状植物。它们极大地丰富了自然物种资源，保存了珍贵的基因谱系。

可可西里，就如它的名字，像一个蒙着轻薄面纱的美丽少女，成为我们洗涤灵魂的精神家园，心灵向往的神圣天堂。

景点·西天高远 雪峰瑶池

玉虚峰和玉珠峰·昆仑姐妹峰

►► 玉虚峰位于昆仑山东段，主峰海拔 5 769 米，距格尔木市 160 公里。相传为玉皇大帝之妹玉虚神女居住之地，当年姜子牙也在这里修成大道，因此成为道教界朝觐的仙界良苑。

玉珠峰。

玉虚峰雪峰耸立，山川巍峨，云雾缭绕，山顶终年白雪皑皑，银装玉甲，幽渺神秘。山间奇峰怪石林立，有的似威严的尊者，有的如亭亭玉立的仙女，有的似威风凛凛的神将，有的如凶猛无比的怪兽，神形兼备、活灵活现。

玉珠峰与玉虚峰遥遥相对，也地处昆仑山东段，距格尔木市 140 公里。相传为西王母第二个女儿玉珠公主的居住地，主峰海拔 6 178 米，终年积雪，银装素裹，盛夏更是分外妖娆，以“昆仑六月雪”景观而闻名于世。

昆仑雪山如玉龙卧岭，巍然屹立于蓝天白云之下。玉珠峰一峰独秀，雪峰之间条条冰川好似汉白玉砌成的层层天梯，自下而上，直达峰巅。变幻莫测的冰川雪山，在阳光的照耀下，魔术般地展示着一幕幕赏心悦目的冰雕玉刻的自然景观。

西王母瑶池，传说中西王母的驻锡地。

玉珠峰交通便利，是国家登山队的训练基地，也是群众性登山活动的上佳场所。近年来，全国各地登山爱好者常到此一展风采。

西王母瑶池·蟠桃圣地

▶▶ 青海是西王母的驻锡地，她在这里拥有好几处瑶池，它们各有风采：青海湖是西王母最大的瑶池，循化孟达天池是最美丽的瑶池，德令哈情人湖是最古老的瑶池,而位于昆仑山上昆仑河源头的黑海,则是西王母最神秘而又海拔最高的瑶池。

此处的西王母瑶池是一座天然的高原平湖，湖水碧波粼粼，清澈透亮，水鸟云集，或翔于湖面，或戏于水中，金风送爽，瑞气蒸腾，气象万千。湖畔水草丰美，野牦牛、野驴、棕熊、黄羊、藏羚羊等野生动物自由出没，一派祥和景象。湖旁有一平台，传说上古时代，每年农历三月初三、六月初六、八月初八，西王母都会在此设蟠桃盛会，各路神仙齐来向创世祖先西王母祝寿，热闹非凡。

传说“穆王于昆仑侧瑶池上，解西王母”（《穆天子传》），以及美猴王孙悟空偷吃蟠桃、大闹天宫的故事均出于此。距瑶池不远处是《封神演义》中描写的姜太公修炼五行大道四十载之地。瑶池边立有“西王母瑶池”纪念碑石，每年都有来自世界各地的炎黄子孙，特别是台湾和港澳同胞，到此朝拜寻根。

昆仑桥·一步天堑

▶▶ 昆仑桥位于格尔木市西南50公里，是从格尔木到拉萨的千里青藏线上的第一大险关隘道。

由昆仑雪水和泉水汇合而成的格尔木河，从海拔4 000多米的高山峻岭奔流而下，滔滔河水凭借千余米的巨大落差，将坚硬的岩石切割出一道深达40多米的石峡险谷。峡谷长10余公里，谷地蜿蜒曲折，河水湍急奔涌，两岸山崖峭壁相对，谷顶狭窄处仅一步之隔，自谷底仰望，只有一线蓝天，又称“一线天”，行人可以跨步而越，故得名“一步天堑”。

昆仑桥飞架于“一步天堑”之上，长仅4米有余，可以算是高原上最短的桥。昆仑桥虽无“一桥架南北”的雄伟，却有“天堑变通途”的险要，为青藏线上的重要关隘，有专人守护管理。

纳赤台不冻泉。

青藏线上的昆仑山口，海拔4 767米。

纳赤台·高原不冻泉

▶▶“不冻泉”位于格尔木市西南约94公里的青藏公路边，在昆仑山系的沙松乌拉山和博卡雷克塔格尔山之间的昆仑河北岸，亦称“昆仑泉”。“纳赤台”系藏语译名，为“沼泽中的台地”之意。

泉池四周，由花石板砌成多边形的图案，中央一股清泉从池底蓦然喷涌而出，形成一个晶莹透亮的蘑菇花，泉水冷冽、清澈、透明。此清泉虽处在海拔3 540米高寒地区，常年冰天雪地，但泉水一年四季从不封冻，恒温7℃，为昆仑山中第一个不冻泉。

纳赤台泉水量大而稳定，含有对人体有益的微量元素和气体，被人们誉为“冰山甘露”。关于此泉，还有一个古老的传说。相传当年西王母于昆仑山中瑶池之畔宴请诸神，诸神应约赴会。席间，诸神诉功，创造神凡摩表示要将昆仑山之北造成花氆氇之地，让那里草肥水美牛羊壮、碧野千里飘奶香。西王母听之，心旷神怡，特馈赠凡摩几樽瑶池琼浆。宴罢，凡摩返。途中，凡摩饮兴未艾，信手把樽畅饮，不料大醉。金樽掷地，琼浆四溢，其乘坐的莲花神龛化为纳赤台群山，溢出的琼浆水则变为昆仑泉。

昆仑山口碑。

昆仑山口・哈达飞舞

▶▶ 昆仑山口，海拔 4 767 米，距格尔木西南 160 公里，是青藏公路穿越昆仑山的最高点。登临山口，极目远望，东西昆仑尽收眼底，昆仑山主脉一道道山岭起伏蜿蜒、气势峥嵘，似万千玉龙横卧，形成一个壮观美丽的琉璃世界。脚下，冰川的下缘有无数千奇百怪的冰凌、冰斗、冰洞、冰墙、冰蘑菇等，间或夹杂有石林、石湖、石河，造就了冰雪世界特有的自然风光。

昆仑山口上有“昆仑山口”碑、“昆仑神山石”碑，及开明兽、三青鸟塑像等，给这里笼罩了神秘的色彩。石碑上的数百道五色经幡和洁白哈达，表达了蒙古族、藏族同胞对昆仑山虔诚的崇敬。

民间・敬畏生命

▶▶ 想到可可西里，一定会想到藏羚羊。

藏羚羊学名“藏羚”，牛科、藏羚属，一般体长 135 厘米，肩高 80 厘米，体重 45 ~ 60 千克，体态优美、身形矫健，全身除脸颊、四肢下部以及尾部外，其余各处被毛丰厚绒密，通体呈淡褐色。雄性长角，长且直，姿态高傲；雌性无角，温和敏感。喜成群活动，平时雌雄分居，冬末春初发情时汇合一处，有长距离迁移现象。

藏羚羊是我国特有的珍稀野生动物，主要分布在青海可可西里、藏北羌塘和新疆柯尔金地区的高原荒漠、冰原冻土地带及湖泊沼泽周围。这些地方海拔均在 4 500 米以上，年平均温度只有零下 4℃，常年狂风大雪，自然条件极为恶劣。在千万年的进化中，藏羚羊适应了严酷的环境，生长成为高原完美的大型哺乳动物。它们敏感机警、性格刚强、动作敏捷，耐高寒、抗缺氧，与冰雪为伴、以严寒为友，是青藏高原上体现顽强生命的奇迹和张扬蓬勃活力的精灵。

无辜的藏羚羊，你从它的眼睛里看到的只是善良和透明。

早在 1979 年，藏羚羊就被列入《国际野生濒危动植物贸易公约》名录中。1988 年，我国政府就将藏羚羊列为国家一级重点保护动物，严禁捕猎与各种贸易行为。

然而，由于藏羚羊身上的羊绒可以做成一种叫作“沙图什”的昂贵披肩，而羊绒不能从活体藏羚羊身上直接剪下，唯一的办法是在冬季当藏羚羊底绒最丰厚的时候将其杀死剥皮取得，昂贵的价格催生出诱人的暴利，暴利则使偷猎者对藏羚羊的捕杀变得疯狂而有恃无恐。早些年，由于持续的灭绝性的猎杀行为，藏羚羊种群的数量急剧减少，曾一度只剩 75 000 ~ 100 000 只，不足 100 年前的十分之一。可以预见，如果残酷的“沙图什”利益链条不被彻底斩断，藏羚羊这种在青藏高原上自由生活了千万年的高贵精灵，终将难逃毁灭的厄运。

所幸，人们已经觉醒，意识到对野生动物的保护，就是对人类自己的保护。我们和地球上所有生物一样，拥有平等、和谐的生存权利。现在，可可西里建起了自然保护区，但愿从此人们可以担当起这些野生动物们的保护神。

这些生命欢腾的野生动物，才是可可西里天然的主人。

敬畏生命——献给藏羚羊

我要
向你们道歉
尽管我不知道
是哪一支枪
射击了你们
……

你们是
青藏高原
真正的主人
是这片疆域
至高无上的灵魂
因为有了你们的存在
生命的承受力
才超越了极限
成为一种奇迹
……

原谅我吧
原谅我们吧
今天向你们道歉
我们无法用别的名义
更不能代表这个地球上
其他生命个体
因为它们对于你来说
都是无罪的
……

这是一次
道德和良心的审判
我们别无选择
因为只有这样
我们才有权利说
作为人与你们
共同生活在这片土地上
是能被宽恕的
……

——中国保护藏羚羊代言人·吉狄马加

可可西里国家级自然保护区。

长江源

各拉丹东的冰融

藏语里，“各拉丹东”意为“高高尖尖的山峰”。各拉丹东像一座父亲山，它的儿女就是它身下有70多条现代冰川的岗加曲巴冰川。这70多条现代冰川提供了长江源源不断的冰川水，西南侧的两道姜古迪如冰川，像两把大钳子夹住了姜古迪如雪峰，而南侧较长一点的冰川，则是长江源头的真正所在地。

▶▶ 长江是中国第一大河、亚洲第一大河，全长6 380公里，发源于青海南部唐古拉山脉主峰各拉丹东深处的姜古迪如冰川，流经11个省（直辖市）区，在上海汇入东海。长江的流域面积从西到东约3 219公里，由北至南966余公里，其流域面积、长度、水量都占亚洲第一位。同时，长江还是世界第三长河，仅次于非洲的尼罗河与南美洲的亚马孙河，水量也居世界第三。

长江源区位于青藏高原腹地，介于“亚洲屋脊”的昆仑山和唐古拉山两大山脉之间。

长江源，即长江的源头，是一处神灵之所，神性、圣洁，孕育了华夏的文明。长江源位于世界屋脊青藏高原腹地，介于“亚洲屋脊”的昆仑山脉和唐古拉山脉两大山脉之间。由于严酷的自然环境，很少有人触及，是科学家、探险者和环保爱好者所神往的地方，景观十分壮丽，雪山冰峰，无垠的草地，蓝天白云倒映在河水中，构成了令人心旷神怡的美景。

2008 年 8 月，长江源列入三江源国家自然保护区。

路过沱沱河，建议在这里过一夜，虽然你可能会因为头疼而睡不着觉。睡不着就睡不着吧，你恰可以用这半梦半醒的一夜，储存生命中回味绵长的难得体验。

往事·长江之源探寻

▶▶ 关于长江源头，早在《尚书》中人们就在讨论。明朝的著名旅行家徐霞客认为金沙江是长江之源，并著《江源考》一书论述。到了清朝，人们已认识到通天河，但依然无法确定长江正源。解放后，中国曾在 1956 年和 1977 年，两次考察长江源头地区。在 1977 年的考察中，终于确定发源于各拉丹冬的沱沱河是万里长江的正源。

藏语里，“各拉丹东”意为“高高尖尖的山峰”。各拉丹东像一座父亲山，它的儿女就是它身下有 70 多条现代冰川的岗加曲巴冰川。这 70 多条现代冰川提供了长江源源不断的冰川水，西南侧的两道姜古迪如冰川，像两把大钳子夹住了姜古迪如雪峰，而南侧较长一点的冰川，则是长江源头的真正所在地。

各拉丹东下的岗加曲巴冰川。

长江源纪念碑。

沱沱河，藏语称为“玛尔曲”，意思是“红色的河”。沱沱河从各拉丹冬的姜古迪如冰川发源时，是一些冰川、冰斗的融水汇成的小溪流，向北流过 9 公里的距离，在巴冬山下汇集了尕恰迪如岗雪山的冰川融水，经过一条长约 15 公里的谷地，继续向北，分成了两条宽 4 米和 6 米的小河，小河两边的谷地中还有许多密如蛛网的水流加入。在这片谷地的出口，河谷突然下切，形成了一条长约 5 公里的陡峭峡谷。河水在流出了巴冬山后，先经过一片广阔的河漫滩，再经过一条峡谷，流到葫芦湖附近，急转东去。经过了 130 公里的流程后，河道变得开阔起来，在流到青藏公路附近的沱沱河时，它已是深 3 米、宽 20 ~ 60 米的大河了。

长江有三条源流：沱沱河是长江的中支源流；楚玛尔河是长江的北支源流，藏语意为“红水河”；当曲是长江的南支源流，藏语意为“沼泽河”。以地理学上“惟长且直”的原则，沱沱河被定为长江的正源。通常所说的长江源，是包括以上三条源流流域范围在内的一片宽阔的扇形地理区域，东西长约 400 公里，南北宽约 300 公里，面积 10 万平方公里。这里地形起伏平缓，平均海拔 4 400 ~ 4 700 米，山地海拔 5 000 ~ 5 500 米，年平均气温低，植被稀疏，为高寒草原地带。

人文 · 沱沱河之夜

▸▸ 路过沱沱河，建议在这里过一夜，虽然你可能会因为头疼而睡不着觉。睡不着就睡不着吧，你恰可以用这半梦半醒的一夜，储存生命中回味绵长的难得体验。

暮色里的高原

▸▸ 傍晚的沱沱河，海拔 4 650 米。上青藏线以来，高原的威力已经在不少人身上显灵。在沱沱河兵站，如果不吸氧，只能很安静地待着，不敢随便动。

暮色里的沱沱河。站在这里，像是站在世界的边缘。

一个朋友却说要去看长江。

看长江。我在心里笑了，好亲切的说法。看长江，如同千里迢迢，过来看一位多年的好友。那份自然的默契像一方绸缎叫人感觉舒服。

踏上高原，语言都变得诗化。虽然缺氧，步履沉重，心情却像是在月球上，逃脱了凡世的引力，轻飘飘的，无论想些什么或是做些什么都不足为怪。所以，在这里，至今仍然保持着完好的宗教体系和哲学思维，绝少被污染，这也许正是青藏高原所以如此令人神往的原因吧。返璞归真，暴露自然本我，是人类的终极愿望。

暮色里的高原，远近稀稀落落的房屋的轮廓被高高地托起在地平线之上，构成一片片的剪影作为自然景深的标识，却因此平添了几分凝重，也因此而凄凉。放眼望去，天空极低。紫黑色的浓云在天幕上泼洒出恐怖的形状，变幻无穷。苍茫的大地在不远的一处与天交接，遗留下一条神秘的弧线。再往远，似乎就不属于这个世界了。不时有一两声野狗的吠叫透过青灰色的空气传过来，使人心头一阵紧缩，意识到这里离那个喧嚣的世界的确已经很远了。我们仿佛走在生命的边缘。

我的身影终于碎进长江潮湿的眼眸里。我们静静地对视着。各怀心腹事。

由于心情的原因，我有很长的时间不能思维。只觉得眼前流动的不是河水，而像是高原黏稠的血液。现在回想起来，我的记忆很模糊。好像当时我并没有怎么注意周围的景致，只是记得——

站在沱沱河前，就有一种庄严缘足下升起。

站在暮色里的高原上，就有一种凄美从四周围拢。

站在暮色里高原上的沱沱河前，就有一种空灵由天而降。

我想伏身下去深深地膜拜。不说出愿望，即就可以被承诺。然而，我对此毫无信心。在江边潮湿的拥抱里，我只有用大衣裹紧了自己。

就那么沉默着。心静如水。

守口如瓶的遥远

▶▶ 我不知道该怎样向你描述我见到的长江。原本我应该有好几套说词的。比如水声我想用“哗哗”的，或是“滔滔”的；水流我想用“奔腾”的，或是“湍急”的。然而，面对这须臾不止的江水，我的思维却停顿了。我只静静地站着，不知该说什么。我承认自己语言的贫乏。

可是，我又能说什么呢。我真的不能向你说清楚此刻我见到的长江。我不能让你明白我说的“哗哗”的水声不是以往你听到过的那些“哗哗”的水声。我不能让你区分得开我用的“奔腾”和其他人用的“奔腾”是不一样的。我不能让你知道这里的长江，和三峡的，和武汉的，和其他别处的都不同。

你会说，不会吧，那里的长江更宽吗？水流更急吗？

不是的。这里的长江不比任何地方的宽，也不比任何地方的急。但是，这里是高原啊。仅仅因为在高原，一切便会注定与众不同。数字是冷静的，可是我又怎么能够把这 4 700 米的高度一米一米地说给你听呢！

它们摞起来，有多高啊。它们铺开来，有多长啊。

这里是远离世界的“第三极”，是生命的禁区。如果长江是有生命的，那么，千万年来她要用何等顽强的毅力默默承受着命运的重压和期望的失落，才使那从各拉丹冬深处的冰峰上一点点滴出的生命终能汇聚成流、百川成河、生生不息啊！实际上，这些年来，所有这一切，都被她隐忍，只留下一点寂静的声音。

途中遇到的朝圣者。他们要用这种风餐露宿的方式，一步步去往心中的圣城——拉萨。

长江源深处，牛头堆起的祭台。

她在高原遥远地俯视着我们，有多少守口如瓶的心事被她放逐流水。那是何等寂寞，又是何等坚韧的千万年啊！

使我不敢轻易说破……

我知道，长江是没有生命的。是我给了她“生命”。而我的生命又是谁给的呢？我忽然想起哲学课上那个关于人和河流的命题。于是，我把手轻轻伸进沱沱河，然而感觉是空的。

我知道自己无法把握住这一刻，也无法把握住自己。

瞬间只是时空宇宙中的一个点，而一个点是无法丈量的。如果在今夜，我有所感动，或者有所希冀，那都是瞬间之内不可重现的事情。我不可能道明，也就不可能期待回应。而实际上，这一瞬间比一瞬间还要短。

我甚至来不及把手伸进河流里。

那晚的沱沱河，没有月亮。空气里因此弥漫着淡淡的忧伤，一种浸透着甜蜜的忧伤，一种浸透着忧伤的美。一时间，千万年的江水回流，千万年的时光倒转，千万年的往事旧梦重现。熙熙攘攘，喧嚣不绝。

在高原，一朵盛开的鲜花或一只绚丽的甲虫都能让人感动不已。

夜，已经深得只剩下感觉了。远处的灯火一点一点地遁去，留下黑黢黢的山影在悄然而起的夜风中如灵魂在舞动。

我可以感觉，生命在这个夜里，一点一点地丰腴起来，变得富有弹性和张力。

沱沱河的夜。

景点・一路向天行

楚玛尔河・红水河

►► 楚玛尔河是长江北源，发源于可可西里山，藏语意为“红水河”，流域周围是藏羚羊最大的活动分布区域之一。12 月份藏羚羊在这里交配，五六月份它们从这里迁徙到可可西里的深处进行产羔。8 月份，它们又会通过这里散布到整个高原上进行生活。

路过这里时，若发现公路两边的草原上有野生动物，尤其是藏羚羊和藏野驴试图穿越公路，请暂时停止行驶，不要按喇叭，不要大声喧哗，最好不要下车或拍照，以免惊吓到这些敏感而又饱受人类打扰的小家伙们。

五道梁・高原鬼门关

五道梁海拔 4 600 米，被称为青藏线上的鬼门关，有“五道梁冻死狼，一边阴来一边阳”、“到了五道梁，哭爹又喊娘”的谚语。这里的地势呈凹陷状，空气流通不畅，含氧量只有平原的 40%，加之高海拔，所以气候极其恶劣。

在五道梁一天之内你可能会碰到四季的气候，雨、雪、冰雹，还有烈日，冬季的风尤其猛烈，叫人无法呼吸。但这里的兵站常年驻守着解放军战士，他们在高原默默地奉献，默默地承受着人类生理极限之外的考验。自助行的朋友可以到兵站稍作休息停留。

但是请注意：不要轻易占兵站战士们的“便宜”。即使只喝了他们的一口水，也不要觉得无所谓，不要认为战士淳朴你就可以不厚道。请以你能够有的方式给予他们真诚的感谢和实物的回报，——他们一定不会要钱，但你可以留下一些别的东西，比如常备药物、日常用品、食物、书籍等。

总之，青藏线上所有的官兵都是你值得尊敬的人。

楚玛尔河，藏语意为“红水河”。

高原上的牦牛与雪山。

姜古迪如冰川的融雪。就是这一滴滴雪水，融汇成了浩荡长江。

风火山口·最长的隧道

►► 五道梁前方是山体呈赭红色的风火山，黄昏时一片近似火红色的山群，有些像吐鲁番的火焰山。山口立有一块石碑，上面刻有"海拔 4 905 米"的字样，山坡上，经幡和风马旗在大风中招展。

中铁一局在这里建的风火山隧道，是整个青藏铁路上最长的隧道。

沱沱河·长江正源

►► 沱沱河发源于唐古拉山主峰各拉丹东的姜古迪如冰川，全长 370 公里，1979 年被发现确定为长江正源。青藏线上的沱沱河海拔 4 650 米，河道宽阔平坦，附近是长江源头的第一个居民点，这里有着长江第一个乡（唐古拉山乡）、第一所学校、第一所兵站、第一座大桥，在这里能叫出名的都可以称作"长江第一"。

来这里可以住沱沱河兵站，早晨去沱沱河大桥上看日出。

各拉丹东峰·姜古迪如冰川

►► 各拉丹东峰海拔 6 621 米，为唐古拉山脉最高峰。相传，300 多年前，牧民冬巴·果切带着家眷、赶着牛羊，跋山涉水，从唐古拉山南侧来此雪山安家，并发展成为一个强盛的部落——安多多玛部落。后来，冬巴·果切请来了一位法力无边的活佛，为这座壮丽的雪山开光，并将此山命名为"嘎尔·各拉丹东"，意思是"哈达质的矛形佛身"。从此，各拉丹东成为藏地群山首领之一，安多多玛部落的保护神。

各拉丹东峰西南最大的山谷冰川——姜古迪如冰川是长江的发源地。各拉丹东东侧的岗加巧巴冰川（意为雪白圣灯），虽不及珠峰绒布冰川冰塔林那么雄伟，但一座座高达二三十米的晶莹剔透的冰塔，在阳光下形态各异，如水晶般的宫殿，实为唐古拉山脉的一道奇景。

各拉丹东周围自然景观奇特壮观，冬季这里是冰雪的世界，夏秋季节，山下原野上盛开着各色野花，成群的牛羊如星点般分布。这里也是野牦牛、藏野驴、藏羚羊等野生动物的天堂。

唐古拉山垭口，海拔 5 231 米。

民间 · 山高绝顶人为峰

▶▶ 唐古拉山是青藏一线青海境内的最后一站。

唐古拉山地处青海最南面，是青海和西藏的天然界山，省内长 700 多公里，宽 160 公里，为青藏线上的最高山脉，终年雪冠，垭口海拔 5 231 米。

因为在之前的路途上海拔一直在上升，等真正到了唐古拉山口，似乎不以为是到了 5 000 多米的高山上，见不到那种险峻挺拔、壁立千仞的情景。然而，有一样东西能让你相信自己不是在别处，而是的确来到了巍峨威仪的唐古拉山上，那就是你一定会出现的高原反应。

我在本书的一开始就小心提醒过：在藏地，高原反应是这块高原冻土赐予你的珍贵礼物，是它之所以神秘和迷人的所在。除非执行特殊任务，一般人到唐古拉山来都是过客，都只是为了离开。恰恰因为要离开，所以你一定要停下来，在这里待上一待，在山巅垭口学着藏族信徒的样子，给嘛呢堆添上一块石头，或者给凌空翻飞的经幡系一条哈达。或者，你什么都不要做，只需小心感受你此刻的感受，用心记住它。

然后，再离开，继续你的旅程。

第一次翻越唐古拉山时，我几乎在劫难逃地被高原反应击倒了。

头痛得很厉害，像有一圈锯条紧勒着，此外还有一根烧热的铁钻不停地从两边太阳穴进入退出，我仿佛正在被唐僧施咒的齐天大圣一样无计可施，恨不得就把脑袋揪下来扔掉。呼吸也极度困难。肺如同被压在了千斤重的磨盘下面，每一次气流的出入都像是从粗糙坚硬的沙砾中爬过。身体经历着难以言状的痛苦的同时，精神也几乎濒于崩溃，焦灼、烦躁、极易被惹怒。意志早已不复存在，整个精神世界如同一地散沙，不可收拾。

那样的状态持续了半天时间，而对于我，则如同一个世纪那么漫长。

我在那段时间里体会了走向死亡的过程。从汽车的反光镜里，我端详着自己：一张没有血色的脸上，完全没有了表情，连痛苦和渴望摆脱痛苦的欲望也没有。眼前不断升起色彩斑斓的油花，飘浮不定，那便是人们常说的“眼冒金星”吧，我觉得我快要不行了。

在高原，你常常很久很久看不到一个人。看到了，却又是这样一闪而过，各自分开。

这样想着，心里倒有了一份坦然和宁静。仿佛孤独地站在无边无际的荒漠上，死亡之神像太阳一样温暖地照耀着我。

实际上，我这样说很委屈了身边的朋友。他自始至终都在陪伴着我，不停地询问我、安慰我，施展一切伎俩想逗我笑。在一切努力均告失败之后，我的朋友甚至发誓，说只要我能够有一点笑容，他宁愿把我体内所有的疼痛全部“吸”到他的脑袋里去。

我为此终生感激他，他实在很努力，也很善良。然而，他帮不了我。那个时候，任何人都帮不了我。

最后，还是我自己慢慢熬过来了。那是一段永生不忘的回归生命之路。

我于此有了一个刻骨铭心的体会：在这个世界上，没有人能够代替我承受任何痛苦。所有的负累只有我一个人独自承担，所有的困难我必须独自跨越。

宿命，也不宿命。

于是，第二次上青藏线，我奇迹般地没有了任何高原反应。一路上活蹦乱跳

得像一只新生的羚羊。我的笑声让所有的同伴羡慕不已。而我知道，因为若干年前，在唐古拉山口，我已经完成了生命中的一次痛苦的凝聚和升华。

人生最美丽的东西都是从苦难中得来的。金子必须经受炼狱般的煎熬，才能放射出高贵而炫目的异彩；煤炭必须幽闭在湿冷黑暗的地下亿万年，才能燃起温暖的红光。人生最光耀的幸福，都是苦难的果实。我们必须身经磨难，生命才肯兑现我们的愿望。

痛苦，是通往幸福的必经之路。

为了渴望，我将不拒绝。

种种成长的痛苦，种种期许的等待，种种跋涉的艰难，种种寂寞的挣扎，如果延展开来，那将是如何的铺天盖地、汹涌澎湃呀！然而，当我终于站在了路的尽头，所有这些一切的一切都将如风卷云舒，无影无踪。所有的大悲大喜、大起大落都将被大割大舍、大弃大离。

而我如凤凰涅槃，一身的轻松。